プリント形式のリアル過去問で本番の臨場感！

岡山県

岡山白陵中学校

2025年春 受験用

解答集

本書は，実物をなるべくそのままに，プリント形式で年度ごとに収録しています。
問題用紙を教科別に分けて使うことができるので，本番さながらの演習ができます。

■ 収録内容

・解答集(この冊子です)

書籍ＩＤ番号，この問題集の使い方，最新年度実物データ，リアル過去問の活用，
解答例と解説，ご使用にあたってのお願い・ご注意，お問い合わせ

・2024(令和６)年度 ～ 2021(令和３)年度　学力検査問題

JN132421

○は収録あり　年度	'24	'23	'22	'21		
■ 問題収録	○	○	○	○		
■ 解答用紙	○	○	○	○		
■ 配点(大問ごと)		○	○	○		

全教科に解説
があります

☆問題文等の非掲載はありません

教英出版

■ 書籍ＩＤ番号

入試に役立つダウンロード付録や学校情報などを随時更新して掲載しています。
教英出版ウェブサイトの「ご購入者様のページ」画面で，書籍ＩＤ番号を入力してご利用ください。

書籍ＩＤ番号 107431

（有効期限：2025年9月30日まで）

【入試に役立つダウンロード付録】
「要点のまとめ（国語／算数）」
「課題作文演習」ほか

■ この問題集の使い方

年度ごとにプリント形式で収録しています。針を外して教科ごとに分けて使用します。①片側，②中央のどちらかでとじてありますので，下図を参考に，問題用紙と解答用紙に分けて準備をしましょう（解答用紙がない場合もあります）。

針を外すときは，けがをしないように十分注意してください。また，針を外すと紛失しやすくなりますので気をつけましょう。

① 片側でとじてあるもの

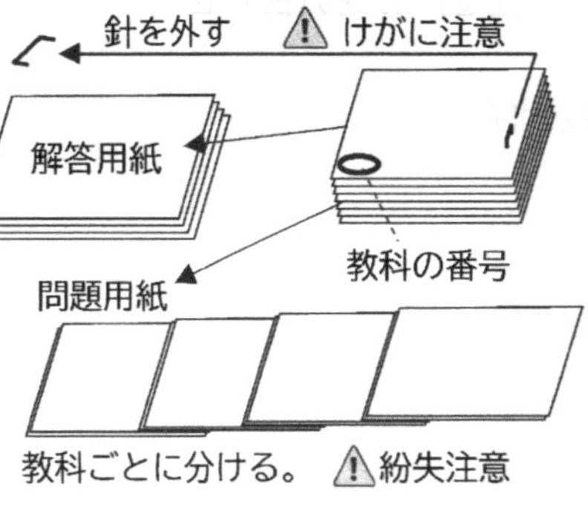

② 中央でとじてあるもの

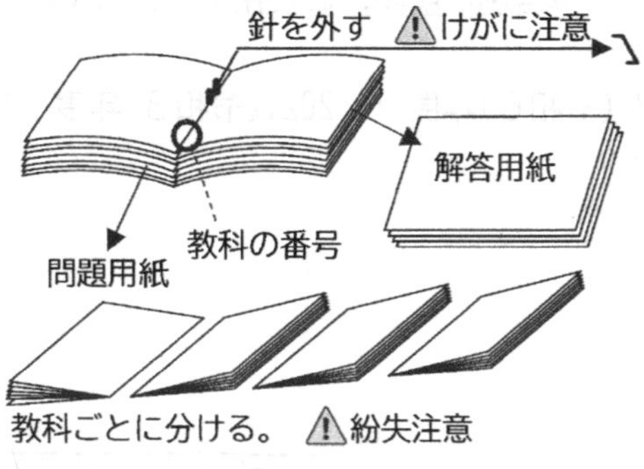

※教科数が上図と異なる場合があります。
解答用紙がない場合や，問題と一体になっている場合があります。
教科の番号は，教科ごとに分けるときの参考にしてください。

■ 最新年度 実物データ

実物をなるべくそのままに編集していますが，収録の都合上，実際の試験問題とは異なる場合があります。実物のサイズ，様式は右表で確認してください。

問題用紙	Ｂ５冊子（二つ折り）
解答用紙	Ｂ４片面プリント

リアル過去問の活用

~リアル過去問なら入試本番で力を発揮することができる~

本番を体験しよう！

問題用紙の形式 (縦向き / 横向き)，問題の配置や余白など，実物に近い紙面構成なので本番の臨場感が味わえます。まずはパラパラとめくって眺めてみてください。「これが志望校の入試問題なんだ！」と思えば入試に向けて気持ちが高まることでしょう。

入試を知ろう！

同じ教科の過去数年分の問題紙面を並べて，見比べてみましょう。

① 問題の量

毎年同じ大問数か，年によって違うのか，また全体の問題量はどのくらいか知っておきましょう。どのくらいのスピードで解けば時間内に終わるのか，大問ひとつにかけられる時間を計算してみましょう。

② 出題分野

よく出題されている分野とそうでない分野を見つけましょう。同じような問題が過去にも出題されていることに気がつくはずです。

③ 出題順序

得意な分野が毎年同じ大問番号で出題されていると分かれば，本番で取りこぼさないように先回りして解答することができるでしょう。

④ 解答方法

記述式か選択式か（マークシートか），見ておきましょう。記述式なら，単位まで書く必要があるかどうか，文字数はどのくらいかなど，細かいところまでチェックしておきましょう。計算過程を書く必要があるかどうかも重要です。

⑤ 問題の難易度

必ず正解したい基本問題，条件や指示の読み間違いといったケアレスミスに気をつけたい問題，後回しにしたほうがいい問題などをチェックしておきましょう。

問題を解こう！

志望校の入試傾向をつかんだら，問題を何度も解いていきましょう。ほかにも問題文の独特な言いまわしや，その学校独自の答え方を発見できることもあるでしょう。オリンピックや環境問題など，話題になった出来事を毎年出題する学校だと分かれば，日頃のニュースの見かたも変わってきます。

こうして志望校の入試傾向を知り対策を立てることこそが，過去問を解く最大の理由なのです。

実力を知ろう！

過去問を解くにあたって，得点はそれほど重要ではありません。大切なのは，志望校の過去問演習を通して，苦手な教科，苦手な分野を知ることです。苦手な教科，分野が分かったら，教科書や参考書に戻って重点的に学習する時間をつくりましょう。今の自分の実力を知れば，入試本番までの勉強の道すじが見えてきます。

試験に慣れよう！

入試では時間配分も重要です。本番で時間が足りなくなってあわてないように，リアル過去問で実戦演習をして，時間配分や出題パターンに慣れておきましょう。教科ごとに気持ちを切り替える練習もしておきましょう。

心を整えよう！

入試は誰でも緊張するものです。入試前日になったら，演習をやり尽くしたリアル過去問の表紙を眺めてみましょう。問題の内容を見る必要はもうありません。どんな形式だったかな？受験番号や氏名はどこに書くのかな？…ほんの少し見ておくだけでも，志望校の入試に向けて心の準備が整うことでしょう。

そして入試本番では，見慣れた問題紙面が緊張した心を落ち着かせてくれるはずです。

※まれに入試形式を変更する学校もありますが，条件はほかの受験生も同じです。心を整えてあせらずに問題に取りかかりましょう。

2024 解答例 令和6年度 岡山白陵中学校

《国　語》

一 問1．①統計　②軽快　③由来　④生成　⑤序列　⑥骨子　⑦修復　⑧破竹　⑨裁　⑩供

問2．(1)エ　(2)ア　(3)イ　(4)イ　(5)イ

二 問1．ⓐオ　ⓑイ　ⓒエ　ⓓウ　ⓔア　問2．ウ　問3．(1)イ　(2)エ　問4．ウ

問5．田中さんの話を親や地域の人に聞いてもらうためにＰＴＡを利用しようと提案したところ。

問6．(1)あんなおじいさんになりたい　(2)ウ　(3)Ｅ

三 問1．ウ　問2．(1)Ａ．自分の鏡像　Ｂ．動きのない自分の写真　Ｃ．自己認知　(2)ホンソメは顔で自分を認識していること。　(3)ア　問3．オ　問4．ホンソメは、自分や他個体の顔イメージのほか、他者の個別イメージも持ち、さらに目的や意図を持った振る舞いもするというように、イメージを持って振る舞うことができるから。

問5．Ａ．情報　Ｂ．思考　問6．(デカルト以来の)言語を持つヒトだけが自己やこころを持つという常識を根本から見直す

《算　数》

1 (1)2300　(2)3　(3)1820　(4)100　(5)25.12　(6)314

2 [Ⅰ]3　[Ⅱ](1)3.87　(2)3.42

※3 (1)12　(2)19.2

4 (1)4　(2)24

5 (1)24　※(2)840　※(3)7　(4)40

※の考え方や途中の式は解説を参照してください。

《理　科》

1 問1．ア，オ　問2．イ，カ　問3．エ　問4．Ａ．たいばん　Ｂ．羊水

問5．イ→ア→ウ→エ　問6．イ　問7．エ　問8．イ

問9．葉の色の変化を見やすくするため。　問10．ア　問11．イ

2 問1．2番目…エ　4番目…イ　問2．4　問3．ア　問4．実験2…ア　実験3…ウ

問5．0.3　問6．1.02

3 問1．ウ　問2．ア，イ　問3．①9　②12　問4．ウ　問5．オ

4 問1．65　問2．3.7　問3．13.6　問4．700　問5．29.5

《社　会》

1 問1．(1)地球温暖化　(2)イ　問2．長野市は内陸部に位置し，標高が高く，気温が低くなるため。　問3．カ

問4．ア

2 問1．位置…う　名前…ペキン　問2．Ａ．ウ　Ｂ．ア　Ｃ．イ　問3．Ｐ．一人っ子　Ｑ．親世代となる40代後半や50代の世代人口が多い　問4．イ　問5．イ

3 問1．ウ　問2．2．キリスト　3．義満　4．明　問3．ウ→イ→ア　問4．(1)1．Ａ

2．江戸から遠く　3．Ｂ　4．重要地点の近く　(2)記号…Ｚ　名称…武家諸法度　問5．イ　問6．ウ

4 問1．ゴッホ　問2．ア　問3．ウ　問4．下田／函館　問5．Ａ．ロシア　Ｂ．アメリカ　問6．イ

問7．ドイツ　問8．日本がフランスに治外法権を認めていた

5 問1．ウ，エ　問2．ウ　問3．イ　問4．ウ　問5．カ　問6．エ　問7．ア

《2024 国語 解説》

一 問2(1) Aにウ「おいそれと」(すぐに簡単に応じる様子)、Bにイ「おずおずと」(おそるおそる)、Cにア「さめざめと」(しきりに涙《なみだ》を流し静かに泣く様子)が入る。よって、エ「おめおめと」(はずかしいとも思わないで平気でいる様子)が当てはまらない。 (2) Aにウ「しんみりと」(気持ちがしずみ、もの寂《さび》しく感じている様子)、Bにイ「げっそりと」(急にやせおとろえた様子)、Cにエ「しっくりと」(よく調和がとれている様子。ぴったり)が入る。よって、ア「しっとりと」(全体に軽い湿《しめ》り気《け》がある、静かで落ち着いた味わいがある)が当てはまらない。 (3) Aにウ「息を吹《ふ》き返《かえ》した」(だめになりそうだと思っていたものが立ち直った)、Bにエ「息を呑《の》んだ」(思わず息を止めた)、Cにア「息が掛《か》かった」(有力者の後援《こうえん》を受けた)が入る。よって、イ「息を潜《ひそ》めた」(そこにいることがわからないように、呼吸をおさえてじっとしていた)が当てはまらない。 (4) Aにア「おうむ返し」(人の言ったとおりにそのまま真似《まね》をして答えること)、Bにエ「しっぺ返し」(すぐに仕返しをすること)、Cにウ「どんでん返し」(正反対にひっくり返すこと)が入る。よって、イ「巻き返し」(劣勢《れっせい》の状態から、態勢を立て直して反撃《はんげき》すること)が当てはまらない。 (5) Aにウ「帯に短し襷《たすき》に長し」(どれも中途半端《ちゅうとはんぱ》で、役に立たないことのたとえ)、Bにア「無用の長物」(あっても役に立たず、かえってじゃまになるもの)、Cにエ「暖簾《のれん》に腕《うで》押《お》し」(少しも手ごたえがないことのたとえ)が入る。よって、イ「枯《か》れ木《き》も山の賑《にぎ》わい」(つまらないものであっても、ないよりはましだというたとえ)が当てはまらない。

二 問1ⓐ ――線部①の次行の「忍《しのぶ》が～おれの顔を見て、拓人《たくと》じゃ無理だと思ったんだろう」より、「『おれ』の名」はオ「拓人」だとわかる。 ⓑ 「忍だって中学受験組だ」とあり、忍が「今日の提案のために、戦争について勉強してきたんだ」と言っていることから、イ「忍」が適する。 ⓒ 「おれも思わず忍と宇太佳《うたか》の顔をすがるように見てしまった」「『ありがとうございます！』三人で声がそろった。忍も宇太佳も～おれも」などから、「三人」とは、「おれ」「忍」「宇太佳」のことだとわかる。よって、エ「宇太佳」が適する。 ⓓ 「『すまんすまん。それは先生が決めたことなんだ～』トランクスが謝《あやま》った」より、担任の先生がウ「トランクス」と呼ばれていることがわかる。 ⓔ 「小野田《おのだ》が仕切る」という一文があるとおり、司会者の立場で問いかけやまとめなどをし、この会を仕切っているのは、ア「小野田」。

問2 ――線部①の次行で「おれ」が「忍が頭を下げた。おれの顔を見て、拓人じゃ無理だと思ったんだろう。賢《けん》明《めい》だ(かしこく、判断が適切だ)」と思っていることから考える。忍は「おれ」が「内心ムカついて」いることがわかり、「おれ」が答えたら感情的になってしまうだろうと思って、代わりに――線部①のように答えたのだ。忍の意図を理解した「おれ」は、その気持ちをありがたく受け取り、任せたのである。よって、ウが適する。

問3(1) 「戦争の話なんて～わざわざ聞きたくないです」という意見が出たときに「おれも～忍と宇太佳の顔を～見てしまった。そんな意見が出るなんて、びっくりしたのだった」とあることから、「クラスが一瞬《いっしゅん》しんと」したのも、想定外の意見に戸惑《とまど》ったからだと読みとれる。よって、イが適する。 (2) 直前の「おれ」の発言を聞いて――線部②のようになったのである。「おれ」が「おれはただ田中さんのことを知ってもらいたいんだよ～すっごくいい人でさ。おれも～あんなおじいさんになりたいって思った～みんなに紹介《しょうかい》したいんだよ。それだけなんだよ」と言っていることから、その熱意が伝わってくる。よって、エが適する。

問4 ――線部③は、胸が熱くなった、つまり、感動がこみ上げたということ。「おれ」が「賛成の人、手をあげてください」と言うと、「全員の手があがった」とある。反対意見も出ていたなかで、話し合いを続け、最後には自分たちの思いが通じて、企画《きかく》を進めることができるのである。そのときの気持ちなので、ウが適する。

問5　「おれ」が思った「今日の小野田は確かにさえている」は、忍が「今日の小野田はさえている！」と言ったことを受けたもの。「(田中さんの講演を)できれば親や地域の人たちにも聞いてもらいたい」という考えを聞いた小野田が「ＰＴＡに話してみれば～？」「そこから～連絡《れんらく》してもらって～回覧板で～どう？」と良い提案をしたことを、忍が「さえている！」と言ったのである。

問6(1)　「おれ」の「『田中さん』に対するあこがれ」の気持ちは、「おれも年をとったら、あんなおじいさんになりたいって思った」という言葉に表れている。　(2)　「おれ」は「戦争のことも大事だけど～ただ田中さんのことを知ってもらいたいんだよ」と言っていた。「チョコバナナ」の質問は、「おれ」の思いにかなう、田中さんの人《ひと》柄《がら》を知るのに良い質問だということ。よって、ウが適する。　(3)　先生は「『おれ』がここまであこがれる『田中さん』ってどんな人なのかを考えてみようよ」と言っている。つまり、田中さんの人柄に着目するべきなので、生徒Ｅの「戦争のことをわかりやすく話してくれる～戦争の語《かた》り部《べ》として最高」という見方が適さない。

三　**問2(1)**　――線部Ⓧのある段落で「鏡像自己認知ができるホンソメ～自分の鏡像は攻撃《こうげき》しない。もし～自分の写真を自分だと認識できるなら～動きのない自分の写真を攻撃しないはずだ」と説明している。　(2)　――線部Ⓨのある段落の最後で「この結果は、ホンソメは顔で自分を認識していることを明白に示している」と述べている。

(3)　「未知の他者の写真は激しく攻撃したが、自分の写真はほとんど攻撃しなかった」「自分の顔(自己顔他者体)の写真は攻撃せず、他者顔(他者顔自己体)の写真は激しく攻撃した」より、ａとｃの攻撃回数が少なく、ｂとｄの攻撃回数が多いグラフとなる。よって、アが適する。

問3　――線部②に続けて「動物がどのようにして～わかっていない～ヒト以外の動物で～わかったのは、ホンソメのこの実験が初めてなのだ。鏡像自己認知のやり方がヒトと魚で同じだったのだ。これはどういうことだろうか」と述べている。「ヒトと魚」について、――線部①の前行に「魚はヒトとは分類的にも最も遠い動物群」と書かれていたことをふまえて考えると、オのような意味だと判断できる。アの「ヒトも魚も～というこの実験結果は」、イの「ヒトの現在の地位をおびやかすことになる可能性がある」、ウの「研究に複雑さが増してしまって困ったことになった」、エの「ヒトの社会的振《ふ》る舞《ま》いについて根本から研究しなおす必要性がでてきた」などは適さない。

問4　直前に「つまり」とあるとおり、――線部③は、ホンソメが「内面的自己意識」を持っているということを言いかえている。「内面的自己意識」を持っていると言えるのは、「ホンソメは自分や他個体の顔イメージのほか、他者に関する個別のイメージも持っている。さらに～目的や意図した振る舞いもしている。このように、イメージを持って振る舞いができる」からである。

問5　――線部④に続けて「自分だとわかるのは～ホンソメが『考えて』自分だと理解したのである。理解するためには様々な情報が必要だ～繰《く》り返し自分かどうかを確かめる行動～この確認行動をしているある瞬間《しゅんかん》～一気にわかる～このわかる瞬間というのは、思考しているから起こるのである」と述べていることから読みとれる。

問6　本文では「ホンソメも自分の顔のイメージを持ち～瞬時に自分かどうかを認識している～ホンソメの自己認識や他者認識のやり方は実はヒトと変わらない」「相手の識別とほぼ同時に相手との社会関係のイメージが出てくる～ヒトの社会行動とその基本はかなり似ている」「魚のホンソメにはこころがあると言える」と述べている。それは、【参考文】で述べている「デカルト～ヒトの精神には自己や『こころ』はあるが、動物にはそれらはない～近世西洋哲学《てつがく》の基盤《きばん》～現在まで続いている」「デカルト～言語を持つヒトだけが～『自己意識』を持つとみなした～言語を持たず本能に基《もと》づく～動物は～自己意識はない」という考え方に合わない結果である。つまり、デカルト以来の常識をくつがえすきっかけになる可能性があるということ。

《2024　算数　解説》

1 (1) 与式＝(23×２)×27＋23×55－(23×３)×３＝23×54＋23×55－23×９＝23×(54＋55－９)＝23×100＝**2300**

(2) 与式より，$\frac{9}{14}-\frac{4}{7}\times\frac{5}{6}+(3-\frac{1}{\square})\times\frac{5}{16}=1$　　$(3-\frac{1}{\square})\times\frac{5}{16}=1-\frac{9}{14}+\frac{10}{21}$　　$(3-\frac{1}{\square})\times\frac{5}{16}=\frac{42}{42}-\frac{27}{42}+\frac{20}{42}$

$3-\frac{1}{\square}=\frac{35}{42}\times\frac{16}{5}$　　$\frac{1}{\square}=3-\frac{8}{3}$　　$\frac{1}{\square}=\frac{9}{3}-\frac{8}{3}$　　$\frac{1}{\square}=\frac{1}{3}$　　□＝**3**

(3) 定価は2000×(１＋0.3)＝2600(円)だから，定価の３割引きは2600×(１－0.3)＝**1820**(円)である。

(4) **【解き方】同じ道のりを進むときの速さの比は，かかった時間の比の逆比になる。**

行きにかかった時間は３×1000÷50＝60(分)だから，帰りにかかった時間は90－60＝30(分)である。よって，行きと帰りにかかった時間の比は60：30＝２：１だから，速さの比は２：１の逆比の１：２なので，帰りの速さは，$50\times\frac{2}{1}=100$ より，毎分**100**mである。

(5) **【解き方】右図のように補助線を引くと，三角形ＡＢＣと三角形ＡＢＤは１辺の長さが６cmの正三角形である。**

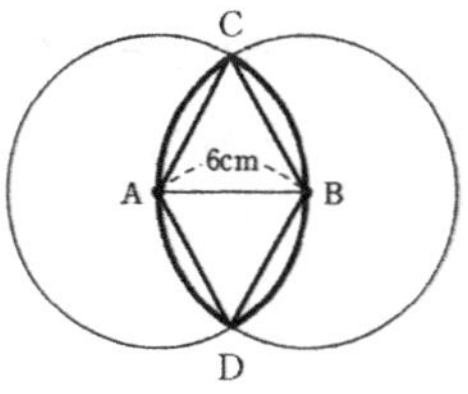

太線部の長さは，半径６cm，中心角60°×２＝120°のおうぎ形の曲線部分の長さ２つ分だから，$6\times2\times3.14\times\frac{120°}{360°}\times2=$**25.12**(cm)である。

(6) **【解き方】マス目上にある合同な複数の正方形を，ℓを軸として回転させてできる立体の体積は，右図のように正方形を上下に移動させ，回転させてできる立体の体積と等しい。**

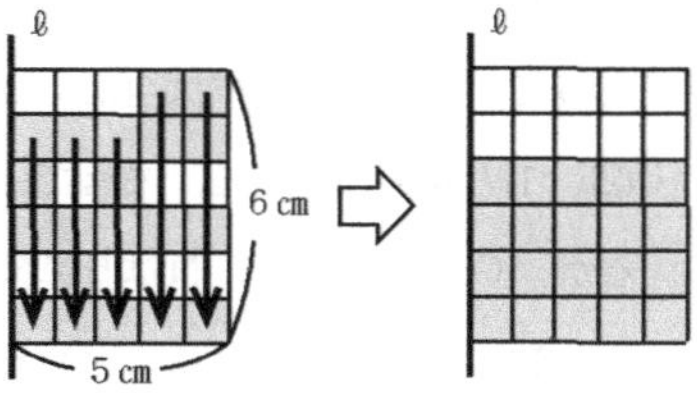

求める立体の体積は，底面の半径が５cm，高さが４cmの円柱の体積と等しいから，５×５×3.14×４＝**314**(cm³)である。

2 ［Ｉ］　**【解き方】(ア)と(イ)のとり得る値《あたい》をしぼっていき，あてはまる数を探す。**

(ア)＋(イ)＝10－(２＋３＋１)＝４である。よって，(ア)と(イ)はそれぞれ０以上４以上の整数である。

(イ)＝０とすると，(ア)＝４であり，速い方から６番目の人は8.0秒以上8.5秒未満，９番目の人は8.5秒以上9.0秒未満となる。この２人の平均は(8.5＋9.0)÷２＝8.75(秒)未満だから，平均が8.9秒という条件に合わない。

(イ)＝４とすると，６番目と９番目の人はともに9.0秒以上9.5秒未満となり，条件に合わない。よって，(イ)は１以上３以下だから，(ア)は４－３＝１以上，４－１＝３以下である。

中央値は8.4秒であり，これは５番目と６番目の人の平均である。(ア)＝３とすると，５番目の人が8.0秒以上8.5秒未満，６番目の人が8.5秒以上9.0秒未満だから，(ア)＝３はとり得る値である。

(ア)＝１，２とすると，５番目，６番目の人はともに8.5秒以上9.0秒未満だから，条件に合わない。

したがって，(ア)＝**3**に決まる。

［Ｉ］(1)　三角形ＡＣＤは，直角をつくる２辺の長さが６cmの直角二等辺三角形だから，ぬりつぶした部分の面積は，三角形ＡＣＤの面積から，半径６cm，中心角45°のおうぎ形の面積を引いた値である。

よって，求める面積は，$6\times6\div2-6\times6\times3.14\times\frac{45°}{360°}=18-14.13=$**3.87**(cm²)

(2) **【解き方】右図において，{(あ)の面積}＋{(う)の面積}＝{(い)の面積}＋{(う)の面積}の面積となる。**

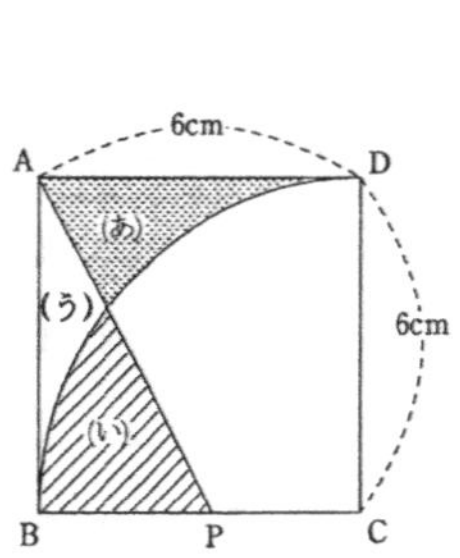

{(い)の面積}＋{(う)の面積}＝{(あ)の面積}＋{(う)の面積}＝

$6\times6-6\times6\times3.14\times\frac{90°}{360°}=7.74$(cm²)だから，三角形ＡＢＰについて，

ＢＰ×６÷２＝7.74　　ＢＰ＝7.74÷３＝2.58(cm)となる。

よって，ＣＰ＝ＢＣ－ＢＰ＝６－2.58＝**3.42**(cm)

3 (1)　Aの高さ6cmまでの容積は，20×6＝120(cm³)だから，Aに入れた水の量が120cm³をこえると，Bへ水が流れこむ。よって，水を入れ始めて120÷10＝**12(秒後)**からである。

(2)　**【解き方】12秒後から水が一方の仕切りをこえるまでは，1秒間にBの水面の高さは10÷30＝$\frac{1}{3}$(cm)，Cの水面の高さ5÷40＝$\frac{1}{8}$(cm)だけ上昇《じょうしょう》する。**

水を入れ始めて12秒後のCの水面の高さは$\frac{1}{8}$×12＝$\frac{3}{2}$(cm)である。ここからBとCの水面の高さの差は，1秒間に$\frac{1}{3}$－$\frac{1}{8}$＝$\frac{5}{24}$(cm)ずつちぢまるから，水面の高さが初めて同じになるのは，12＋$\frac{3}{2}$÷$\frac{5}{24}$＝**19.2(秒後)**である。

このとき，B，Cの水面の高さは$\frac{1}{8}$×19.2＝2.4(cm)となり，水面の高さが2つの仕切りの高さをそれぞれこえていないから，条件に合う。

4 (1)　**【解き方】右図のように6マスの空らんをA～Fとして，入る数字が決まるところから考えていく。**

A	B	C	1	2	3
D	E	F	4	5	6
1	3	5			
2	4	6			

Cの縦列には5，6，横列には1，2，3があるので，C＝4に決まる。A，Bにはそれぞれ5か6が入るが，どちらを入れてもよいので，A，Bの決め方は2通りある。

Dの縦列には1，2，横列には4，5，6があるので，D＝3に決まる。E，Fにはそれぞれ1か2が入るが，A，Bに入る数字に関わらず，どちらを入れてもよいので，E，Fの決め方は2通りある。

よって，数字の入れ方は全部で2×2＝**4(通り)**ある。

(2)　(1)と同様に考える。右図で，Gは5に決まる。Nは5か6のどちらかとなるが，Gが5なので，Nは6に決まる。よって，9個のマスに入る数字は右表のようにまとめることができ，4が入るのはMだけなので，Mは4に決まる。また，Lが8，9のいずれかだとすると，H，I，J，Lに7，8，9が入ることになり，条件に合わないので，H，I，Kには7，8，9のいずれか，J，L，Oには1，2，3のいずれかがそれぞれ入る。

G	5
H	7，8，9
I	7，8，9
J	1，2，3
K	8，9
L	1，2，3，8，9
M	1，2，3，4
N	6
O	1，2，3

G	H	I	1	2	3	4
J	K	L	4	5	6	7
M	N	O	7	8	9	
6	1	4				
7	2	5				
8	3	6				
9	4					

7，8，9の入れ方について，Kは8，9の2通り，Hは2通り，Iは1通りあるから，2×2×1＝4(通り)の入れ方がある。1，2，3の入れ方について，Jは3通り，Lは2通り，Oは1通りあるから，3×2×1＝6(通り)の入れ方がある。よって，数字の入れ方は全部で4×6＝**24(通り)**ある。

5 (1)　**【解き方】PとQの間の道のりは，1秒間に10＋25＝35(m)ずつちぢまる。**

2点の進んだ道のりの合計が840mとなるときに初めてすれちがうから，出発してから840÷35＝**24(秒後)**である。

(2)　**【解き方】P，Q，Rのそれぞれが1周するのにかかる時間の最小公倍数ごとに，同時に最初の位置にくる。**

Pは外側の円周を1周するのに840÷10＝84(秒)，Qは外側の円周を1周するのに840÷25＝$\frac{168}{5}$(秒)，Rは内側の円周を1周するのに420÷12＝35(秒)かかる。Qが1周するのにかかる時間は整数ではないので，このままだと最小公倍数を求められない。Qが最初の位置にくる時間がはじめて整数となるのは，5周したときの168秒だから，84と168と35の最小公倍数を求める。

3つ以上の数の最小公倍数を求めるときは，右のような筆算を利用する。3つの数のうち2つ以上を割り切れる素数で次々に割っていき(割れない数はそのまま下におろす)，割った数と割られた結果残った数をすべてかけあわせれば，最小公倍数となる。

2) 84　168　35
2) 42　84　35
3) 21　42　35
7) 7　14　35
　　1　2　5

よって，求める時間は，2×2×3×7×1×2×5＝**840(秒後)**である。

(3)　**【解き方】PとRが1秒間に進む角度に注目する。**

Pは1秒間に $360° \div 84 = \frac{30}{7}°$，Rは1秒間に $360° \div 35 = \frac{72}{7}°$ 動く。出発して0秒後の角POR＝180°だから，3点O，R，Pが初めて一直線上に並ぶのは，出発してから $180° \div (\frac{72}{7}° - \frac{30}{7}°) = 180° \div 6° = 30$(秒後)であり，ここから $360° \div 6° = 60$(秒)ごとに一直線上に並ぶ。

よって，出発してから420秒後までの間に，30秒後，90秒後，150秒後，210秒後，270秒後，330秒後，390秒後に一直線上に並ぶから，全部で**7**回ある。

(4) **【解き方】3点P，R，Qがこの順に一直線上に並ぶとき，PQは内側の円の接線となる。外側と内側の円の半径の比は，円周の長さの比に等しく840：420＝2：1だから，三角形OPR，三角形OQRはそれぞれ3つの内角の大きさが30°，60°，90°の合同な直角三角形となる。**

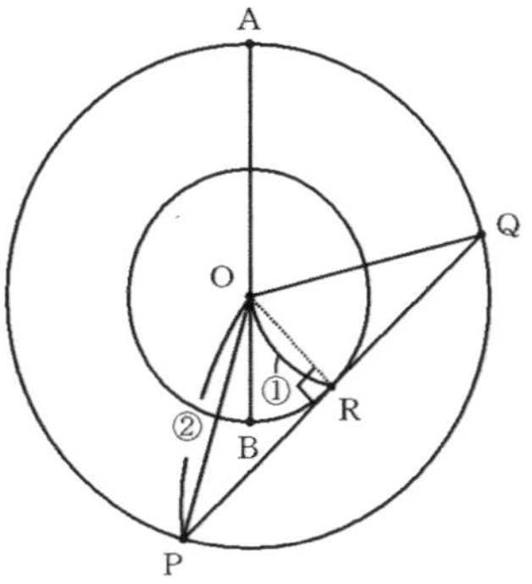

PQが内側の円の接線となる条件について，角POQ＝60°×2＝120°となればよい。

Qは1秒間に $360° \div \frac{168}{5} = \frac{75}{7}°$ 動くから，角POQの大きさは，PとQが重なるまでは1秒間に $\frac{30}{7}° + \frac{75}{7}° = 15°$ ずつ大きくなる。

1回目に角POQが120°になるのは，出発してから $120° \div 15° = 8$(秒後)，2回目は $8 + 120° \div 15° = 16$(秒後)であり，$360° \div 15° = 24$(秒後)に2点はAにもどる。よって，角POQ＝120°となるのは，出発してから8秒後，16秒後，32秒後，40秒後，…である。

RがPQ上にあるための条件について，角POR＝60°となればよい。

3点O，R，Pが一直線上に並ぶまで，角PORの大きさは1秒間に $\frac{72}{7}° - \frac{30}{7}° = 6°$ ずつ小さくなるから，1回目に角POR＝60°となるのは，出発してから $(180° - 60°) \div 6° = 20$(秒後)，2回目は $20 + 60° \times 2 \div 6° = 40$(秒後)となる。角PORの大きさが初めと同じ180°になるのは，出発してから $(180° + 180°) \div 6° = 60$(秒後)だから，角POR＝60°となるのは，出発してから20秒後，40秒後，80秒後，100秒後，…である。

以上より，2つの条件をともに満たす時間のうち，最も早い時間を求めればよいので，**40**秒後である。

《2024　理科　解説》

1 **問1**　ミツバチなどの昆虫《こんちゅう》は，からだが頭部，胸部，腹部の3つに分かれていて，6本(3対)のあしはすべて胸部についている。また，はねがある昆虫では，はねもすべて胸部についている。ミツバチのはねは4枚(2対)である。

問2　(ア)～(カ)はすべて，背骨がない無せきつい動物のうち，からだやあしに多くの節をもつ節足動物に分類される。さらに，(ア)はムカデ類，(イ)(カ)は昆虫類，(ウ)(エ)(オ)は甲殻《こうかく》類に分類される。

問6　食物連鎖《れんさ》のはじまりは，イカダモのように光合成によって自ら養分をつくり出す生物である。また，ふつう食べる生物は食べられる生物よりもからだが大きい。

問7　インゲンマメなどの双子葉《そうしよう》類の多くの種子には胚乳《はいにゅう》がなく，発芽するときに使う栄養は子葉にたくわえられている。

問8　ある条件による影響《えいきょう》を調べるときは，その条件だけが異なる実験の結果を比べればよい。ここでは適当な温度が必要かどうかを調べるので，温度の条件だけが異なる条件1と条件3を比べる。

問9　ヨウ素液はでんぷんに反応して青紫《むらさき》色に変化する。あたためたエタノールにひたして葉の緑色をとかし出すと葉は白っぽくなり，緑色のときよりもヨウ素液による色の変化が見やすくなる。

問10　ヘチマなどのウリ科の植物は，めしべをもたないお花とおしべをもたないめ花の２種類の花をさかせる。(エ)が実になる部分(子房《しぼう》)だから右側がめ花である。花粉ができるところは左側のお花のおしべ(ア)である。

2　問１　(ウ)→(エ)→(ア)→(イ)→(オ)の順に操作する。

問２　図３の上の検知管では全体的に色が変わっているので1.0%より大きい。下の検知管のように色が変わった部分が３%から５%にかけてななめになったときは，その中間の４%として読み取ればよい。

問４　石灰水は二酸化炭素と反応して白くにごる。実験２のように，炭素をふくむろうが燃えると二酸化炭素が発生するが，実験３のように，炭素をふくまないスチールウール(鉄)が燃えても二酸化炭素は発生しない。

問５　１Ｌの容器の24%がちっ素になったから，容器に入りこんだちっ素の体積は$1\times0.24=0.24$(L)である。空気の体積の80%がちっ素だから，0.24Lのちっ素をふくむ空気の体積は$0.24\div0.8=0.3$(L)である。

問６　問５より，スチールウールが燃えた後に容器に入りこんだ空気が0.3Lだから，スチールウールが燃えたことで使われた酸素も0.3Lである。スチールウール3.4gが燃えるために酸素が１Ｌ必要だから，酸素が0.3L使われたときに燃えたスチールウールは$3.4\times\frac{0.3}{1}=1.02$(g)である。

3　問３　表１より，ビーカーの水の温度が0.1℃上昇《じょうしょう》するまでにかかった時間は，電熱線の長さに比例し，電熱線の断面積に反比例することがわかる。表１の(２cm，0.1mm^2)を基準とすると，①では長さが３倍，断面積が４倍だから，時間は$12\times3\times\frac{1}{4}=9$(秒)になる。同様に考えて，②では長さが６倍，断面積が６倍だから，時間は$12\times6\times\frac{1}{6}=12$(秒)になる。

問４　表１と表２の方法②に着目すると，電熱線の断面積が同じであれば，100gの水の温度が0.1℃上昇するまでにかかる時間は電熱線の長さに比例すると考えられる。電熱線の長さが２cmのときの時間が12秒であることを基準とすると，ＢとＤをつなげたときの電熱線の長さの合計は$4+8=12$(cm)だから，Ｘには$12\times\frac{12}{2}=72$(秒)が入る。

問５　表２の方法①の２本の電熱線の時間の比は，表１のそれぞれの電熱線の時間の逆比と等しくなっていることがわかる。つまり，ＡとＣを直列つなぎにして，方法①で実験２を行うと，ＡとＣの時間の比は36：12＝３：１になると考えられるから，ＡがＣの３倍となる。

4　問１　25℃のときに空気１m^3中にふくむことができる水蒸気の最大量は23.1gだから，$\frac{15}{23.1}\times100=64.9\cdots\to65$%となる。

問２　８℃のときに空気１m^3中にふくむことができる水蒸気の最大量は8.3gだから，空気１m^3あたり$12-8.3=3.7$(g)の水蒸気が水となってあらわれる。

問３　23℃のときに空気１m^3中にふくむことができる水蒸気の最大量は20.6gだから，湿度《しつど》66%のときに空気１m^3中に実際にふくまれている水蒸気の量は$20.6\times0.66=13.596\to13.6$gである。

問４　空気１m^3中にふくむことができる水蒸気の最大量が問３で求めた13.6gになると，雲が発生する。このときの気温は16℃であり，Ａでの気温(23℃)よりも$23-16=7$(℃)低い。雲が発生するまでは，標高が100m上がるごとに温度が１℃下がるから，雲が発生する標高は$100\times\frac{7}{1}=700$(m)である。

問５　雲が発生した標高700mから標高2000mの山頂までの1300mでは，標高が100m上がるごとに温度が0.5℃下がるから，山頂では標高700mでの温度(16℃)よりも$0.5\times\frac{1300}{100}=6.5$(℃)低い9.5℃になる。その後，山頂からＢまでは標高が100m下がるごとに温度が１℃上がるから，Ｂでは山頂での温度(9.5℃)よりも$1\times\frac{2000}{100}=20$(℃)高い29.5℃になる。

《2024　社会　解説》

1　問１(1)　温室効果ガスは，太陽光によってあたためられた地面が放出する熱を吸収し，大気をあたためる。これを温室効果という。大気中の二酸化炭素やメタンガスなどの温室効果ガスの濃度が高まることで，吸収する熱量が増え，気温上昇につながる。これを地球温暖化という。

(2)　アは水質汚染を防ぐための取り組み，ウは水産資源を守るための取り組みである。エは，自転車から自動車に変えると，温室効果ガスの排出量を増やすことになるため，地球温暖化が進んでしまう。

問２　長野県は県全域の標高が高く，県全体の平均標高は1000ｍを超えている。

問３　海水浴場がないＥは，内陸県の奈良県である。残ったＣ・Ｄのうち，スキー場が少ないＣは，瀬戸内の気候に属し，冬でも比較的温暖で雪があまり降らない地域が多い岡山県であり，Ｄは青森県である。

問４　1980年代以降，貿易摩擦の解消や人件費削減などのために自動車関連工場の海外移転が進んだことから，急激に台数が増加しているＨは海外生産台数である。残ったＦ・Ｇのうち，より早い段階で台数が増えているＦは国内生産台数，海外生産台数が増加しはじめた1980年代をピークに減少し，近年では横ばいになっているＧは輸出台数である。

2　問１　(あ)はラサ，(い)はチョンチン，(え)はシャンハイあたりを指している。

問２　Ａは乾燥帯(ステップ気候)，Ｂは温帯(温暖冬季少雨気候)，Ｃは冷帯(亜寒帯冬季少雨気候)である。

問３　Ｐ．人口抑制政策として，一人っ子政策を進めてきた中国は，急激な少子高齢化に対応するために一人っ子政策を廃止し，二人っ子政策とした。その後2021年から三人っ子政策に切り替えた。Ｑ．日本で起こったベビーブームと同様の現象と考える。日本では，1947～1949年に第１次ベビーブームが起こり，そのときに生まれた子どもが親世代となる1971～1974年に，第２次ベビーブームが起こった。

問４　外国の資本・企業を誘致するため東部の沿岸地域に経済特区を設け，中国の工業がここを拠点に発展した。

問５　Ｘ．正しい。Ｙ．誤り。中国における旧正月である春節は１～２月頃であり，2017～2019年のいずれの年でも７～８月の観光客数が最も多い。

3　問１　1603年に江戸幕府が開かれたことから考える。

問２　足利義満は将軍を辞した後，明の皇帝から「日本国王源道義」として，朝貢形式での日明貿易を許された。

問３　ウ(弥生時代)→イ(飛鳥時代)→ア(奈良時代)

問４(1)　徳川氏の一族を親藩，古くからの徳川氏の家臣を譜代大名，関ヶ原の戦い前後に新たに徳川氏に従った家臣を外様大名とした。外様大名は九州・東北などの江戸から遠い土地に配置され，大がかりな領地替えを行って，大名が領地で力を蓄えないようにした。

(2)　Ｘは聖徳太子による十七条の憲法，Ｙは豊臣秀吉による刀狩令。

問５　琉球王国は，薩摩藩と貿易を行いながら，中国との朝貢貿易も行っていた。図屏風の中に薩摩藩の島津氏の家紋(⊕)がみられる。対馬藩は朝鮮との貿易を行った。

問６　(ア)は奈良時代の聖武天皇，(イ)は室町幕府(３代将軍足利義満)，(エ)は江戸幕府についての記述。

4　問１　左は，ゴッホが歌川広重の『名所江戸百景　大はしあたけの夕立』を模写したものである。右の『タンギー爺さん』は，背景に浮世絵が描かれていることで知られる。

問２　(ア)は，大正デモクラシーの時期の1922年のできごと。

問３　平塚らいてうが雑誌『青鞜』を刊行するにあたって寄せた文章である。与謝野晶子は歌人であり，歌集「みだれ髪」や，日露戦争に出征した弟の身を案じて，「君死にたまうことなかれ」という詩を発表したことで知られる。津田梅子は，岩倉使節団とともに渡米し，帰国後に女子英学塾(現在の津田塾大学)を創設して女子教育に尽力した人物。樋口一葉は『たけくらべ』などで知られる小説家。

問4　1854年の日米和親条約で開港されたのは，下田と函館である。1858年の日米修好通商条約で，函館・横浜・新潟・神戸・長崎の５港が開かれることとなった。

問5　ロシアの南下政策をけん制するために，イギリスは1894年に日英通商航海条約を結び，その後，1902年に日英同盟を結んだ。日露戦争は，アメリカのＴ．ローズベルト大統領の仲介で講和条約が結ばれた。

問6　(ア)(ウ)(エ)は日本国憲法の内容。ただし，(ア)については，公職選挙法が改正され(2015年公布，2016年施行)，選挙権は満20歳以上から満18歳以上へと引き下げられている。

問7　伊藤博文は憲法や議会政治を学ぶためにヨーロッパに留学し，大日本帝国憲法を制定する際，君主権の強いドイツ(プロイセン)の憲法を参考にした。

問8　治外法権(領事裁判権)は，外国人が罪を犯した場合，罪を犯した国の法律ではなく本国の法律で領事が裁判を行う権利である。

5　**問1**　Ｇ７は，日本・アメリカ・ドイツ・フランス・イギリス・イタリア・カナダの７か国。以前は，ロシアを含めたＧ８であったが，2014年のロシアによるクリミア併合を受けて，ロシアはＧ８から除名された。

問2　ＮＧＯは，非政府組織の略称である。(ウ)は国際連合の専門機関であるユネスコについての記述。ユネスコ(ＵＮＥＳＣＯ)は国連教育科学文化機関の略称。

問3　(ア)誤り。日本はドイツ・イタリアと日独伊三国同盟を結んだ。(ウ)誤り。アメリカが原子爆弾を開発し，８月６日午前８時15分にウラン型のリトルボーイが広島に，８月９日午前11時２分にプルトニウム型のファットマンが長崎に投下された。(エ)誤り。戦争が終わったあとの1945年10月に国際連合が発足した。

問4　インターネットは1990年代に普及しはじめた。

問5　文章の５～６行目に「悪臭がただよい」「住民に呼吸器の健康被害がみられるようになりました」とある。四大公害については右表参照。

公害名	原因	発生地域
水俣病	水質汚濁 (メチル水銀)	八代海沿岸 (熊本県・鹿児島県)
新潟水俣病	水質汚濁 (メチル水銀)	阿賀野川流域 (新潟県)
イタイイタイ病	水質汚濁 (カドミウム)	神通川流域 (富山県)
四日市ぜんそく	大気汚染 (硫黄酸化物など)	四日市市 (三重県)

問6　Ｘ．誤り。地方税の額は，岡山市が4028.2×0.32＝1289.024(億円)，赤磐市が203.4×0.21＝42.714(億円)だから，約30倍である。地方交付税交付金の額は，岡山市が4028.2×0.11＝443.102(億円)，赤磐市が203.4×0.30＝61.02(億円)だから，約７倍である。Ｙ．誤り。国および県からの給付金と地方債の割合は，岡山市が24＋４＋12＝40(％)，赤磐市が21＋７＋６＝34(％)だから，赤磐市は４割を下回っている。

問7　28ページの記事の８～９行目に「多くの自治体は話し合いのテーブルに着くことすらためらい続けてきた」とある。

2023 解答例
令和5年度

岡山白陵中学校

《国　語》

一　問1．①出荷　②台頭　③現像　④局面　⑤感無量　⑥史上初　⑦家屋　⑧改札　⑨設　⑩存分
問2．ⓐア　ⓑウ　ⓒエ　　問3．エ

二　問1．A．エ　B．ア　C．イ　　問2．両親は、子どもが落ちたりしないように気遣ってくれたのだろう。
問3．ウ　　問4．イ　　問5．自分が両親にとってどんな意味をもって存在しているのかよくわからなくなる。
問6．イ　　問7．オ　　問8．エ　　問9．エ

三　問1．A．エ　B．オ　C．ウ　　問2．イ　　問3．a．一つに決めなければならない　b．妥協点や合意点　c．権力者　d．力任せ　　問4．原子力発電所を廃止するのであれば、維持した場合のメリットは捨てなければならなくなる。　　問5．ウ，カ　　問6．a．対話　b．プライド　c．「正しさ」を作っていく　d．心の傷つく作業

《算　数》

1　(1)2023　(2)$19\frac{1}{2}$　(3)240　(4)10　(5)22　(6)484

2　［Ⅰ］(1)9　(2)92.56　　［Ⅱ］A．2　B．3　C．5　D．1　E．6

※3　(1)80　(2)24　(3)72，Y

4　(1)16　(2)(ア)右図　(イ)17　(ウ)99

※5　(1)2，40　(2)4

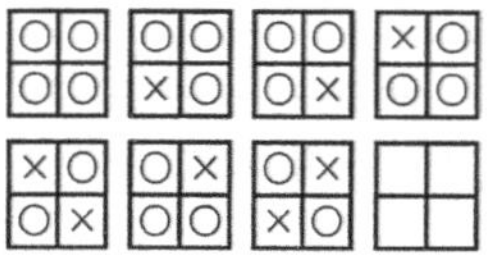

※の考え方や途中の式は解説を参照してください。

《理　科》

1　問1．イ　　問2．エ　　問3．イ，ウ，カ　　問4．10
問5．(1)0.7　(2)イ，ウ

2　問1．62　　問2．(1)ホウ酸　(2)5　　問3．26　　問4．イ
問5．エ

3　問1．(1)イ　(2)ア　(3)カ　　問2．イ　　問3．エ　　問4．日食

4　問1．228　　問2．②364.8　③1.3　　問3．(1)4.9　(2)29.6
問4．(1)右グラフ　(2)432

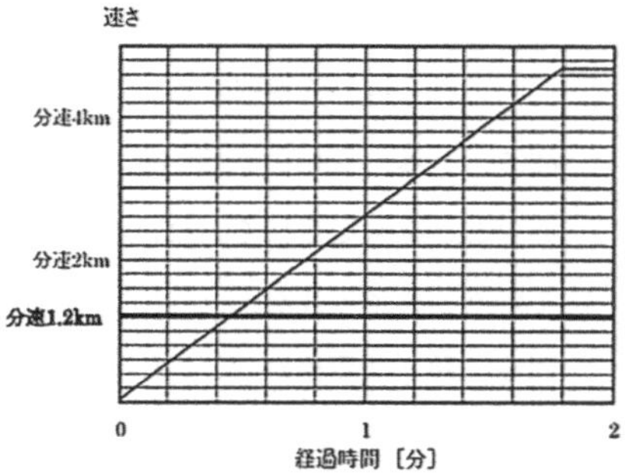

《社　会》

1　問1．オ　　問2．ウ　　問3．(1)A．北海道　B．佐賀県　C．兵庫県　(2)ア

2　問1．位置…オ　名前…ニューヨーク　　問2．ア　　問3．A．英語　B．約12時間の時差がある
問4．表…ウ　図…キ

3　問1．(1)安土　(2)ウ　　問2．２つの古墳に同じ大王に関する出土品があることから，大和政権は関東から九州まで従えていたことがわかる。　　問3．イ　　問4．朝鮮(半島)　　問5．ウ　　問6．エ

4　問1．廃藩置県　　問2．地価　　問3．ウ　　問4．ア　　問5．ウ　　問6．ア

5　問1．A．1946　B．平和主義　　問2．沖縄県　　問3．(1)ウ　(2)健康で文化的
問4．(1)(国際連合)安全保障理事会　(2)ユニセフ　　問5．イ

《2023 国語 解説》

一 問2ⓐ 「新聞では十数年前まで『から揚《あ》げ』または『空《から》揚げ』の表記しか」認められていなかったのだから、「空揚げ」の表記は誤りではない。よって、アが適する。 ⓑ 「ある学者」は、「松むし」と「鈴むし」が、「今と当時では逆の呼び方であったと結論づけた」とあるから、ウが適する。 ⓒ 「伯母《おば》の兄」は、「私」から見れば「伯父《おじ》」であり、「伯母の娘《むすめ》」は、「伯父」から見れば、「めい」である。よって、エが適する。(父母の「姉・兄」は「伯母・伯父」と書き、父母の「妹・弟」は、「叔母《おば》・叔父《おじ》」と書く)

問3 エの「役不足」は、その人の力量に比べてあたえられた役目が軽すぎること。「彼女ほど実績ある人」にとって「係長」はふさわしくなく、もっといい役職につくべきだという意味の文なので、適する。 ア.「浮《う》き足立つ」の元々の意味は、不安や恐《おそ》れなどで落ち着かない状態になること。 イ.「気の(が)置けない」は、遠慮《えんりょ》する必要がなく、心からうちとけることができるという意味。 ウ.「情けは人のためならず」は、情けをかけておけば、めぐりめぐって、自分に良いことがあるという意味。

二 問2 ここまでの内容から、姉の翔子《しょうこ》が、二階のベランダから落ち、亡くなったことがわかる。そのことを話してくれた瀬下《せした》が「その同じ家に赤ん坊《ぼう》を迎《むか》え入れるのが、どうしても怖《こわ》かったらしい」と話したこと、章也《しょうや》が「ここに赤ん坊がいたら、また同じことが起きる。そんなふうに思ったのだろうか」と聞いていることを参照。

問3 翔子は、一歳《いっさい》半で亡くなっているのだから、今章也と話している翔子は、章也の想像上の存在である。瀬下の話を聞いて、翔子の亡くなった状況《じょうきょう》(「玄関《げんかん》の軒庇《のきびさし》で一度頭を打ち～全身が叩《たた》きつけられた」)をくわしく知り、〝頭を打った〟という新たな知識が、翔子の姿に反映されたのである。よって、ウが適する。

問4 ――線部④のある段落を参照。翔子の法要では、「みんな姉の話ばかりする」ので、章也は自分が「透明《とうめい》」になってしまうように感じていた。それが耐《た》えがたく、「子供部屋の数を確認しに行った」と言っている。また、この前で「行くのが怖かった」とも言っていることから、子供部屋の数によって、翔子が亡くなる前から、両親が二人目の子(自分)を望んでいたのかを確かめたかったのだと考えられる。よって、イが適する。

問5 「みんな姉の話ばかり」をすると、自分が「透明になってしまう」のだから、「みんな」(特に両親)が、自分のことを見てくれていないという気持ちになっている。自分の存在の意味がわからなくなり、不安や孤独《こどく》を感じていると考えられる。

問6 瀬下は章也の「ここに赤ん坊がいたら、また同じことが起きる。そんなふうに思ったのだろうか」という問いかけに、「きっと、そんなふうに、言葉にできるものじゃないんだよ」と答え、「(両親は)生まれてくるきみのことを、それだけ大事に思っていたんだろうね」と言ってくれた。この言葉で、章也は、自分が両親に大事にされていると感じられたはずである。また、この後に翔子との別れを感じさせる場面が続くことから、瀬下に会ったことで「次の段階」に進もうとしていることが読み取れる。よって、イが適する。

問7 翔子の「あたしも、乗っていい?」という問いかけは、これからも一緒《いっしょ》にいていいのかという意味もふくんでいると考えられるが、章也は、「知らないよ、そんなの」と答え、肯定《こうてい》しなかった。また、「明日(＝翔子の法要)……平気そう?」という問いかけに「たぶんね」と答えたことは、翔子がいなくても、大丈夫なのだと感じさせる。よって、オが適する。

問8 問7の解説参照。翔子との別れを予感しているから、姉の声が聞こえなくなることをおそれて、話をやめることができずにいる。また、――線部⑥の直後の「鼻の奥《おく》が～痛くなってくる」は、涙がこみあげてきているためだと考えられ、翔子との別れがつらいこと、「このまま一緒にいたいという気持ち」が感じられる。よって、エが適する。

問９　──線部⑤の後に「章也。雨が降るときの風、いつかわかるようになるといいね」「傘《かさ》、持ってくかどうか迷わないですむもんね」という会話はあるが、エの「傘を持ってこなかった～後悔《こうかい》」は読みとれない。

三　**問２**　「一枚岩」は、一枚の板のように平らで裂《さ》け目のない岩のこと。組織や団体などが、意見や考え方のちがいなどがなくしっかりとまとまっていることのたとえで使われる。

問３ａ　「『正しさは人それぞれ』『みんなちがってみんないい』という主張」が「通らない」のはどういう状況《じょうきょう》か考える。［ａ］の前後の「価値観の異なる人の意見の中から～状況《じょうきょう》」が、──線部①の８～９行後の「両立しない意見の中から、どうにかして一つに決めなければならない場合」と同じことを言っている。

ｂ　「政治の世界」で、意見を一つに決めなければならないことについて、──線部②の４～５行後で「本来、政治とは、意見や利害が対立したときに妥協点《だきょうてん》や合意点を見つけだすためのはたらき」と述べている。

ｃ・ｄ　──線部②の５～７行後の「最近は～権力者が力任せに自分の考えを実行に移すことが増えています。批判に対してきちんと正面から答えず～はぐらかしたり、権力を振りかざして脅《おど》したりします」から、［Ｃ］の直後の「『正しさは人それぞれ』～といった主張は、多様性を尊重するどころか～権力者の主観によって力任せに切り捨てることを正当化することにつながってしまうのです」を参照。

問４　「逆もまたしかり」は、「逆もまたそうである」という意味。よって「維持《いじ》」と「廃止」を「逆」に言いかえればよい。

問５　ウ．＝線部のある段落で、「『科学者であればほぼ全員が賛成している答え』ができあがるには時間がかかります」と述べ、その次の段落で「科学者に『客観的で正しい答え』を聞いても、何十年も前に合意が形成されて研究が終了《しゅうりょう》したことについては教えてくれますが、まさしく今現在問題になっていることについては、『自分が正しいと考える答え』しか教えてくれないのです」と述べていることと一致《いっち》する。　カ．ウで見たように、ほぼ全員の科学者が同意する「客観的で正しい答え」ができあがるには時間がかかるため、「たくさんの科学者の中から、自分の意見と一致する立場をとっている科学者だけを集めることが可能になります」と述べている。また、──線部③の直前で「政府の立場と一致する主張をしている科学者には研究予算を支給し～政府の立場を補強するような研究ばかりが行われることになりかねません」とも述べている。これらの内容と一致する。

問６ａ　──線部④の直後から２行後までの「これらの言葉は～相手と関わらないで済ますための最後通牒《つうちょう》です～『まあ、人それぞれだからね』。対話はここで終了です」を参照。　**ｂ・ｃ**　最後から２番目の段落の「『正しさ』を作っていくということは、そこ(＝『結局、わかりあえないな』と思ったとき)で終了せずに踏《ふ》みとどまり、とことん相手と付き合うという面倒《めんどう》な作業です～それでプライドが傷つくかもしれません」を参照。　**ｄ**　筆者は、「人それぞれだからね」で終わらずに、相手と合意できる「正しさ」を作っていくには、自分の考えを変えなければならないこともあるとし、最後の段落で「学び成長するとは、今の自分を否定して、今の自分でないものになるということです。これは～ときには心の傷つく作業です」と述べている。

《2023　算数　解説》

1　(1)　与式＝17×２×32＋17×62－17×７＝17×(64＋62－７)＝17×119＝**2023**

(2)　与式より，$\left(\frac{30}{6}-\frac{1}{6}\right)\times 3-\left(\square-\frac{3}{2}\right)\div\frac{4}{3}=1$　　$\frac{29}{6}\times 3-\left(\square-\frac{3}{2}\right)\div\frac{4}{3}=1$　　$\left(\square-\frac{3}{2}\right)\div\frac{4}{3}=\frac{29}{2}-1$

$\square-\frac{3}{2}=\frac{27}{2}\times\frac{4}{3}$　　$\square=18+1\frac{1}{2}=\mathbf{19\frac{1}{2}}$

(3)　１日目に読んだあとの残りは全体の$1-\frac{1}{2}=\frac{1}{2}$なので，次の日に読んだ後の残りは全体の$\frac{1}{2}\times(1-\frac{1}{8})=\frac{7}{16}$である。これが 105 ページにあたるので，本は $105\div\frac{7}{16}=$**240**(ページ)ある。

(4)　一の位の数が偶数《ぐうすう》になるので，102，120，130，132，210，230，302，310，312，320 の **10** 通りある。

(5)　右のように２つの三角形にわけて考えると，求める面積は，

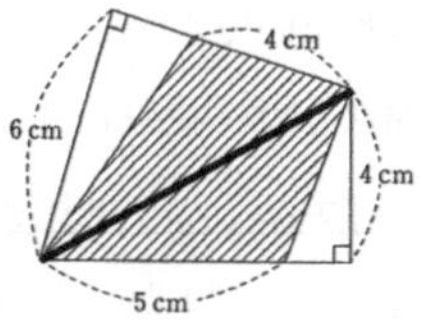

４×６÷２＋５×４÷２＝**22**(㎠)

(6)　もとの直方体は，たて 10 ㎝，横８㎝，高さ２＋６＝８(㎝)で，切り取った２種類の直方体は，たて 10－６＝４(㎝)，横３㎝，高さ８－５＝３(㎝)と，たて 10 ㎝，横２㎝，高さ６㎝なので，求める体積は，10×８×８－４×３×３－10×２×６＝**484**(㎤)

2　［Ⅰ］(1)　**【解き方】右図のように(ア)を矢印の向きに移動させてから面積の和を求める。**

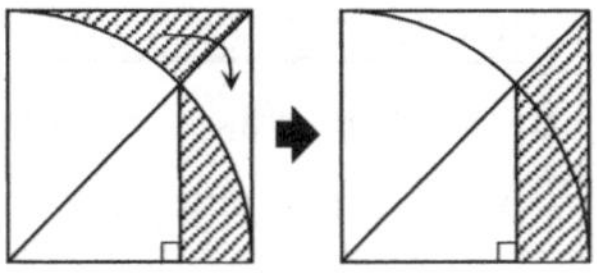

直角をはさむ２辺の長さが６㎝の直角二等辺三角形の面積から，２つ合わせると対角線の長さが６㎝の正方形となる直角二等辺三角形の面積をひけばよい。正方形(ひし形)の面積は(対角線)×(対角線)÷２で求められるので，対角線の長さが６㎝の正方形の面積は，６×６÷２＝18(㎠)　　よって，求める面積は，６×６÷２－18÷２＝**9**(㎠)

(2)　**【解き方】円が通過した部分は右図の色付き部分となる。**

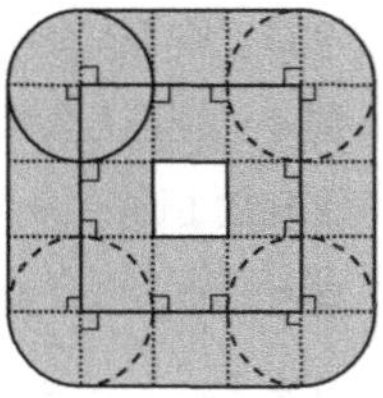

求める面積は，１辺が２㎝の正方形の面積の 20 倍と，半径が２㎝の円の$\frac{1}{4}$のおうぎ形の面積の４倍との和だから，２×２×20＋２×２×3.14×$\frac{1}{4}$×４＝80＋12.56＝**92.56**(㎠)

［Ⅱ］　条件③より，Ｂ，Ｄ，Ｅのあめ玉の個数は合わせて 17－７＝10(個)である。
条件②より，Ｂのあめ玉は２個以上である。条件④をふまえる。
Ｂのあめ玉が２個のとき，Ｅのあめ玉は２×２＝４(個)，Ｄのあめ玉は 10－２－４＝４(個)となるが，条件①にあてはまらない。
Ｂのあめ玉が３個のとき，Ｅのあめ玉は３×２＝６(個)，Ｄのあめ玉は 10－３－６＝１(個)となる。
このとき，Ａのあめ玉は３個より少なく，１個ではないから，２個である。また，Ｃのあめ玉は７－２＝５(個)で，条件①にあてはまるから，正しい。まとめると，Ａのあめ玉は**2個**，Ｂのあめ玉は**3個**，Ｃのあめ玉は**5個**，Ｄのあめ玉は**1個**，Ｅのあめ玉は**6個**である。

3　(1)　出発から２人が初めて出会うまでに，２人は合わせて 1440m進む。
Ａさんは８分で 100×８＝800(m)進むから，Ｂさんは８分で 1440－800＝640(m)進む。
よって，求める速さは，毎分(640÷８)m＝**毎分 80m**

(2)　２人が初めて出会ってから２回目に出会うまでに，２人は合わせて 1440×２＝2880(m)進む。
よって，求める時間は８分後からさらに 2880÷(100＋80)＝16(分後)の，８＋16＝**24**(分後)

(3)　**【解き方】２人が何分ごとにＸ地点またはＹ地点に到着するのかに注目する。**
Ａさんは 1440÷100＝14.4(分)ごとに，Ｙ→Ｘ→Ｙ→…の順でＸ地点またはＹ地点に到着する。
Ｂさんは 1440÷80＝18(分)ごとに，Ｘ→Ｙ→Ｘ→…の順でＸ地点またはＹ地点に到着する。
14.4×５＝72，18×４＝72 より，14.4 と 18 の最小公倍数は 72 で，72 分後，ＡさんとＢさんはともにＹ地点にいることがわかるので，同時に初めて到着するのは **72 分後**で，**Ｙ地点**である。

4　(1)　２段目までにマス目は全部で２×２＝４(個)あり，それぞれに○か×の２通りの書き方があるから，２段目までの○，×の書き方は，２×２×２×２＝**16**(通り)ある。

⑵　**【解き方】各段の○，×の書き方は，(○，○)(×，○)(○，×)の３通りある。これをそれぞれＡ，Ｂ，Ｃとして，例えば，右のような書き方のときは，ＡＢＣと表すこととする。**

○	○
×	○
○	×

×は左右上下にとなり合わないから，ＢまたはＣが連続で並ぶことはない。

(ア)　２段目までの書き方は，ＡＡ，ＡＢ，ＡＣ，ＢＡ，ＢＣ，ＣＡ，ＣＢの７通りある。

(イ)　３段目の書き方は，２段目がＡのときはＡ，Ｂ，Ｃの３通り，２段目がＢのときはＡ，Ｃの２通り，２段目がＣのときはＡ，Ｂの２通りある。(ア)より，２段目がＡになる２段目までの書き方は３通り，２段目がＢまたはＣになる２段目までの書き方は７－３＝４(通り)あるから，３段目までの書き方は，３×３＋４×２＝**17**(通り)ある。

(ウ)　２段目のまでの書き方の７通りには，それぞれ１通りずつ３段目がＡになる書き方がある。

よって，３段目がＡになる３段目までの書き方は７通り，３段目がＢまたはＣになる３段目の書き方は17－７＝10(通り)あるから，４段目までの書き方は，７×３＋２×10＝41(通り)ある。

同様にして，４段目がＡになる４段目までの書き方は17通り，４段目がＢまたはＣになる４段目までの書き方は41－17＝24(通り)あるから，５段目までの書き方は，17×３＋24×２＝**99**(通り)ある。

5　⑴　**【解き方】ポンプ１台が１分間にくみ出す水の量を考える。**

５台使うと５分20秒＝$5\frac{20}{60}$分＝$\frac{16}{3}$分で64Ｌの水が減るので，１分間で64÷$\frac{16}{3}$＝12(Ｌ)の水が減る。

６台使うと４分で64Ｌの水が減るので，１分間で64÷４＝16(Ｌ)の水が減る。

よって，ポンプ１台は１分間で16－12＝４(Ｌ)の水をくみ出す。

１分間にわき出す水の量は４×５－12＝８(Ｌ)だから，８台使うと１分間で８×４－８＝24(Ｌ)の水が減る。

よって，求める時間は，64÷24＝$\frac{8}{3}$＝$2\frac{2}{3}$(分)，つまり，２分($\frac{2}{3}$×60)秒＝**２分40秒**

⑵　**【解き方】何台かのポンプが同時に故障し，残ったポンプで水をくみ出し続けたので，故障したポンプは２台か３台である。**

故障したポンプが２台のとき，故障後は２台使って４分間くみ出すが，４×２－８＝０より，このとき井戸の水の量は変わらない。故障前も後もポンプの数は４台なので，４台使って64Ｌをくみ出すことになるが，４×４－８＝８より，４台を使った時間は64÷８＝８(分間)となり，20－４＝16(分間)より短くなるので，条件に合わない。

故障したポンプが３台のとき，故障後は１台使って４分間くみ出すので，８－４＝４より，このとき井戸の水の量は４×４＝16(Ｌ)増える。よって，４台と４－３＋２＝３(台)のポンプを使って，合計20－４＝16(分間)で井戸の水を64＋16＝80(Ｌ)減らす。４×３－８＝４より，３台だけで16分間くみ出すと，井戸の水は４×16＝64(Ｌ)減るので，実際より80－64＝16(Ｌ)少ない。１分間を３台から４台に置きかえると，減る水の量は４Ｌ多くなるから，４台でくみ出した時間は，16÷４＝４(分)

よって，ポンプが故障したのは水をくみ出し初めてから**４分後**である。

《2023　理科　解説》

1　**問２**　ヒマワリは双子葉類《そうしようるい》で，根は太い根(主根という)から細い根(側根)が出るつくりになっている。エノコログサは単子葉類で，根はひげ根になっている。

問３　イ○…植物は葉で光合成を行い，養分(でんぷん)をつくる。　ウ○…植物の葉には気こうがたくさんあり，根から吸収した水を，蒸散によって葉から外へ排出《はいしゅつ》する。　カ○…植物は葉の気こうから，光合成の材料として二酸化炭素を取り込《こ》んだり，呼吸によってできた二酸化炭素を排出したりしている。

問4　発芽したムギの種子は呼吸によって酸素を吸収し二酸化炭素を放出する。装置①では二酸化炭素が水溶液《すいようえき》によって吸収されるので，吸収した酸素の分だけ目盛りが左に移動する。よって，発芽したムギの種子が吸収した酸素の体積は 10 目盛り分である。

問5(1)　実験結果の表のヒマワリの種子の①と②の結果を比べると，放出された二酸化炭素の体積は 10－3＝7（目盛り分）とわかる。よって，呼吸商は 7÷10＝0.7 となる。　(2)　(1)の呼吸商より，ヒマワリの種子は脂肪《しぼう》を呼吸に利用していることがわかる。ゴマ，ココヤシの種子は脂肪，イネ，インゲンマメ，トウモロコシの種子はデンプンを多くたくわえている。

2　問1　40℃の水 200 g に塩化アンモニウムは 45.8×2＝91.6（g）とけるので，あと，91.6－30＝61.6→62 g とかすことができる。

問2　60℃の水 100 g にとける量が 20×2＝40（g）より少ない食塩とホウ酸では，60℃から 20℃に冷やしたときにとけ残る物質の量は，表の 60℃と 20℃のとける量の差によって求められる。水が 100 g のとき，食塩は 37.2－35.8＝1.4（g），ホウ酸は 14.8－4.8＝10（g）出てくるので，水 50 g では，これらの半分の量の食塩 0.7 g，ホウ酸 5 g が出てくる。また，60℃の水 50 g に 20 g とける塩化アンモニウムでは，20℃の水 50 g に $37.2\times\frac{50}{100}=$ 18.6（g）とけるので，20－18.6＝1.4（g）出てくる。よって，とけきれずに出てくる物質の重さが最も重いのはホウ酸である。

問3　20℃で水 100 g に食塩は 35.8 g とけ，このとき，水溶液 135.8 g に 35.8 g の食塩がとけている。よって，水溶液を 100 g つくるには，食塩が $35.8\times\frac{100}{135.8}=26.3\cdots$→26 g 必要である。

問4　氷がとけて水になると体積が小さくなるので，水面の高さは下がる。

問5　海水の温度が上がると体積が増加するが重さは変わらない。南極では陸の上に氷がはっているので，氷がとけると海面が上昇《じょうしょう》するが，北極では氷が図1のような状態で海に浮《う》いているので，氷がとけて水になっても海面上昇にはつながらないと考えられている。

3　問1(1)(2)　南西の空に見える，西側が明るい細い形の月は三日月である。三日月が南西の空に見えるのは，太陽が西の地平線付近にあり，その光を反射しているからなので，時刻は午後6時ごろである。　(3)　月の北極から地球を見たときに光って見える部分は，地球から月を見たときに影《かげ》になっている部分と同じ形である。

問2　地球が1か月の間に太陽の周りを反時計回りに約 360÷12＝30（度）回転する間に，月は地球の周りを反時計回りに約 360 度回転する。図で最初に月は地球の左側を回転するので，太陽の周りを動く地球より左側にあるが，180 度回転したところで地球に追いつかれてそこからは地球よりも右側にある。地球が公転する速さは月が公転する速さより十分に速く，図で月が右に動くことはないので，イが正答となる。

問3　太陽，地球，月の順に一直線に並び，地球の影の中に月が入る現象を月食という。よって，月食が起こるのは満月の夜である。

問4　月は地球の周りを回転するように動いており，図3で月が通る地球に当たる直前の太陽光の範囲は，地球によってできた影の範囲よりも広いので，月が日食になる範囲を通る距離の方が月食になる範囲を通る距離よりも長い。よって，地球全体でよく起こるのは日食である。

4　問1　新幹線《しんかんせん》は1分で 3.8 km進むので，1時間→60 分で進む道のりは 3.8×60＝228（km）となる。

問2　②3.8×96＝364.8（km）　③2.6×1÷2＝1.3（km）

問3(1)　2.3 分が経過するまでに新幹線が走行した道のりを，グラフの面積を利用して求める。0.5 分までは直角三角形の面積で 1.3×0.5÷2＝0.325（km），0.5 分から1分は長方形の面積で 1.3×0.5＝0.65（km），1分から 2.3

分までは台形の面積で(1.3＋4.68)×1.3÷２＝3.887(km)となるので，合計で 0.325＋0.65＋3.887＝4.862→4.9 km となる。　(2)　減速して名古屋駅に着くまでの 1.8 分間で走行した道のりは，直角三角形の面積で 4.68×1.8÷２＝4.212→4.2 kmだから，分速 4.68 kmの一定の速さで走行した道のりは，147.6－(4.9＋4.2)＝138.5(km)となる。よって，分速 4.68 kmの一定の速さで走行した時間は 138.5÷4.68＝29.59…→29.6 分となる。

問４(1)　自動車の速さは分速 1.2 kmで一定である。　(2)　新幹線が駅を出発したと同時に，自動車が新幹線の先端《せんたん》と同じ位置を分速 1.2 kmで通過したので，1.2 分後までに新幹線と自動車が走行した道のりの差が新幹線の全長と等しい。1.2 分後の新幹線の速さは 2.6×1.2＝(分速)3.12(km)，道のりは直角三角形の面積で 3.12×1.2÷２＝1.872(km)であり，1.2 分後までに自動車が進んだ道のりは，長方形の面積で 1.2×1.2＝1.44(km)だから，1.872－1.44＝0.432(km)→432mとなる。

《2023　社会　解説》

1　**問１**　Ａは根室で最も割合が多いので，北から千島海流(親潮)にのって流されてきたと考えてロシア，Ｂは奄美や串本で最も割合が多いので，日本海流(黒潮)にのって流されてきたと考え中国，Ｃは対馬で最も割合が多くなっているので，対馬からの距離が近い韓国と判断する。

問２　Ａは内海の海岸付近に多いので高潮，Ｂは内陸側にも多いので，河川や内水氾濫《はんらん》による洪水，Ｃは海岸付近で，特に太平洋に面しているところに多いので津波と判断する。

問３(1)　たまねぎの生産量は北海道＞佐賀県＞兵庫県であることは覚えておきたい。この問題では，記事や図４に出荷時期が示されているので，参考にして答えよう。　(2)　レタスの栽培には冷涼な気候が適しており，長野県や群馬県の高冷地ではレタスの抑制栽培が行われており，他県からの出荷が少ない夏に多く出荷している。

2　**問１**　国際連合の本部はニューヨークにある。(ア)はシアトル，(イ)はロサンゼルス，(ウ)はシカゴ，(エ)はヒューストン。

問３　インドの公用語はヒンディー語であるが，ほかにも州レベルの公用語として認められている言語が21ある。図２では経線が計24本示されているので，経度は15度おきで時差にして１時間になるので，都市Ｐと都市Ｑのあいだの時差は12時間であることがわかる。

問４　アメリカ合衆国の人口は世界で第３位であり，約３億３千万人であることは覚えておきたい。残りのカナダ・メキシコについては，人口がメキシコ＞カナダであることがわからなくても，カナダのほうが圧倒的に面積は大きいことがわかれば，人口密度の低い(ア)がカナダで，(イ)がメキシコだと判断できる。緯度はオタワ(カナダ)→ワシントンＤ.Ｃ.(アメリカ合衆国)→メキシコシティ(メキシコ)の順に高いので，気温のグラフから，(ク)がオタワ，(キ)がワシントンＤ.Ｃ.，(カ)がメキシコシティである。メキシコシティは低緯度であるが標高が高いので，１年を通して気温の差はあまりなく，温暖である。

3　**問１**　1575年，長篠の戦いで勝利した織田信長は現在の滋賀県の琵琶湖東岸にある安土に安土城を築城し，天下統一の拠点とした。

問２　ワカタケル大王は雄略天皇，中国の歴史書『宋書』倭国伝に記されている倭王武と同一人物とされている。

問３　Ｘ．正しい。　Ｙ．誤り。江戸時代の記述である。

問４　豊臣秀吉は，明征服をもくろみ，その通り道となる朝鮮に２度にわたって出兵した(1592年文禄の役・1597年慶長の役)。

問５　江戸時代初期，徳川家康は貿易の利益を優先するためキリスト教を黙認し，安土桃山時代より行われてきた朱印船貿易を積極的に行った。３代将軍徳川家光の頃になると，ヨーロッパの植民地になることや，キリシタンの幕府への抵抗を恐れてキリスト教を禁止する禁教令が強化され，日本人の海外渡航や，キリスト教を布教するスペインやポルトガルの来航の禁止などが行われた。(ア)は明治時代，(イ)は室町時代，(エ)は鎌倉時代の記述である。

問６　(エ)が雪舟の『秋冬山水図(冬景)』である。(ア)は大和絵の『源氏物語絵巻』，(イ)は龍安寺の枯山水，(ウ)は歌川広重の浮世絵『名所江戸百景　大はしあたけの夕立』。

4　**問１**　諸大名から版(領地)，籍(領民)を天皇に返上させた(版籍奉還)が，その後も元の藩主が政治を行ったので，すべての藩を廃止して県をおく廃藩置県が行われた。

問２　地租改正によって定められた地租は地価の３％である。

問３　(ア)の西南戦争が起こった年は1877年，(イ)の大日本帝国憲法が発布された年は1889年，(ウ)の日清戦争が始まった年は1894年，(エ)の日露戦争が始まった年は1904年である。

問４　(イ)大日本帝国憲法ではなく，日本国憲法についての記述である。大日本帝国憲法では，言論の自由は法律の範囲内で保障され，思想・良心の自由を特に保障する規定はなかった。(ウ)板垣退助が自由党，大隈重信が立憲改進党を創設した。(エ)直接国税15円以上を納める満25歳以上の男子に選挙権が与えられたが，全人口の約1.1％であった。

問５　ポーツマス条約は日露戦争の講和条約であり，小村寿太郎が全権であった。

問６　(ウ)樺太千島交換条約で千島列島を譲り受ける→(イ)下関条約で台湾を獲得する→(ア)ポーツマス条約で樺太の南半分を獲得する→(エ)韓国併合で朝鮮を領土とする。

5　**問２**　太平洋戦争が終結し，日本がサンフランシスコ平和条約で独立を回復した後も，沖縄はアメリカによって占領されたままになっていた。アメリカに占領されていた沖縄では，ドル紙幣が流通し，車は右側を走るなど，日本本土とは異なったルールが適用されていた。なお，沖縄は1972年に日本に返還されたが，右側通行のルールが改められたのは1978年のことである。

問３⑴　(ア)法律の公布は天皇の国事行為である。(イ)条例の制定は地方議会が行う。(エ)最高裁判所の長官の指名は内閣が行う。　⑵　憲法第25条には生存権について記されている。

問４⑴　国連安全保障理事会の常任理事国はアメリカ合衆国，イギリス，フランス，ロシア，中国，非常任理事国は選挙によって選ばれた10か国(任期は２年)で構成される。日本は2023年１月より２年間，12回目の非常任理事国となっている。　⑵　子どもの権利条約は1989年に国連で採択された。ユニセフは国連児童基金の略であり，開発途上国や，戦争，内戦，震災などで被害を受けている国の子どもの支援や，子どもの権利条約の普及活動なども行っている。

問５　(イ)誤り。20代ではなく，30代の投票率が最も大きく下がっている。(ア)公職選挙法が改正され(2015年公布，2016年施行)，選挙権は満20歳以上から満18歳以上へと引き下げられた。(ウ)阪神淡路大震災は1995年１月17日に起きた。(エ)東日本大震災は2011年３月11日に起きた。

2022 解答例 令和４年度 岡山白陵中学校

《国　語》

一　問１．①古来　②祭典　③分布　④日照　⑤非情　⑥優位　⑦事態　⑧代価　⑨標準　⑩真骨頂

問２．(1)ウ　(2)エ　(3)ウ　(4)ア

二　問１．オ　　問２．杏奈が、多くの家庭の子どもたちとは違って、発表会で着るドレスを新調してもらえず、借りることさえ許されない身の上にあること。　　問３．ウ　　問４．(1)発表会用のドレスを用意する予算　(2)ア　(3)志保子さんにも気をつかっている　　問５．イ　　問６．ウ

三　問１．(1)目的を決めて、それに向かってまっすぐ進むような生き方　(2)Ｂ．エ　Ｃ．イ　(3)プロセス

問２．目的への過程において、周囲を観察する中で得られる予想外の発見や感動こそが、人間の生きる喜びであるということ。　　問３．Ｘ．ウ　Ｙ．オ　　問４．イ　　問５．異質なものとの交わりによる自分の変化を、前向きにとらえる生き方。　　問６．オ

《算　数》

1　(1)1700　(2)２：５　(3)2730　(4)79　(5)12　(6)14.28　(7)244.92

2　［Ⅰ］(1)６　(2)（０，６），（１，４），（２，２），（３，０）　［Ⅱ］28.8

※3　(1)100　(2)840

4　(1)図１…５　図２…６　(2)16　(3)42

※5　(1)40　(2)$127\frac{19}{23}$

※の考え方や途中の式は解説を参照してください。

《理　科》

1　問１．イ，カ，オ　　問２．(1)カ　(2)エ　(3)ア　(4)キ　(5)エ　　問３．でんぷん　　問４．ウ，カ

問５．こう素Ｐ…イ，ク／エ，オ　こう素Ｑ…オ，キ／オ，ケ

2　問１．(1)しん食　(2)運ぱん　　問２．ウ　　問３．あ．エ　い．キ　　問４．ボーリング　　問５．エ

問６．エ　　問７．Ｂ

3　問１．赤→青　　問２．(ウ)1.2　(エ)5.2　　問３．ケ，コ，サ，シ

問４．200　　問５．1.44　　問６．0.45　　問７．0.56　　問８．右グラフ

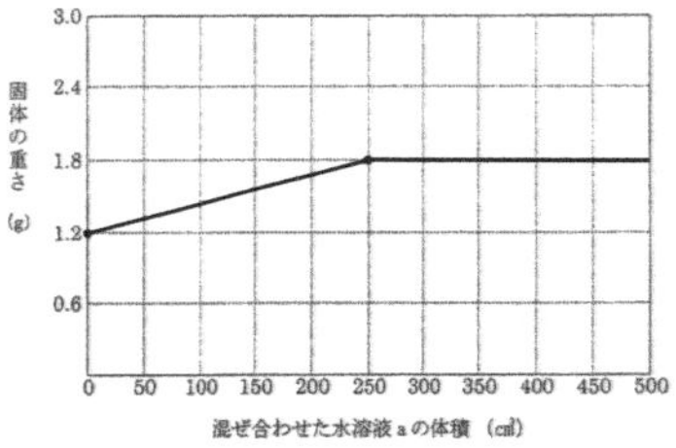

4　問１．299792　　問２．ウ　　問３．イ　　問４．イ

問５．(1)0.1　(2)0.0025　(3)312000

《2022　国語　解説》

一 問２(1)　ウ．ここでの「待つ」は相手の動作なので、その動作をする者を高める気持ちを表す尊敬語にするのが適切。「お待ちし」(「お待ちする」の連用形)は、「お～する」という謙譲《けんじょう》語(自分の動作に用いて、その動作を受ける者を高める気持ちを表す語)なので、尊敬語(「お待ちください」)に改めている。　(2)　エ．文頭が「まるで」(呼応の副詞)なので、「まるで～ように」の形に改めている。呼応の副詞は、それを受けて一定の決まった言い方で結ぶ。　(3)　ウ．「ところで」は、話題が変わることを表す接続詞である。しかし、この前後の「自分で考えることをやめること」と「自分の意志を持つことをためらうこと」は、並立しているので、「あるいは」に改めている。　(4)　ア．省略されている主語は「劉邦《りゅうほう》は」なので、受け身の表現にしなければならない。受け身の助動詞「られる」を用いて、「仕立て上げられ」(連用形)に改めている。

二 問１　直前に、「ぼく」は杏奈《あんな》たちが発表会でドレスを着られない理由を志保子《しほこ》さんにたずねている。また、「これくらいなら～でもかまわないだろう」には、ひかえめな気持ちが表れている。その理由は、前書きの「『ぼく』は～『北の太陽』という『家』でひと夏を過ごすことになる」と、本文の話題が「秋の(ピアノの)発表会」についてであることからわかるように、「ぼく」はまだ「『北の太陽』に来たばかり」だからである。よってオが適する。

問２　「じゃあ、もう発表会に出るのあきらめる」と「ふてくされる」杏奈に対する思いである。杏奈はピアノの発表会に「ドレスを着たい」と言ったが、志保子さんから「そういった予算はここにはない」と言われた。「買うんじゃない、借りるの」と言っても「そういうわがままを言われると困ります」と認めてもらえない。「発表会にドレスを着るなんて、普通《ふつう》にやってる家庭はたくさんあるのに」、杏奈は借りることさえ許されない身の上にあることが、「ぼく」には「ちょっとかわいそうに思えた」のだ。

問３　――線部③の「鋭利《えいり》な刃物《はもの》のような目つき」は、厳しく鋭《するど》い目つきをたとえている。杏奈は学校で、自分の着ている服を「安い洗剤《せんざい》のにおいがする」と言われていた。しかし、「いままで志保子さんや栄《さかえ》さんに悪いと思って、だまっていた」。そんなことを言われて、ずっとくやしい思いをがまんしていたのに、志保子さんから「なんですか。多くの善意を踏《ふ》みにじるような言い方をして」とたしなめられ、ついにがまんできなくなった。そして、「わたしが言ってるんじゃない！」と「理性を失いけんかごしになっている」。よってウが適する。

問５　「もしかして、自分の気持ちがないの？」「わかりあうためには、言葉にするしかないと思う。ここではみんなが自由に発言できる～だから、もしなにか思っているなら、話して」と、海鳴《かいなる》は「ぼく」に「北の太陽の一員」として発言することを望んだ。「たとえドレスが似合わないとしても」は「言わなくてもいい余計なこと」と言えるが、「ぼく」が「自分の考えを自分のことばで表明したこと」に対して、海鳴は「それでいいよ」と言っている。よってイが適する。

問６　志保子さんが運営する「北の太陽」という「家」には、「さまざまな事情で親と生活できない」年齢《ねんれい》のちがう子どもたちが暮らしている。海鳴の言う「北の太陽の一員」「ここではみんなが自由に発言できる。みんな同じ太陽の下にいる。だから、もしなにか思っているなら、話して」などから、ここでは「たがいに思ったことを気がねなく発言できる人間関係を～培《つちか》っているということ」がわかる。激しく自分の気持ちをぶつけあったあとでも、「的外れなことを言って笑わせ」ることのできるふん囲気があることからも、かれらの関係性がうかがえる。よってウが適する。

三　**問１(1)**　［A］に入るのは、――線部①の「そこ」が指している内容である。３行前の「目的を決めて、それに向かってまっすぐ進むような生き方」を指している。　**(2)**　――線部①を説明した文の一文目は一つ目の落とし穴について、二文目は二つ目の落とし穴についての説明である。ＢとＣには、一つ目の落とし穴の説明をしている第３・４段落の内容を読み取って適語を選ぶ。「［B］のみに意識が向き、自分の行動の［C］は考えないという思考停止に陥《おちい》る危険性がある」は、本文の「何かを成《な》し遂《と》げるにはどうしたらいいか、という問いの立て方からは、なぜ私たちはそうしようとしているのか、というそもそもの問いが排除《はいじょ》されています」の部分を説明している。下線部のみに意識が向いて二重下線部が考えられていないという落とし穴なので、Ｂはエ、Ｃはイが適する。

(3)　Ｄには、二つ目の落とし穴について説明している第５段落の内容を読み取って適語を選ぶ。「［D］に意味を見出《みいだ》すという視点を一切《いっさい》もてなくなる」は、本文の「目標に到達《とうたつ》することだけを考えた場合、その過程でどのように動くかとか、どんな手段を使って目標を達成するのかなどが問われなくなる点」の部分を説明している。よって、［D］には「過程」を四字で表す「プロセス」が入る。

問２　直後の４段落に筆者の体験を具体例として説明している。「ほんとうにささいなことですが」で始まる段落の「娘《むすめ》を無事に幼稚園《ようちえん》のバスに乗せることより、毎日、蜘蛛《くも》の様子を二人で観察して驚《おどろ》きや発見に満ちた瞬《しゅん》間《かん》を味わうことのほうが大切かもしれない」の部分は、目的そのものよりもむしろ、目的への過程において、周囲を観察する中で得られる驚きや感動を味わうことのほうが大切かもしれないと感じていることを述べている。さらにこれに続く２段落で、「ふだんは気づかないところに」ある「ささいな喜び」（＝予想外の発見や感動）こそが、人間の「生きる喜び」であると表現している。

問４　――線部③は、「『わたし』が他者との交わりのなかで変わる」ことで、「自分の生まれ育った世界とは違《ちが》う世界を生きる人や違う価値観の人との出会いをみずからの『喜び』に変える姿勢」「違いを拒《こば》まず、その違いとの交わりをみずからの可能性を広げるものとしてとらえる」ことでもある。この具体例として適するのはイである。

問５　――線部④をふくむ文頭の「それ」が指すのは、直前の「脅威《きょうい》に感じられた差異が可能性としての差異に変わる」ことである。「直線的な生き方」は、「異質なものは大切な『わたし』を脅《おびや》かす存在であり、『わたし』が変えられてしまってはいけない」という生き方である。「フリーハンドの曲線のような」生き方は、逆に異質なものとの交わりによる自分の変化を、可能性として前向きにとらえる生き方である。「さまざまな差異に囲まれ、差異への憎悪《ぞうお》があふれるこの世界で」、このような生き方をすることを――線部④と言っている。

問６　オは「インゴルドの考え方と比べて違いを示すことで」「筆者の主張の独自性を明確に」が本文と合わない。この文章は、インゴルドの考え方を引用して、それに関する具体例を挙げるなどして、より分かりやすく説明することで、筆者の主張をより説得力のあるものにしている。よってオが正解。

《2022　算数　解説》

1　(1)　与式＝17×23＋17×２×19＋17×３×13＝17×(23＋38＋39)＝17×100＝1700

(2)　$A=B\times\frac{7}{4}$だから，$B=A\div\frac{7}{4}=A\times\frac{4}{7}$　　$A=C\times0.7$だから，$C=A\div0.7=A\div\frac{7}{10}=A\times\frac{10}{7}$

よって，$B:C=(A\times\frac{4}{7}):(A\times\frac{10}{7})=2:5$

(3)　3000円の商品を３割値上げすると，3000×(１＋0.3)＝3900(円)

その値から３割引いて売るので，売値は，3900×(１－0.3)＝2730(円)

(4)　**【解き方】(平均点)＝(合計点)÷(人数)だから，(合計点)＝(平均点)×(人数)である。**

４人の合計点は72×４＝288(点)，ＢとＤの合計点は71×２＝142(点)だから，ＡとＣの合計点は288－142＝146(点)

CはAより 12 点高いので，Cの点数の２倍は 146＋12＝158(点)，Cの点数は，158÷２＝79(点)

⑸　**【解き方】２と３の並びが決まれば４桁《けた》の整数が決定するので，２と３の並べ方が何通りあるのかを考える。**

２の並べ方は，一の位，十の位，百の位，千の位の４通りある。この４通りに対して，３の並べ方は，２が並んだところ以外の３通りある。よって，整数は全部で４×３＝12(通り)ある。

図 i

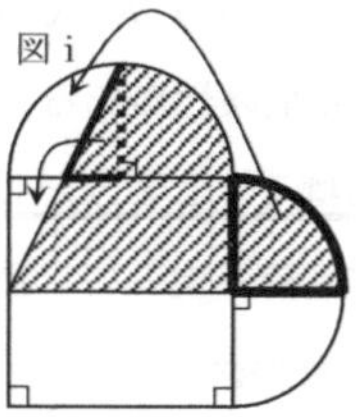

図 ii

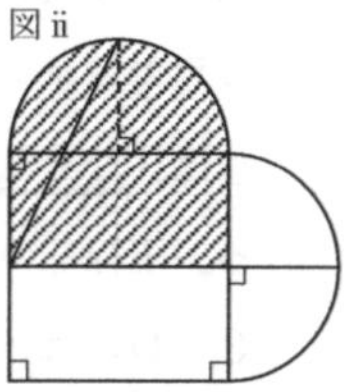

⑹　**【解き方】半円の半径は４÷２＝２(cm)である。図 i の斜線部分のうち，太線で囲まれた部分を矢印の向きに移動させると，図 ii のようになる。**

求める面積は，たて２cm，横４cmの長方形の面積と，半径が２cmの半円の面積の和だから，２×４＋２×２×3.14÷２＝14.28(cm²)

⑺　**【解き方】できる立体は右図のように，㋐底面の半径が６cmで高さが２cmの円柱と㋑底面の半径が６－３＝３(cm)で高さが２cmの円柱を合わせ，そこから㋒底面の半径が６－３－１＝２(cm)で高さが３cmの円柱を取り除いた立体となる。**

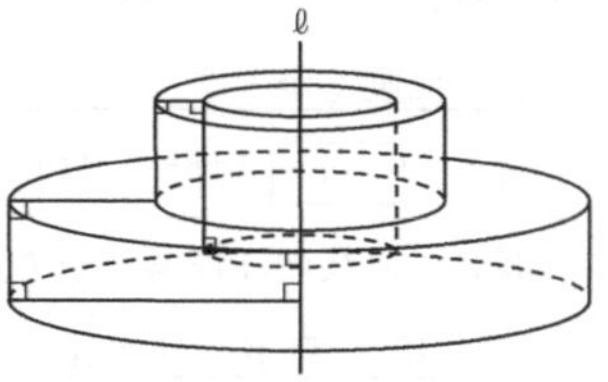

下線部㋐の体積は，６×６×3.14×２＝72×3.14(cm³)

下線部㋑の体積は，３×３×3.14×２＝18×3.14(cm³)

下線部㋒の体積は，２×２×3.14×３＝12×3.14(cm³)

よって，求める体積は，72×3.14＋18×3.14－12×3.14＝(72＋18－12)×3.14＝78×3.14＝244.92(cm³)

２　［Ⅰ］⑴　１～３学期までで，全員で６×３＝18(回)だけ係をすればよい。

１人１回係をすると，残り 18－12＝６(回)係をすればよいので，２回係をするのは６人である。

⑵　⑴より，(０，６)が成り立つ。３回係をする生徒が１人の場合，残り 12－１＝11(人)で１～３学期で(６－１)×３＝15(回)だけ係をすればよいから，２回係をする生徒は，15－11＝４(人)

以下同様に，３回係をする生徒が２人の場合，２回係をする生徒は，(６－２)×３－(12－２)＝２(人)

３回係をする生徒が３人の場合，２回係をする生徒は，(６－３)×３－(12－３)＝０(人)

よって，すべての組み合わせは，(０，６)(１，４)(２，２)(３，０)である。

［Ⅱ］　**【解き方】右のように作図すると，色付き部分の三角形，太線で囲まれた正方形はそれぞれ合同となる。**

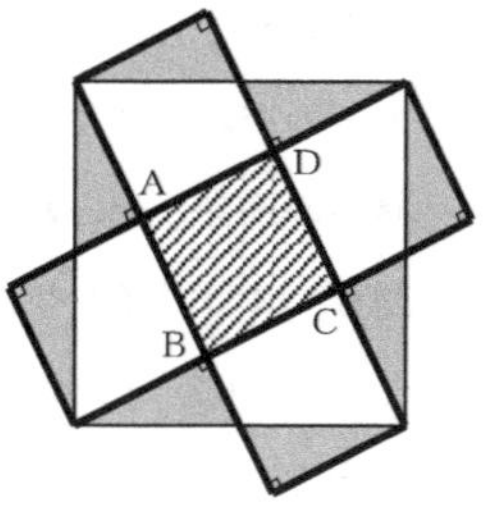

太線で囲まれた５つの正方形の面積の和は，１辺の長さが６＋６＝12(cm)の正方形の面積に等しく，12×12＝144(cm²)　　よって，正方形ＡＢＣＤの面積は，144÷５＝28.8(cm²)

３　⑴　ＡからＢに上りＣまで下るのは，ＡからＣに上りＣＢ間を往復するのに等しい。

ＣからＢに上りＡまで下るのは，ＣＢ間を往復しＣからＡに下るのに等しい。

よって，ＡからＣに上る時間は，ＣからＡに下る時間より２分長いとわかる。

ＡからＣに上る時間は 300÷60＝５(分)だから，下る時間は５－２＝３(分)

よって，求める速さは，分速(300÷３)ｍ＝分速 100m

⑵　**【解き方】同じ道のりを進むのにかかる時間の比は，速さの比の逆比に等しいことを利用する。**

⑴より，ＡからＣに上る時間が５分なので，ＣＢ間を往復する時間は，19 分 24 秒－５分＝14 分 24 秒＝$14\frac{24}{60}$分＝14.4 分

上りと下りの速さの比は 60：100＝３：５だから，同じ道のりを進むのにかかる時間の比は５：３である。

よって，ＣからＢに上る時間は $14.4\times\frac{5}{5+3}=9$(分)だから，ＣからＢまでの道のりは，60×９＝540(m)

したがって，ＡからＢまでの道のりは，300＋540＝840(m)

４　⑴　**【解き方】より左側，より上側の方が数字が小さくなるので，左上の数は１となる。**

図１の並べ方は，右図のように５通りある。

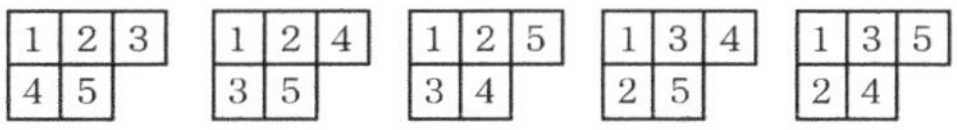

図２について，１のマス以外の横２マスの数の並べ方が決まれば，残りのたて２マスの数の並べ方は１通りに定まる。横２マスの並べ方は，（２，３)(２，４)(２，５)(３，４)(３，５)(４，５)の６通りあるから，並べ方は全部で６通りある。

⑵　【解き方】図４について，６が入るマスは，右図のＡ，Ｂ，Ｃのいずれかのマスとなる。

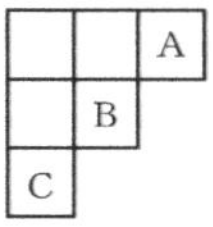

ＡまたはＣに６が入る場合は，残りの並べ方は図１の並べ方に等しく５通りずつある。

Ｂに６が入る場合は，残りの並べ方は図２の並べ方に等しく６通りある。

よって，図４の並べ方は全部で，５×２＋６＝16(通り)

⑶　【解き方】９は右下のマスになる。７と８の入る位置で場合わけをする。

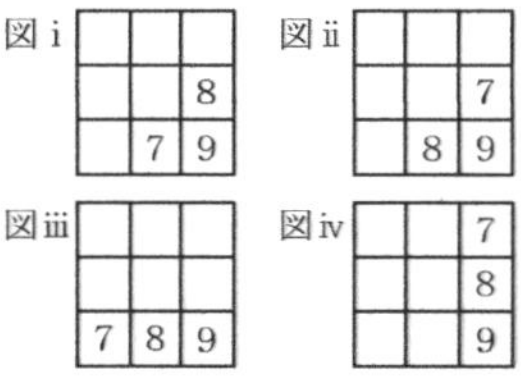

７と８が図ⅰ，ⅱのように入る場合，残りの並べ方は図４の並べ方に等しく，16通りずつある。７と８が図ⅲ，ⅳのように入る場合，並べ方は図３(図２)の並べ方に等しく，５通りずつある。

よって，図５の並べ方は全部で16×２＋５×２＝42(通り)

5 **⑴　【解き方】鉄のかたまりをＡとし，Ａの下の面と水面との差の変化を考える。**

Ａは容器の底にくっつくまで毎秒１㎝下がる。水面は，毎秒(471÷3140)㎝＝毎秒$\frac{3}{20}$㎝上がる。Ａの下の面と水面との差は，水を注ぎ始めたときが46㎝で，１秒ごとに$1+\frac{3}{20}=\frac{23}{20}$(㎝)縮まるから，求める時間は，$46\div\frac{23}{20}=40$(秒後)

⑵　【解き方】⑴をふまえる。Ａが初めて底についたとき，初めて元の位置に戻ったときの水面の高さをそれぞれ考える。Ａの下の面と水面がくっついてからは，水が入る部分の底面積が(容器の底面積)－(Ａの底面積)＝3140－10×10×3.14＝2826(㎠)になることに気を付ける。

Ａが初めて底につくのは46秒後で，このとき水は471×46＝21666(㎤)注がれている。

水面の高さは21666÷2826＝$7\frac{2}{3}$(㎝)で10㎝より低いので，水面はＡの上の面より低い。

Ａが初めて元の位置に戻るのは46×２＝92(秒後)で，このときの水面の高さは，$\frac{3}{20}\times92=13.8$(㎝)

ここから，Ａの下の面と水面がくっつくのは，$(46-13.8)\div\frac{23}{20}=28$(秒後)

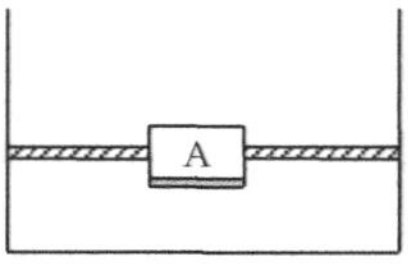

このあとは，１秒ごとに，Ａが１秒で沈んでおしのけた水の体積(右図の色付き部分)と１秒間で入る水の体積(右図の斜線部分)のぶんだけ，水面の高さが上がる。よって，水面は毎秒{10×10×3.14×１＋471)÷2826}㎝＝毎秒$\frac{5}{18}$㎝上がり，Ａの下の面は毎秒１㎝下がる。Ａの下の面と水面がくっついてからＡの上の面と水面がくっつくのは，$10\div(\frac{5}{18}+1)=7\frac{19}{23}$(秒後)

したがって，求める時間は，$92+28+7\frac{19}{23}=127\frac{19}{23}$(秒後)

これはＡの下の面が２回目に底につく時間(138秒後)よりも早いので，正しい。

《2022　理科　解説》

1 **問１**　食べ物は，口→食道→胃(イ)→小腸(カ)→大腸(オ)→こう門の順に通り，この通り道を消化管という。

問２　⑴は小腸(カ)，⑵と⑸は肝臓(エ)，⑶は心臓(ア)，⑷はじん臓(キ)のはたらきである。なお，(ウ)は肺，(ク)はぼうこうである。

問４　ごはんつぶにはでんぷんが含まれていて，だ液に含まれる物質によってでんぷんが他の物質に変化する(分解されて糖になる)とヨウ素液の色が変化せず，でんぷんが変化しないとヨウ素液の色が青むらさき色に変化する。①と③ではでんぷんが変化せず，②ではでんぷんが変化したとわかるから，だ液に含まれる物質は40℃近くでよくはたらくとわかる。また，⑤と⑥から，だ液に塩酸を加えるとだ液に含まれる物質のはたらきがなくなることがわかる。なお，実験２では塩酸によって，ヨウ素液の反応がいつも(でんぷんがない場合に色が変化しない)と異なるものにならないか確認している。

問５　切断される前のＸのアミノ酸のつながりを表３から求めると，ＰやＱによって切断された場所がわかる。Ｐによって細かくされたタンパク質のうち，一番上の図の▲－●の部分は，Ｑによって細かくされたタンパク質の一番下の図の▲－●と重なるから，Ｘのアミノ酸のつながりの一部は，▲－□－★－▲－●－☆－◎とわかる。同じように考えていくと，Ｘのアミノ酸15個のつながりは，◇－○－●－☆－■－▲－◆－△－▲－□－★－▲－●－☆－◎とわかる。よって，Ｐは●(イ)と☆(ク)，△(エ)と▲(オ)を切断していて，Ｑは■(キ)と▲(オ)，★(ケ)と▲(オ)を切断している。

２　**問２**　図１より，たい積物が動き出す速さは曲線Ａ－Ａ′だから，0.03㎜→およそ$\frac{1}{32}$㎜の泥，0.12㎜→およそ$\frac{1}{8}$㎜の砂，４㎜のれきが動き出す順番は，砂→泥→れきである。

問３　あ．川の流れの速さが１秒あたり512㎝は，曲線Ａ－Ａ′より上にあるから，すべての大きさの粒が流され続ける。　い．川の流れの速さが１秒あたり0.125㎝→$\frac{1}{8}$㎝に遅くしていくとき，粒の大きさが$\frac{1}{16}$㎜より小さい泥は曲線Ａ－Ａ′と曲線Ｂ－Ｂ′の間なので，流されていた泥は流され続け，粒の大きさが$\frac{1}{16}$㎜より大きい砂とれきは曲線Ｂ－Ｂ′より下なので，川底で静止する。

問５　火山灰は短期間に広い範囲に降り積もるため，地層の広がりを知るのに役立つ。

問６　(エ)×…このような生物の化石を示相化石といい，地層ができた当時の環境を推測するのに役立つ。

問７　どの地域でもＴ２とＴ３にはさまれた地層だけから産出した(生息していた期間が短い)Ｂの化石が示準化石に最も適している。

３　**問１**　酸性の水溶液とアルカリ性の水溶液を混ぜると，たがいの性質を打ち消し合う中和という反応が起きる。リトマス紙の色が変化しなかったＤでは，酸性のａとアルカリ性のｂがちょうど中和し，中性の食塩水(塩化ナトリウム水溶液)になったとわかる。Ｄとａの体積が同じでｂの体積が多いＥ～Ｇの水溶液と，ｂのみのＨの水溶液はアルカリ性だから，赤色のリトマス紙が青色に変化する。なお，Ａ～Ｃの水溶液は酸性で青色のリトマス紙が赤色に変化する。

問２　(ウ)問１解説より，500㎤のａと300㎤のｂがちょうど中和して食塩3.6ｇができたから，Ｂでは100㎤のｂがすべて反応して(ａはあまる)，$3.6\times\frac{100}{300}=1.2$(ｇ)の食塩ができる。なお，塩酸は気体の塩化水素の水溶液なので，加熱すると固体として残らない。　(エ)ＤとＥの③の結果より，ａがすべて反応し，ｂが400－300＝100(㎤)あまると，残った固体の重さは4.4－3.6＝0.8(ｇ)増える(この増えた固体の重さはｂ100㎤に含まれる水酸化ナトリウムの重さである)。したがって，Ｆで残った固体の重さは4.4＋0.8＝5.2(ｇ)である。

問３　Ａ～Ｄで残る固体はすべて食塩で，これらを水に溶かすと中性の食塩水になる。Ｅ～Ｇで残る固体は食塩と水酸化ナトリウム，Ｈで残る固体は水酸化ナトリウムで，これらを水に溶かすとアルカリ性の水溶液になる。

問４　ａとｂがちょうど中和するとき，ａとｂの体積の比は500：300＝５：３である。Ｂの水溶液(600㎤)から120㎤はかりとったものには，ａが$500\times\frac{120}{600}=100$(㎤)，ｂが120－100＝20(㎤)含まれ，100㎤のａとちょうど中和するｂは$100\times\frac{3}{5}=60$(㎤)だから，ｂが60－20＝40(㎤)足りないとわかる。また，Ｆではｂが500－300＝200(㎤)余っているから，Ｆの水溶液(1000㎤)の$\frac{40}{200}=\frac{1}{5}$(倍)の200㎤と混ぜるとちょうど中和する。

問５　Ｄの水溶液(800㎤)から3.6ｇの食塩が残るから，ちょうど中和した120＋200＝320(㎤)の水溶液からは$3.6\times\frac{320}{800}=1.44$(ｇ)の食塩が残る。

問6　〔水溶液の濃さ(%)$=\dfrac{\text{溶けているものの重さ(g)}}{\text{水溶液の重さ(g)}}\times100$〕より，$\dfrac{3.6}{800}\times100=0.45$(%)

問7　Cのbは200㎤だから，aはAの$\dfrac{300-200}{300}=\dfrac{1}{3}$が残っている。よって，$1.68\times\dfrac{1}{3}=0.56$(g)

問8　Hの結果より，150㎤のbの水を蒸発させると，$4.0\times\dfrac{150}{500}=1.2$(g)の水酸化ナトリウムが残る。Dの結果より，bが300㎤の半分の150㎤のとき，ちょうど中和するaも半分の250㎤で，残る食塩も半分の1.8gである。aの体積を0㎤から250㎤に増やすとき，残る固体のうち水酸化ナトリウムは一定の割合で減り，食塩は一定の割合で増えるから，グラフは直線となる。また，bがすべて反応した後(aが250㎤以上)はaが残るが，加熱後に残る固体は増えないので，(0㎤，1.2g)と(250㎤，1.8g)，(250㎤，1.8g)と(500㎤，1.8g)をそれぞれ直線で結べばよい。

4　**問1**　光は1mを$\dfrac{1}{299792458}$秒で進むから，1秒間では$1\div\dfrac{1}{299792458}=299792458$(m)→299792.458km→299792km進む。

問2　(ウ)×…メートル原器は，国際的な長さの基準として採用されていた。

問4　光が歯車の歯でさえぎられることと，歯のすき間を通ることをくり返すため，光が点滅して見える。

問5(1)　$1\div10=0.1$(秒)　(2)　歯と歯のすき間の合計は$20\times2=40$(か所)だから，$0.1\div40=0.0025$(秒)かかる。

(3)　歯車が1回転するのにかかる時間は$1\div12.6=\dfrac{1}{12.6}$(秒)だから，歯車の歯1枚分が回転するのにかかる時間は，$\dfrac{1}{12.6}\div(720\times2)=\dfrac{1}{18144}$(秒)である。また，光が歯車のすき間を通り，鏡で反射して，再び歯車を通過するまでに，光が進む距離は$8.6\times2=17.2$(km)である。よって，光の速さは，1秒あたり$17.2\div\dfrac{1}{18144}=312076.8$→312000kmと計算できる。

2021 解答例　岡山白陵中学校
令和3年度

《国　語》

一　問1．①精算　②降水帯　③興亡　④台無　⑤銭湯　⑥有終　⑦一戸　⑧帰省　⑨損傷　⑩検討
問2．ⓐウ　ⓑイ　ⓒエ　ⓓア　　問3．(1)イ　(2)ア　(3)ウ

二　問1．a．オ　b．ウ　　問2．エ　　問3．X．本で初めて知るなじみのない　Y．実際に会ったことがある身近な　　問4．イ　　問5．(1)病気のおかげで、苦手な野球をやらされずに済むから。　(2)男の子の成長に欠かせないもの。　　問6．「僕」が感じていたはずの苦しみを「ライトの彼」が引き受けている　　問7．エ

三　問1．十　　問2．(1)イ　(2)「夕暮れ」という漠然とした雰囲気全体の美しさをたたえている　　問3．ア
問4．視覚で認識した現象をほかの感覚を用いた連想に重ねてとらえ直しているから。　　問5．多くの人がそう感じる　　問6．オ

《算　数》

1　(1)$\frac{5}{6}$　(2)$1\frac{1}{6}$　(3)10　(4)10　(5)20　(6)3.925

2　[Ⅰ](1)①2　②1　③6　④5　⑤6　⑥1　(2)95　[Ⅱ](1)254.34　(2)162　(3)6

※3　(1)150　(2)67

4　(1)12　(2)132

※5　(1)3：4　(2)21，20

6　(1)230　(2)2651　(3)553

※の考え方や途中の式は解説を参照してください。

《理　科》

1　問1．(ア)胸　(イ)3　　問2．①ウ　②イ　③ア　　問3．イ　　問4．ア，イ，エ，カ　　問5．イ
問6．オ　　問7．下グラフ　　問8．カ

2　問1．23.93　　問2．365.24　　問3．火星　　問4．B　　問5．④イ　⑤ア　　問6．ア　　問7．イ

3　問1．(1)A．0　B．100　(2)96.8　　問2．え　　問3．ア　　問4．(ア)92　(イ)①　　問5．61.8
問6．ウ　　問7．エタノール　　問8．(1)ク　(2)沸とう

4　問1．45　　問2．$\frac{1}{2}$　　問3．25　　問4．60　　問5．(1)下グラフ　(2)下グラフ

5　問1．一方向のみに電流を流すはたらき。　　問2．電気を光だけではなく，熱にも変えるため。
問3．電池の＋極側…a　ＬＥＤの長い端子側…a　　問4．ウ　　問5．エ

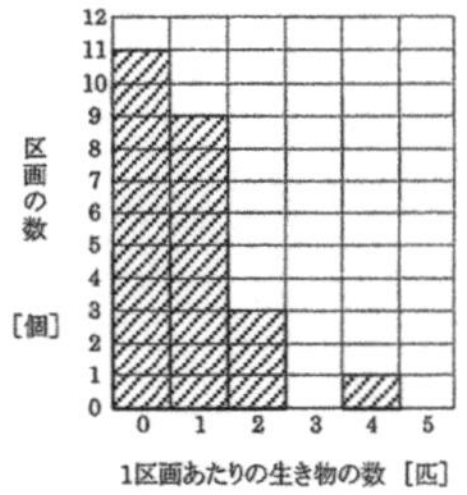

1問7のグラフ

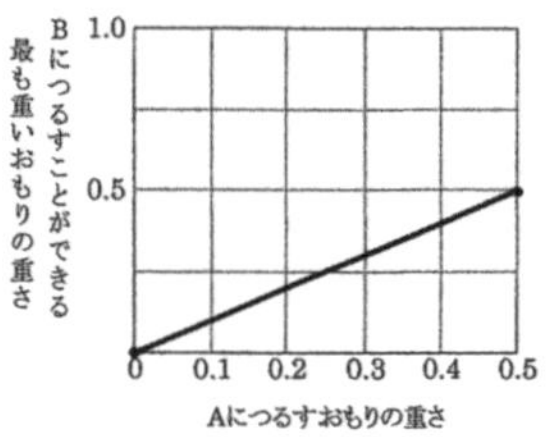

4問5(1)のグラフ

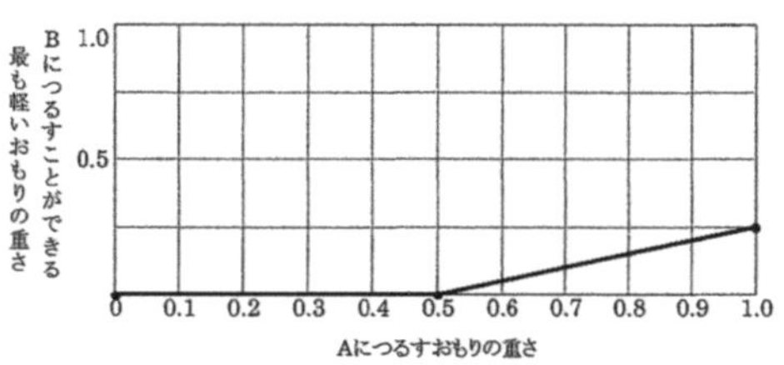

4問5(2)のグラフ

←解答例は前のページにありますので，そちらをご覧ください。

《2021　国語　解説》

一 問２ⓐ　「モーリシャスの国旗は～赤、黄、緑ではなく、それに～青を加えたデザインである」より、ウが適する。　ⓑ　「今で言うコオロギを指す語は『～(キリギリス)』であった」より、イの前半は正しい。「また、『～(ハタオリ)』は、古くはキリギリスを指した」より、イの後半も正しい。よって、イが適する。　ⓒ　２行目の「それ」は、「宗教の違《ちが》い」または「宗教の違いを背景とする」対立を指している。よって、エが適する。　ⓓ　２行目の「前者」は、タピオカの原料のデンプンを指している。よって、アが適する。

二 問２　エは「あらゆる人からうらやましがられる存在へと変える」が誤り。ノートに詳《くわ》しく書くことで「かわいそうなこと」を救ってあげられるとは書かれているが、エにある内容は読み取れないため、これが正解。

問３　直前の２文の内容に着目する。「ライトの彼《かれ》」は、「実際に会ったこともあるし、顔も名前も知っている」という点が「とても珍《めずら》しい」のである。そう言えるのは、ふだん「僕《ぼく》」が出会う「かわいそうなこと」は、本に書かれていることが多いからであり、それらは、文章の 16～18 行目に出てくる「パブロフ博士の犬」や「村長」、「羊」のように、身近ではないものが多いからである。

問４　直前の３文の描写《びょうしゃ》から、「僕」の両親が兄の野球にとても熱中していることが読み取れる。一方で、「僕」は、病気のためとはいえ野球ができず、内心そのことにほっとしている。そのため、野球に熱心な両親のそばにいるのは気まずいのである。よって、イが適する。

問５(1)　少し後に「野球をさせられるくらいなら～ずっとましだった」とあるように、「僕」は本当に野球をやりたくないのである。また、プールの時間に「泳いでいる振《ふ》り」をしていることや、「ライトの彼」に自分を重ね合わせ、「君に負けず劣《おと》らず野球は下手だけど」と考えていることなどから、自分は運動神経が悪く、野球が苦手だと感じていることがわかる。　(2)　直後に「(パパは、「僕が」)野球を知らないままどうやって成長できるのか、見当がつかないといった様子だった」とあり、野球は息子の成長に欠かせないものだと考えていることがわかる。

問６　文章の最後の２文、特に「それは君ではなく、僕でもよかったはずなのに、君は文句も言わず、僕の分まで重荷を背負って恐怖《きょうふ》に耐《た》えている」より考える。

問７　「ライトの彼」は、「試合時間を更《さら》に延ばして皆《みな》をうんざりさせてしまう」ことを恐れ、必死に「ライトにボールが飛んでこないよう祈《いの》」っている。そんな彼が、エにあるように「自分と同じ苦しみをチームメイトに与え」たいと思っているとは考えにくい。「黴《かび》」は、彼がかかえている苦しみを表現したものだと考えられる。よって、エが正解。

三 問２(2)　１～２行前で、美術について「日本人は～漠然《ばくぜん》とした雰囲気《ふんいき》を美的鑑賞《かんしょう》の中心に据《す》え、それを楽しんでいました」と述べている。美の対象について西洋人が衝撃《しょうげき》を受けたのはこの点であり、芭蕉《ばしょう》の俳句についても同じことが言える。

問３　直後の１文で、日本人は陶芸《とうげい》作品に歪《ゆが》みがあったり、部分的に色がちがっていたりしても「かえって趣《おもむき》がある」などと評価をして楽しんできたが、それは西洋人には理解不能だと述べている。このことから、西洋人は、歪みがあることや部分的に色がちがっていることをよいものだとは考えず、かたちや色が整っていなければ満足できないことがわかる。それが――線部②のような行動につながるのである。よって、アが適する。

問４　――線部③は「色の連想を利用」した演出である。この色の連想についてくわしく説明した部分が、――線部③の直後の「本来ある特定の感覚器官で認識されているはずの現象が、連想などによってほかの感覚器官でも認識されるという現象を『共感覚』と言います」の部分。これらをもとにまとめる。

問５　――線部④の認識は、客観的認識と純粋の主観の間にあるものだと説明されている。具体例をみてみると、「青いものを青いと認識すること」が「客観的認識」にあたり、「青いものを冷たいと認識すること」は、「客観的認識」とは言えないものの、「多くの人がそう感じる」ことであり、純粋の主観とも異なるものである。

問６　次の段落で、「『雰囲気』というような現象は感覚的に知覚、認識はできても、ほんとうに存在するのかどうか疑わしいもので、そのようなものは学問の対象にはならなかったのです」と、「学問の対象にはならなかった」理由を説明している。また、――線部⑤の次の１文で、「学問の対象にするということ」の一例として、「分析《ぶんせき》や説明の対象にする」ことを挙げている。これらとオの内容が一致する。

《2021　算数　解説》

1 (1)　与式＝$(1-\frac{1}{2})+(\frac{1}{2}-\frac{1}{3})+(\frac{1}{3}-\frac{1}{4})+(\frac{1}{4}-\frac{1}{5})+(\frac{1}{5}-\frac{1}{6})=1-\frac{1}{6}=\frac{5}{6}$

(2)　与式より，$\frac{22}{15}\times\frac{9}{8}-\frac{1}{8}\div(□-\frac{1}{3})=\frac{3}{2}$　$\frac{33}{20}-\frac{1}{8}\div(□-\frac{1}{3})=\frac{3}{2}$　$\frac{1}{8}\div(□-\frac{1}{3})=\frac{33}{20}-\frac{3}{2}$

$\frac{1}{8}\div(□-\frac{1}{3})=\frac{3}{20}$　$□-\frac{1}{3}=\frac{1}{8}\div\frac{3}{20}$　$□-\frac{1}{3}=\frac{5}{6}$　$□=\frac{5}{6}+\frac{1}{3}=\frac{7}{6}=1\frac{1}{6}$

(3)　三角形ＡＢＣは，角ＡＣＢ＝90°の直角三角形だから，角ＣＡＢ＝180°－90°－40°＝50°

三角形ＡＣＤは，ＣＡ＝ＣＤの二等辺三角形だから，角ＣＤＡ＝角ＣＡＤ＝50°

三角形ＤＢＣにおいて，外角の性質から，角ア＝角ＣＤＡ－角ＤＢＣ＝50°－40°＝10°

(4)　**【解き方】あめ玉を３つに分ける分け方と，Ａ，Ｂ，Ｃの割り振り方を考える。**

６個のあめ玉を３つに分ける分け方は，(１，１，４)(１，２，３)(２，２，２)の３種類ある。

(１，１，４)の分け方について，Ａ，Ｂ，Ｃの割り振り方は，誰を４個にするかの３通りある。

(１，２，３)の分け方について，Ａ，Ｂ，Ｃの割り振り方は３×２×１＝６(通り)ある。

(２，２，２)の分け方について，Ａ，Ｂ，Ｃの割り振り方は１通りある。

よって，全部で３＋６＋１＝10(通り)ある。

(5)　**【解き方】食塩の重さについて考えていく。**

濃度が９％の食塩水160ｇの中には食塩が160×0.09＝14.4(ｇ)ふくまれている。濃度が５％の食塩水360ｇの中には食塩が360×0.05＝18(ｇ)ふくまれている。この２つの食塩水を混ぜ合わせると，14.4＋18＝32.4(ｇ)の食塩をふくんだ160＋360＝520(ｇ)の食塩水ができる。これに水を加えても食塩の量は変わらないから，32.4ｇの食塩をふくんだ６％の食塩水の量を求めると，32.4÷0.06＝540(ｇ)になる。よって，加える水は，540－520＝20(ｇ)

(6)　**【解き方】斜線部分の面積がどの図形の面積と等しいか考える。**

図形全体の面積は，(おうぎ形ＢＡ′Ａの面積)＋(三角形ＡＢＣの面積)であり，また，(斜線部分の面積)＋(三角形Ａ′ＢＣ′の面積)でもあるから，斜線部分の面積は，おうぎ形ＢＡ′Ａの面積に等しい。

よって，求める面積は，$5\times5\times3.14\times\frac{18°}{360°}=3.925$(㎠)

2 [Ⅰ] (1)　３で割ると２余る数は，２，５，８，11，…と(３の倍数＋２)と表せる。奇数は，１，３，５，７，９，11，…と(２の倍数＋１)と表せる。３で割ると２余る奇数は，５，11，17，…であり，６ずつ増えていることがわかる。この６は３と２の最小公倍数の６である。

よって，5＝6×0＋5，11＝6×1＋5，…と考えれば，3で割ると2余る奇数は，(6の倍数＋5)と表せ，5＝6×1－1，11＝6×2－1，…と考えれば，(6の倍数－1)と表せる。

⑵　**【解き方】2けたの6の倍数のうち，最大の数を考え，1を引けばよい。**

99÷6＝16余り3より，2けたの6の倍数のうち最大の数は，99－3＝96である。最小の3けたの6の倍数は96＋6＝102で，1を引いても2けたにならないから，求める数は，96－1＝95

［Ⅱ］⑴　**【解き方】高さの等しい角柱と円柱の体積の比は，底面積の比に等しい。**

図1の円柱の底面の半径を1とすると，図1の四角柱の底面の1辺は2であり，底面積の比は(1×1×3.14)：(2×2)＝157：200になる。よって，円柱の体積は，324×$\frac{157}{200}$＝254.34(㎤)

⑵　**【解き方】⑴の続きとして円柱の底面の半径が1として考える。**

図2の角柱の底面は，対角線の長さが2㎝の正方形だから，図1の四角柱と図2の四角柱の底面積の比は，(2×2)：(2×2÷2)＝2：1になる。よって，図2の四角柱の体積は，324×$\frac{1}{2}$＝162(㎤)

⑶　**【解き方】⑵より，n番目の四角柱と(n＋1)番目の四角柱の体積の比は2：1であることを利用する。**

3番目の四角柱の体積は，162÷2＝81(㎤)　　4番目の四角柱の体積は，81÷2＝40.5(㎤)

5番目の四角柱の体積は，40.5÷2＝20.25(㎤)　　6番目の四角柱の体積は，20.25÷2＝10.125(㎤)だから，体積が15㎤以下になるのは6番目である。

3　⑴　**【解き方】仕入れ値の3－2＝1(割)が15円にあたる。**

仕入れ値は，15÷0.1＝150(円)

⑵　**【解き方】つるかめ算で解く。**

定価は150×(1＋0.5)＝225(円)で，定価の2割引の値段は225×(1－0.2)＝180(円)になる。100個すべてを定価の2割引で売ると，利益の合計は(180－150)×100＝3000(円)になり，6015－3000＝3015(円)不足する。1個を定価で売ったとすると，利益は225－180＝45(円)増えるから，定価で売れた品物の個数は，3015÷45＝67(個)

4　⑴　**【解き方】5のマス目に○を入れるとき，1，3，7，9の4つのマス目のうちの2か所に，△と×を入れればよい**

(△，×)の入れ方は，(1，3)(1，7)(1，9)(3，1)(3，7)(3，9)(7，1)(7，3)(7，9)(9，1)(9，3)(9，7)の12通りあるから，5のマス目に○が入るような記号の入れ方も12通りある。

⑵　**【解き方】3つのうちの1つを5に入れる場合と入れない場合に分けて考える。**

5に○を入れる入れ方が12通りあれば，5に△や×を入れる場合も12通りあるから，5に入れる場合の入れ方は，12×3＝36(通り)ある。

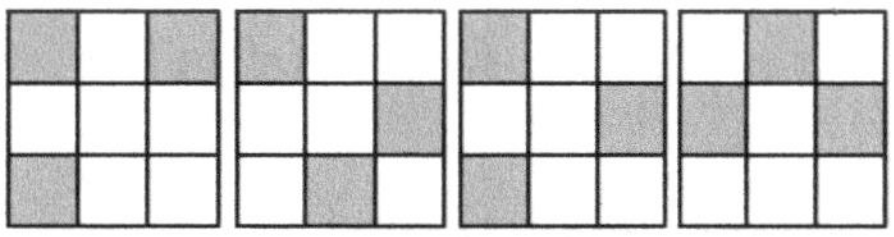

5に入れない場合のパターンは，右図の4パターンある。色をつけた所に○，△，×を入れる入れ方がそれぞれ3×2×1＝6(通り)あり，これらのパターンは90°ずつ回転させた4種類がそれぞれ考えられるから，5に入れない場合の○，△，×の入れ方は，6×4×4＝96(通り)ある。よって，全部で，36＋96＝132(通り)ある。

5　⑴　**【解き方】(下りの速さ)＝(静水での速さ)＋(川の流れの速さ)，(上りの速さ)＝(静水での速さ)－(川の流れの速さ)，(静水での速さ)＝{(下りの速さ)＋(上りの速さ)}÷2であることから考える。また，速さはかかった時間に反比例する。**

たかしくんの下りと上り，お父さんの下りと上りにかかった時間は，4分，20分，3分20秒＝$\frac{10}{3}$分，10分だから，たかし君の下りの速さ，上りの速さ，お父さんの下りの速さ，上りの速さの比は，$\frac{1}{4}:\frac{1}{20}:\frac{3}{10}:\frac{1}{10}$になる。

これを整数比に直すと，５：１：６：２になる。

よって，流れのないところでの，たかしくんとお父さんのボートの速さの比は，$(\frac{5+1}{2}):(\frac{6+2}{2})=3:4$

⑵　【解き方】たかしくんがＡＢ間を往復するとき，上りと下りの速さの比は$\frac{1}{10}:\frac{1}{20}=2:1$である。

川の流れの速さをxとし，流れのないところでのたかしくんのボートの速さを③として考える。

上りの速さと下りの速さの比は，(③$+x$)：(③$-x$)＝２：１だから，比の数の差の２－１＝１が$x\times2$にあたる。つまり，流れのないところでのたかしくんのボートの速さと川の流れの速さの比は，３：１になるから，川の流れの速さは①と表せる。流れのないところでのお父さんのボートの速さは④だから，

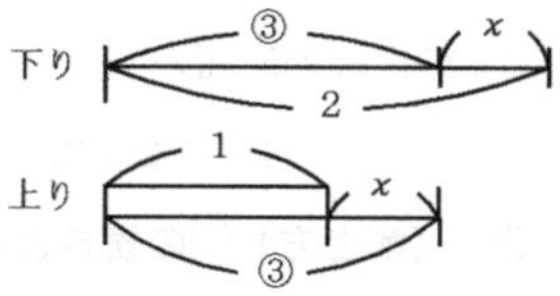

お父さんのボートの下りの速さは，④＋①＝⑤，上りの速さは，④－①＝③になる。

ＡＢ間のたかしくんのボートの下りの速さは③＋①＝④，上りの速さは③－①＝②だから，

(たかしくんのボートの下りにかかる時間)：(たかしくんのボートの上りにかかる時間)：(お父さんのボートの下りにかかる時間)：(お父さんのボートの上りにかかる時間)＝$\frac{1}{\text{④}}:\frac{1}{\text{②}}:\frac{1}{\text{⑤}}:\frac{1}{\text{③}}=15:30:12:20$

比の15が10分にあたるから，お父さんがＡＢ間を下るのにかかる時間と上るのにかかる時間は，

$10\times\frac{12+20}{15}=10\times\frac{32}{15}=\frac{64}{3}=21\frac{1}{3}$(分)，つまり，21分20秒である。

6　⑴　**【解き方】01～35までの35個の数のうち，４と９を使った数は，04，09，14，19，24，29，34の７個ある。0825は７階の25号室である。**

１階から６階までの部屋数は，35×６＝210(部屋)で，７階の0801～0825までは25－５＝20(部屋)あるから，部屋番号が小さい順に数えて，210＋20＝230(番目)

⑵　【解き方】階数を求めてから，部屋番号を考える。

１つの階には35部屋あるから，733÷35＝20余り33より，733番目の部屋は21階の大きい方の番号から数えて３番目になる。01～21までに４と９が使われている数は４つあるから，上２けたが21になる階は21－４＝17(階)である。18階が22，19階が23，20階が25になるから，21階の上２けたの数は26である。

01～35までに４と９が使われている数は７個あるから，35より大きくて４と９が使われていない数を７個あげていくと，36，37，38，50，51，52，53となる。よって，21階の大きい方の番号から数えて３番目は，2651

⑶　【解き方】21階の上２けたが26だから，22階が27，23階が28，24階が30，最上階が31で始まる。

すべての部屋に１が使われている階は，上２けたが01，10，11，12，13，15，16，17，18，21，31の11階ある。

残りの25－11＝14(階)については，35部屋のうち，下２けたが01，10，11，12，13，15，16，17，18，21，31，51の12部屋に１がついている。よって，１がつく部屋は全部で，35×11＋12×14＝385＋168＝553(部屋)

《2021　理科　解説》

1　問２　①ウ○…カブトムシはブラシ状の口で樹液《じゅえき》をなめる。　②イ○…アブラゼミはストロー状の口を木にさして，樹液をすう。　③ア○…シオカラトンボは発達したあごでこん虫をかむ。

問４　ア，イ，エ，カ○…カイコガ，カブトムシ，モンシロチョウは，卵，よう虫，さなぎ，成虫の順に育つ。このような育ち方を完全へんたいという。一方，オニヤンマ，クマゼミ，オオカマキリ，コオロギは，卵，よう虫，

成虫の順に育つ。このような育ち方を不完全へんたいという。

問5　イ○…(3)，(4)より，オスは眼で感じていないことがわかり，(5)より，オスは触角で感じていることがわかる。

問6　オ○…群れの分布は，１つの区画に３～４匹で群れをつくっているＣ，なわばりの分布は，１つの区画をひとりじめしているＡ，規則性の見られない分布は，区画によって，群れをつくっているものもあれば，区画をひとりじめしているものもあるＢである。

問7　モデルＢでは，１区画あたりの生き物の数が０匹の区画が 11 個，１匹の区画が９個，２匹の区画が３個，３匹の区画が０個，４匹の区画が１個，５匹の区画が０個である。

問8　カ○…えさとなる草を食べるのにつかう時間は，肉食動物を警かいする時間や，同じ群れの中でえさをめぐって争う時間を，群れの中で活動する全体の時間から引いたものだと考えるので，ＡとＢが交わる中間の群れの大きさのとき，えさとなる草を食べるのにつかう時間の割合は 100－(20＋20)＝60(％)となる。なお，点線のグラフより，えさとなる草を食べるのにつかう時間が多くなるのは，群れの大きさが中間のときだとわかる。

2　**問1**　下線部①の直前の先生の発言より，地球は１日→24 時間に 361 度回転していることがわかるので，360 度回転するのにかかる時間は $24\times\frac{360}{361}$＝23.933…→23.93 時間となる。

問2　400 年に 97 回うるう年があるので，400 年の日数は 365×400＋97＝146097(日)である。この日数で地球が太陽のまわりを 400 周するから，１周するのにかかる日数は 146097÷400＝365.2425→365.24 日である。

問3　太陽のまわりを回っている惑星は，太陽に近い方から水星，金星，地球，火星，木星，土星，天王星，海王星である。

問4　Ｂ○…図２の地球の自転方向より，これから太陽が見えてくる位置にあるＢが明け方である。

問5　図２で，地球のＡの位置は，太陽が西の地平線にしずむ夕方で，Ａからは，Ｆ，Ｇ，Ｈの位置にある金星が西から南西の空に見える。このような金星を宵《よい》の明星《みょうじょう》という。また，Ｂからは，Ｊ，Ｋ，Ｌの位置にある金星が東から南東の空に見える。このような金星を明けの明星という。どちらの時間帯でも，太陽がある方角と同じである。

問6　図２で地球からＬの金星を見たとき，太陽の光を受けて光っている部分はアのように見える。

問7　イ○…真夜中に見える天体は，図２の地球から見て太陽と反対側にある。金星は太陽の内側を公転しているので，地球から見て太陽と反対側にはこない。

3　**問1(2)**　０℃から 100℃の間を 100 等分したときに１℃上がると，180 等分したときに，$1\times\frac{180}{100}$＝1.8(°F)上がる。したがって，０℃から 36℃上がると，36×1.8＝64.8(°F)上がって，32＋64.8＝96.8(°F)となる。

問2　液体の水の中から大きなあわが生じているのは，ふっとうしているときなので，100℃(Ｂ)で温度が一定になっている「え」である。

問3　ア○…100mL の水が氷になると体積は 100mL よりも大きくなる。これを加熱すると，ａ(100mL よりも大きい)で氷がとけ始め，ｂですべて水になる(100mL にもどる)から，アかオのどちらかである。水の体積は，４℃のときに最も小さくなり，その後は大きくなっていくから，アである。

問4　問３のアのグラフより，０℃の氷の体積は 109mL だとわかる。また，氷が水に変化しても重さは変わらないので，０℃の氷 109mL の重さは 100ｇである。したがって，０℃の氷 100mL の重さは $100\times\frac{100}{109}$＝91.7…→92ｇである。同じ体積あたりの重さが氷の方が軽いので，０℃の氷を０℃の水に入れると浮く。

問5　問３のアのグラフより，80℃の水 100ｇの体積は 103mL だとわかる。０℃の水 100ｇの体積は 100mL であり，100mL の容器の重さが 40ｇであることから，容器に入れる 80℃の水の重さが 100－40＝60(ｇ)より大きくなると，容器がしずむ。したがって，$103\times\frac{60}{100}=61.8$(mL)となる。

問6　ウ○…試験管の表面の液体は，丸底フラスコ内の水の中から出てきた大きなあわ(水蒸気)が試験管の表面で冷えて液体になった水である。

問7　エタノールが沸とうする温度は，水よりも低く，約80℃である。液体の中から生じたあわは，エタノールが気体になったものだから，試験管の表面についた液体は，気体のエタノールが冷えてできたものである。

問8　最初に集まる液体には，沸とうする温度が低いエタノールの方が，水よりも多くふくまれている。

4　**問1**　図1と同様に，棒の重さが集まっている点は棒の中央(AからBへ 45 cmの位置)なので，Dの位置がAからBへ45 cmより右なら，どこでも水平にすることができる。

問2　てこでは，左右にかたむけるはたらき〔おもりや棒の重さ(g)×支点からの距離(cm)〕が等しくなるときにつり合う。棒の重さはCから右に45－30＝15(cm)のところにかかるので，支点からの距離の比は，A：棒の重さが集まっている点＝2：1であり，おもりの重さと棒の重さの比はこの逆比になるので，$\frac{1}{2}$倍である。

問3　Dの位置が棒の重さが集まっている点よりも右なら，どこでも水平にすることができる。図Iのように，曲げたACの重さ(棒の$\frac{1}{3}$の重さ)はACの中央(CからBへ 15 cmの位置)にかかり，CBの重さ(棒の$\frac{2}{3}$の重さ)はCBの中央(CからBへ 30 cmの位置)にかかる。これらを合わせた重さ(棒の重さ)は，それぞれの位置の間の距離を，重さの逆比に分ける位置にかかる。したがって，30－15＝15(cm)を2：1に分けるCからBへ$15+15\times\frac{2}{3}=25$(cm)の位置にかかる。

図I

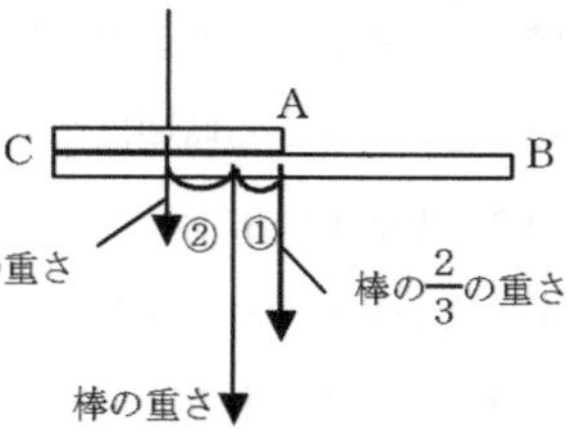

図II

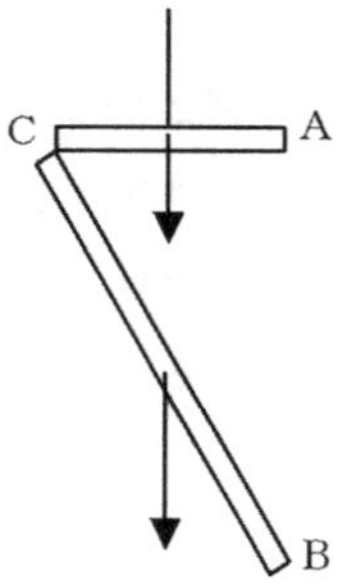

問4　図IIのように，BCの中央の重さが集まっている点が糸(ACの中央の重さが集まっている点)の真下にあるときに，ACの部分が水平になってつり合う。このとき，三角形ACBは角Aが 90 度の直角三角形で，AC：CB＝1：2だから，角Cは60度である。

問5(1)　Bにつるすことができる最も重いおもりの重さについて考えるときは，Aからの距離が遠いDを支点と考え，AとBにつるすおもりによって棒をかたむけるはたらきが等しくなればよい。AD：DB＝1：1より，Bには最大でAと同じ重さのおもりをつるすことができる。　(2)　Bにつるすことができる最も軽いおもりの重さについて考えるときは，Aからの距離が近いCを支点として考える。問2より，Aにつるすおもりの重さが棒の重さの$\frac{1}{2}$倍になるまでは，Bに何もつるさなくてもつり合う。Aにつるすおもりの重さが棒の重さの1倍のときは，Aにつるしたおもりのうち，棒の重さの$\frac{1}{2}$倍が棒の重さとつり合う。残りの棒の重さの$\frac{1}{2}$倍の重さとつり合わせるために，Bにつるすことができる最も軽いおもりの重さは，AC：CB＝1：2より，棒の重さの$\frac{1}{2}\times\frac{1}{2}=\frac{1}{4}$(倍)である。

5　**問1**　LEDは，長い端子を電池の＋極側，短い端子を－極側につなぐと点灯する。

問2　LEDの方が効率よく電気を光に変えることができる。

問3　［2］でLEDが光り，［4］で［2］より明るく光ったことから，［2］は電池1個，［4］は電池2個が直列つなぎの回路ができたと考えられる。したがって，［2］よりacにLEDがつながっており，LEDの長い端子はaに接続されていると考えられ，［４］よりａｂに電池がつながっており，電池の＋極側はａに接続されている。なお，このようにつながれていると，［３］では電池２つだけの回路になって，電池がとても熱くなり，［１］，［５］，［６］では回路に電流が流れず，ＬＥＤが光らない。

問４　ウ○…［７］で豆電球が光り，［10］で［７］より明るく光ったことから，［７］では電池１個，［10］では電池２個が直列つなぎの回路ができたと考えられる。［７］よりａｂに，［10］よりａｄに電池がつながっていることがわかる。したがって豆電球をａとｄにつなぐと，電池１個と豆電球１個の回路になり，豆電球は［７］と同じように光る。

問５　エ○…豆電球をａとｃにつないだところ，豆電球は［７］と同じ明るさで光ったことから，ｂｃまたはｃｄを導線でつないだと考えられる。ｂｃを導線でつないだ場合，豆電球をｂとｃにつないでも光らないが，ｃｄを導線でつないだ場合，豆電球をｂとｃにつなぐと，電池２個と豆電球１個が直列につながれた回路になり，［７］よりも明るく光る。したがって，実験５の結果だけではわからない。

■ ご使用にあたってのお願い・ご注意

（1）問題文等の非掲載

著作権上の都合により，問題文や図表などの一部を掲載できない場合があります。

誠に申し訳ございませんが，ご了承くださいますようお願いいたします。

（2）過去問における時事性

過去問題集は，学習指導要領の改訂や社会状況の変化，新たな発見などにより，現在とは異なる表記や解説になっている場合があります。過去問の特性上，出題当時のままで出版していますので，あらかじめご了承ください。

（3）配点

学校等から配点が公表されている場合は，記載しています。公表されていない場合は，記載していません。

独自の予想配点は，出題者の意図と異なる場合があり，お客様が学習するうえで誤った判断をしてしまう恐れがあるため記載していません。

（4）無断複製等の禁止

購入された個人のお客様が，ご家庭でご自身またはご家族の学習のためにコピーをすることは可能ですが，それ以外の目的でコピー，スキャン，転載（ブログ，ＳＮＳなどでの公開を含みます）などをすることは法律により禁止されています。学校や学習塾などで，児童生徒のためにコピーをして使用することも法律により禁止されています。

ご不明な点や，違法な疑いのある行為を確認された場合は，弊社までご連絡ください。

（5）けがに注意

この問題集は針を外して使用します。針を外すときは，けがをしないように注意してください。また，表紙カバーや問題用紙の端で手指を傷つけないように十分注意してください。

（6）正誤

制作には万全を期しておりますが，万が一誤りなどがございましたら，弊社までご連絡ください。

なお，誤りが判明した場合は，弊社ウェブサイトの「ご購入者様のページ」に掲載しておりますので，そちらもご確認ください。

■ お問い合わせ

解答例，解説，印刷，製本など，問題集発行におけるすべての責任は弊社にあります。

ご不明な点がございましたら，弊社ウェブサイトの「お問い合わせ」フォームよりご連絡ください。迅速に対応いたしますが，営業日の都合で回答に数日を要する場合があります。

ご入力いただいたメールアドレス宛に自動返信メールをお送りしています。自動返信メールが届かない場合は，「よくある質問」の「メールの問い合わせに対し返信がありません。」の項目をご確認ください。

また弊社営業日（平日）は，午前９時から午後５時まで，電話でのお問い合わせも受け付けています。

2025 春

株式会社教英出版

〒422-8054　静岡県静岡市駿河区南安倍３丁目 12-28

TEL　054-288-2131　　FAX　054-288-2133

URL　https://kyoei-syuppan.net/

MAIL　siteform@kyoei-syuppan.net

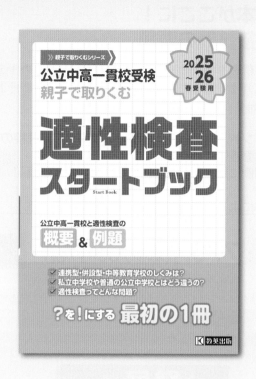

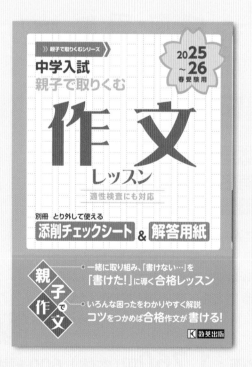

教英出版　2025年春受験用　中学入試問題集

学校別問題集

✿はカラー問題対応

北海道

①[市立]札幌開成中等教育学校
②藤女子中学校
③北嶺中学校
④北星学園女子中学校
⑤札幌大谷中学校
⑥札幌光星中学校
⑦立命館慶祥中学校
⑧函館ラ・サール中学校

青森県

①[県立]三本木高等学校附属中学校

岩手県

①[県立]一関第一高等学校附属中学校

宮城県

①[県立]宮城県古川黎明中学校
②[県立]宮城県仙台二華中学校
③[市立]仙台青陵中等教育学校
④東北学院中学校
⑤仙台白百合学園中学校
⑥聖ウルスラ学院英智中学校
⑦宮城学院中学校
⑧秀光中学校
⑨古川学園中学校

秋田県

①[県立] 大館国際情報学院中学校
　　　　 秋田南高等学校中等部
　　　　 横手清陵学院中学校

山形県

①[県立] 東桜学館中学校
　　　　 致道館中学校

福島県

①[県立] 会津学鳳中学校
　　　　 ふたば未来学園中学校

茨城県

①[県立] 日立第一高等学校附属中学校
　　　　 太田第一高等学校附属中学校
　　　　 水戸第一高等学校附属中学校
　　　　 鉾田第一高等学校附属中学校
　　　　 鹿島高等学校附属中学校
　　　　 土浦第一高等学校附属中学校
　　　　 竜ヶ崎第一高等学校附属中学校
　　　　 下館第一高等学校附属中学校
　　　　 下妻第一高等学校附属中学校
　　　　 水海道第一高等学校附属中学校
　　　　 勝田中等教育学校
　　　　 並木中等教育学校
　　　　 古河中等教育学校

栃木県

①[県立] 宇都宮東高等学校附属中学校
　　　　 佐野高等学校附属中学校
　　　　 矢板東高等学校附属中学校

群馬県

① [県立]中央中等教育学校
　 [市立]四ツ葉学園中等教育学校
　 [市立]太田中学校

埼玉県

①[県立]伊奈学園中学校
②[市立]浦和中学校
③[市立]大宮国際中等教育学校
④[市立]川口市立高等学校附属中学校

千葉県

①[県立] 千葉中学校
　　　　 東葛飾中学校
②[市立]稲毛国際中等教育学校

東京都

①[国立]筑波大学附属駒場中学校
②[都立]白鷗高等学校附属中学校
③[都立]桜修館中等教育学校
④[都立]小石川中等教育学校
⑤[都立]両国高等学校附属中学校
⑥[都立]立川国際中等教育学校
⑦[都立]武蔵高等学校附属中学校
⑧[都立]大泉高等学校附属中学校
⑨[都立]富士高等学校附属中学校
⑩[都立]三鷹中等教育学校
⑪[都立]南多摩中等教育学校
⑫[区立]九段中等教育学校
⑬開成中学校
⑭麻布中学校
⑮桜蔭中学校
⑯女子学院中学校
✿⑰豊島岡女子学園中学校
⑱東京都市大学等々力中学校
⑲世田谷学園中学校
✿⑳広尾学園中学校(第2回)
✿㉑広尾学園中学校(医進・サイエンス回)
㉒渋谷教育学園渋谷中学校(第1回)
㉓渋谷教育学園渋谷中学校(第2回)
㉔東京農業大学第一高等学校中等部(2月1日 午後)
㉕東京農業大学第一高等学校中等部(2月2日 午後)

神奈川県

①［県立］
- 相模原中等教育学校
- 平塚中等教育学校

②［市立］南高等学校附属中学校
③［市立］横浜サイエンスフロンティア高等学校附属中学校
④［市立］川崎高等学校附属中学校
✿⑤聖光学院中学校
✿⑥浅野中学校
⑦洗足学園中学校
⑧法政大学第二中学校
⑨逗子開成中学校（1次）
⑩逗子開成中学校（2·3次）
⑪神奈川大学附属中学校（第1回）
⑫神奈川大学附属中学校（第2·3回）
⑬栄光学園中学校
⑭フェリス女学院中学校

新潟県

①［県立］
- 村上中等教育学校
- 柏崎翔洋中等教育学校
- 燕中等教育学校
- 津南中等教育学校
- 直江津中等教育学校
- 佐渡中等教育学校

②［市立］高志中等教育学校
③新潟第一中学校
④新潟明訓中学校

石川県

①［県立］金沢錦丘中学校
②星稜中学校

福井県

①［県立］高志中学校

山梨県

①山梨英和中学校
②山梨学院中学校
③駿台甲府中学校

長野県

①［県立］
- 屋代高等学校附属中学校
- 諏訪清陵高等学校附属中学校

②［市立］長野中学校

岐阜県

①岐阜東中学校
②鶯谷中学校
③岐阜聖徳学園大学附属中学校

静岡県

①［国立］静岡大学教育学部附属中学校（静岡·島田·浜松）

②
- ［県立］清水南高等学校中等部
- ［県立］浜松西高等学校中等部
- ［市立］沼津高等学校中等部

③不二聖心女子学院中学校
④日本大学三島中学校
⑤加藤学園暁秀中学校
⑥星陵中学校
⑦東海大学付属静岡翔洋高等学校中等部
⑧静岡サレジオ中学校
⑨静岡英和女学院中学校
⑩静岡雙葉中学校
⑪静岡聖光学院中学校
⑫静岡学園中学校
⑬静岡大成中学校
⑭城南静岡中学校
⑮静岡北中学校

⑯
- 常葉大学附属常葉中学校
- 常葉大学附属橘中学校
- 常葉大学附属菊川中学校

⑰藤枝明誠中学校
⑱浜松開誠館中学校
⑲静岡県西遠女子学園中学校
⑳浜松日体中学校
㉑浜松学芸中学校

愛知県

①［国立］愛知教育大学附属名古屋中学校
②愛知淑徳中学校

③
- 名古屋経済大学市邨中学校
- 名古屋経済大学高蔵中学校

④金城学院中学校
⑤椙山女学園中学校
⑥東海中学校
⑦南山中学校男子部
⑧南山中学校女子部
⑨聖霊中学校
⑩滝中学校
⑪名古屋中学校
⑫大成中学校
⑬愛知中学校
⑭星城中学校
⑮名古屋葵大学中学校（名古屋女子大学中学校）
⑯愛知工業大学名電中学校
⑰海陽中等教育学校（特別給費生）
⑱海陽中等教育学校（I·II）
⑲中部大学春日丘中学校
新刊⑳名古屋国際中学校

三重県

①［国立］三重大学教育学部附属中学校
②暁中学校
③海星中学校
④四日市メリノール学院中学校
⑤高田中学校
⑥セントヨゼフ女子学園中学校
⑦三重中学校
⑧皇學館中学校
⑨鈴鹿中等教育学校
⑩津田学園中学校

滋賀県

①［国立］滋賀大学教育学部附属中学校

②［県立］
- 河瀬中学校
- 守山中学校
- 水口東中学校

京都府

①［国立］京都教育大学附属桃山中学校
②［府立］洛北高等学校附属中学校
③［府立］園部高等学校附属中学校
④［府立］福知山高等学校附属中学校
⑤［府立］南陽高等学校附属中学校
⑥［市立］西京高等学校附属中学校
⑦同志社中学校
⑧洛星中学校
⑨洛南高等学校附属中学校
⑩立命館中学校
⑪同志社国際中学校
⑫同志社女子中学校（前期日程）
⑬同志社女子中学校（後期日程）

大阪府

①［国立］大阪教育大学附属天王寺中学校
②［国立］大阪教育大学附属平野中学校
③［国立］大阪教育大学附属池田中学校

④[府立]富田林中学校
⑤[府立]咲くやこの花中学校
⑥[府立]水都国際中学校
⑦清風中学校
⑧高槻中学校（A日程）
⑨高槻中学校（B日程）
⑩明星中学校
⑪大阪女学院中学校
⑫大谷中学校
⑬四天王寺中学校
⑭帝塚山学院中学校
⑮大阪国際中学校
⑯大阪桐蔭中学校
⑰開明中学校
⑱関西大学第一中学校
⑲近畿大学附属中学校
⑳金蘭千里中学校
㉑金光八尾中学校
㉒清風南海中学校
㉓帝塚山学院泉ヶ丘中学校
㉔同志社香里中学校
㉕初芝立命館中学校
㉖関西大学中等部
㉗大阪星光学院中学校

兵庫県

①[国立]神戸大学附属中等教育学校
②[県立]兵庫県立大学附属中学校
③雲雀丘学園中学校
④関西学院中学部
⑤神戸女学院中学部
⑥甲陽学院中学校
⑦甲南中学校
⑧甲南女子中学校
⑨灘中学校
⑩親和中学校
⑪神戸海星女子学院中学校
⑫滝川中学校
⑬啓明学院中学校
⑭三田学園中学校
⑮淳心学院中学校
⑯仁川学院中学校
⑰六甲学院中学校
⑱須磨学園中学校(第1回入試)
⑲須磨学園中学校(第2回入試)
⑳須磨学園中学校(第3回入試)
㉑白陵中学校
㉒夙川中学校

奈良県

①[国立]奈良女子大学附属中等教育学校
②[国立]奈良教育大学附属中学校
③[県立]
- 国際中学校
- 青翔中学校

④[市立]一条高等学校附属中学校
⑤帝塚山中学校
⑥東大寺学園中学校
⑦奈良学園中学校
⑧西大和学園中学校

和歌山県

①[県立]
- 古佐田丘中学校
- 向陽中学校
- 桐蔭中学校
- 日高高等学校附属中学校
- 田辺中学校

②智辯学園和歌山中学校
③近畿大学附属和歌山中学校
④開智中学校

岡山県

①[県立]岡山操山中学校
②[県立]倉敷天城中学校
③[県立]岡山大安寺中等教育学校
④[県立]津山中学校
⑤岡山中学校
⑥清心中学校
⑦岡山白陵中学校
⑧金光学園中学校
⑨就実中学校
⑩岡山理科大学附属中学校
⑪山陽学園中学校

広島県

①[国立]広島大学附属中学校
②[国立]広島大学附属福山中学校
③[県立]広島中学校
④[県立]三次中学校
⑤[県立]広島叡智学園中学校
⑥[市立]広島中等教育学校
⑦[市立]福山中学校
⑧広島学院中学校
⑨広島女学院中学校
⑩修道中学校
⑪崇徳中学校
⑫比治山女子中学校
⑬福山暁の星女子中学校
⑭安田女子中学校
⑮広島なぎさ中学校
⑯広島城北中学校
⑰近畿大学附属広島中学校福山校
⑱盈進中学校
⑲如水館中学校
⑳ノートルダム清心中学校
㉑銀河学院中学校
㉒近畿大学附属広島中学校東広島校
㉓AICJ中学校
㉔広島国際学院中学校
㉕広島修道大学ひろしま協創中学校

山口県

①[県立]
- 下関中等教育学校
- 高森みどり中学校

②野田学園中学校

徳島県

①[県立]
- 富岡東中学校
- 川島中学校
- 城ノ内中等教育学校

②徳島文理中学校

香川県

①大手前丸亀中学校
②香川誠陵中学校

愛媛県

①[県立]
- 今治東中等教育学校
- 松山西中等教育学校

②愛光中学校
③済美平成中等教育学校
④新田青雲中等教育学校

高知県

①[県立]
- 安芸中学校
- 高知国際中学校
- 中村中学校

福　岡　県

①［国立］福岡教育大学附属中学校（福岡・小倉・久留米）
②［県立］育徳館中学校
　門司学園中学校
　宗像中学校
　嘉穂高等学校附属中学校
　輝翔館中等教育学校
③西南学院中学校
④上智福岡中学校
⑤福岡女学院中学校
⑥福岡雙葉中学校
⑦照曜館中学校
⑧筑紫女学園中学校
⑨敬愛中学校
⑩久留米大学附設中学校
⑪飯塚日新館中学校
⑫明治学園中学校
⑬小倉日新館中学校
⑭久留米信愛中学校
⑮中村学園女子中学校
⑯福岡大学附属大濠中学校
⑰筑陽学園中学校
⑱九州国際大学付属中学校
⑲博多女子中学校
⑳東福岡自彊館中学校
㉑八女学院中学校

佐　賀　県

①［県立］香楠中学校
　致遠館中学校
　唐津東中学校
　武雄青陵中学校
②弘学館中学校
③東明館中学校
④佐賀清和中学校
⑤成穎中学校
⑥早稲田佐賀中学校

長　崎　県

①［県立］長崎東中学校
　佐世保北中学校
　諫早高等学校附属中学校
②青雲中学校
③長崎南山中学校
④長崎日本大学中学校
⑤海星中学校

熊　本　県

①［県立］玉名高等学校附属中学校
　宇土中学校
　八代中学校
②真和中学校
③九州学院中学校
④ルーテル学院中学校
⑤熊本信愛女学院中学校
⑥熊本マリスト学園中学校
⑦熊本学園大学付属中学校

大　分　県

①［県立］大分豊府中学校
②岩田中学校

宮　崎　県

①［県立］五ヶ瀬中等教育学校
②［県立］宮崎西高等学校附属中学校
　都城泉ヶ丘高等学校附属中学校
③宮崎日本大学中学校
④日向学院中学校
⑤宮崎第一中学校

鹿　児　島　県

①［県立］楠隼中学校
②［市立］鹿児島玉龍中学校
③鹿児島修学館中学校
④ラ・サール中学校
⑤志學館中等部

沖　縄　県

①［県立］与勝緑が丘中学校
　開邦中学校
　球陽中学校
　名護高等学校附属桜中学校

もっと過去問シリーズ

北　海　道

北嶺中学校
7年分(算数・理科・社会)

静　岡　県

静岡大学教育学部附属中学校
(静岡・島田・浜松)
10年分(算数)

愛　知　県

愛知淑徳中学校
7年分(算数・理科・社会)
東海中学校
7年分(算数・理科・社会)
南山中学校男子部
7年分(算数・理科・社会)
南山中学校女子部
7年分(算数・理科・社会)
滝中学校
7年分(算数・理科・社会)
名古屋中学校
7年分(算数・理科・社会)

岡　山　県

岡山白陵中学校
7年分(算数・理科)

広　島　県

広島大学附属中学校
7年分(算数・理科・社会)
広島大学附属福山中学校
7年分(算数・理科・社会)
広島学院中学校
7年分(算数・理科・社会)
広島女学院中学校
7年分(算数・理科・社会)
修道中学校
7年分(算数・理科・社会)
ノートルダム清心中学校
7年分(算数・理科・社会)

愛　媛　県

愛光中学校
7年分(算数・理科・社会)

福　岡　県

福岡教育大学附属中学校
(福岡・小倉・久留米)
7年分(算数・理科・社会)
西南学院中学校
7年分(算数・理科・社会)
久留米大学附設中学校
7年分(算数・理科・社会)
福岡大学附属大濠中学校
7年分(算数・理科・社会)

佐　賀　県

早稲田佐賀中学校
7年分(算数・理科・社会)

長　崎　県

青雲中学校
7年分(算数・理科・社会)

鹿　児　島　県

ラ・サール中学校
7年分(算数・理科・社会)

※もっと過去問シリーズは
国語の収録はありません。

教英出版
〒422-8054
静岡県静岡市駿河区南安倍3丁目12-28
TEL 054-288-2131
FAX 054-288-2133
詳しくは教英出版で検索
教英出版　検索
URL https://kyoei-syuppan.net/

令和六年度

岡山白陵中学校入学試験問題

国語

受験番号	

注意

一、時間は五〇分で一〇〇点満点です。
二、問題用紙と解答用紙の両方に受験番号を記入しなさい。
三、開始の合図があったら、まず問題が一ページから二一ページまで順になっているかどうかを確かめなさい。
四、解答は解答用紙の決められたところに書きなさい。
五、字数制限のあるものについては、句読点も一字に数えます。

2024(R6) 岡山白陵中
K 教英出版

一

次の各問いに答えなさい。

問1　次の①～⑩の文中にある――線部のカタカナを漢字に直しなさい。

①　私の町のトウケイを見ると、出生数は年々減少していることがわかる。

②　彼《かれ》は勉強を済ませると、ケイカイな足取りで部屋を出ていった。

③　村の祭りのユライを調べるために図書館へ行った。

④　セイセイＡＩを活用して楽曲を作った。

⑤　彼の会社では年功ジョレツ制度を見直し、新しい評価制度を導入する。

⑥　会議の冒頭《ぼうとう》で、提案のコッシを述べた。

⑦　人々の募金《ぼきん》によって城はシュウフクされ、美しい姿を取り戻《もど》した。

⑧　新設校のサッカー部がハチクの勢いで連戦連勝し、ついに決勝戦を迎《むか》えた。

⑨　法によるサバきを受け、彼は罪をつぐなうことを決意した。

⑩　彼女《かのじょ》は気持ちを落ち着かせ、神棚《かみだな》に水と米をソナえた。

問２　次の⑴～⑸についてＡ～Ｃの（　　）に当てはまる表現を後の語群ア～エの中から一つずつ選ぶとき、どれにも**当てはまらない表現**が一つあります。それはどの表現か、それぞれ記号で答えなさい。

⑴
Ａ　友人はすぐにでもお金を貸してくれと迫《せま》ったが、そんな大金は（　　）貸せるものではなかった。
Ｂ　嘘《うそ》をついていたのがばれてしまい、彼は叱《しか》られることを恐《おそ》れて（　　）母親を見上げた。
Ｃ　翌朝、小鳥が巣の中で動かなくなってしまっているのを見て、彼女は（　　）泣き始めた。

⑴の語群　ア　さめざめと　イ　おずおずと　ウ　おいそれと　エ　おめおめと

⑵
Ａ　彼女は入院している祖母に会いたくなって、祖母の写真を（　　）眺《なが》めた。
Ｂ　試合が間近に迫り、彼は緊張《きんちょう》から食事をとれなくなり（　　）頬《ほお》がこけた。
Ｃ　姉が選んでくれた新しい靴《くつ》は、不思議なことに私の足に（　　）馴染《なじ》んだ。

⑵の語群　ア　しっとりと　イ　げっそりと　ウ　しんみりと　エ　しっくりと

⑶
Ａ　台風による災害から再興した山間の小さな町の温泉街は、観光客が訪《おとず》れるようになり（　　）。
Ｂ　山の頂上にたどり着くと、朝日に照らされた岩壁《がんぺき》の美しさに圧倒《あっとう》され（　　）。
Ｃ　テレビ会社の会長の（　　）俳優を選んだのは、映画制作の資金集めのためだと噂《うわさ》された。

⑶の語群　ア　息が掛《か》かった　イ　息を潜《ひそ》めた　ウ　息を吹《ふ》き返《かえ》した　エ　息を呑《の》んだ

⑷

A　「いい天気だね」と彼女に突然《とつぜん》話しかけられた僕《ぼく》は、「いい天気だね」と（　　　）に答えるのが精一杯《せいいっぱい》だった。

B　人間の都合で自然を破壊《はかい》し続けると、後でとんでもない（　　　）を食らうことになる。

C　登場人物の中で、最も周囲の信頼《しんらい》が厚かった彼が犯人だなんて、とんだ（　　　）だ。

⑷の語群　ア　おうむ返し　イ　巻き返し　ウ　どんでん返し　エ　しっぺ返し

⑸

A　結婚式《けっこんしき》に着ていく服を探したが、派手すぎたり地味すぎたりする服ばかりで（　　　）だ。

B　福引きで大型テレビが当たったが、彼の狭《せま》い家にはすでにテレビが二台あり（　　　）であった。

C　健康を害した父に、喫煙《きつえん》をやめるように話してみたが、結局は（　　　）だった。

⑸の語群　ア　無用の長物　イ　枯《か》れ木《き》も山の賑《にぎ》わい　ウ　帯に短し襷《たすき》に長し　エ　暖簾《のれん》に腕押《うでお》し

このページに問題はありません。

二 次の文章を読んで、後の問いに答えなさい。

「準備が大変だと思います。ぼくは中受《ちゅうじゅ》を控《ひか》えてるから、授業時間を減らされるのは困ります」
真面目《まじめ》男子が意見する。
「なるほど。そのへんのことはどう考えてますか？」
小野田《おのだ》がおれに振《ふ》る。
「授業には支障が出ないようにします。学級活動の時間内や放課後に準備したいと思っています。もちろん塾《じゅく》や習い事がある人は、そっちを優先してくれてかまいません」
忍《しのぶ》だって中学受験組だ。支障があったら困る。
「でも実際、今日の五時間目の理科の授業をこんなことに使ってるじゃないですか」
うぐっ、と言葉に詰《つ》まる。
「すまんすまん。それは先生が決めたことなんだ。今日の理科の授業はどこかで必ず埋《う》め合《あ》わせをするから」
トランクスが謝《あやま》った。かすかなブーイングは、今日の理科の授業がなくなって喜んでいる連中だろう。
「他の反対意見ありますか？」
小野田が仕切る。
「はい」
と、女子が手をあげた。
「わたしは、人がたくさん死んだ戦争の話なんて聞きたくありません。そんな怖《こわ》い話をわざわざ聞きたくないです。悲しい気分になるし」
クラスが一瞬《いっしゅん》しんとして、そのあとざわついた。おれも思わず忍と宇太佳《うたか》の顔をすがるように見てしまった。そんな意見が出るなんて、びっくりしたのだった。

「なるほど。貴重なご意見をどうもありがとうございます。もしかしたら、戦争の話を聞きたくない人が、他にもいるかもしれません。それについてはどう思いますか？」
聞きわけのいい、つまらない司会者のようにまとめて、小野田がこっちを見た。おれは反射的に目をそらした。なんて答えたらいいかわからない。実のところ、内心ムカついていた。聞きたくない、ってなんだ？　大勢の人が亡《な》くなった戦争じゃないか。怖い？　悲しい？　その場にいなかった人間がなに言ってんだ！
「①正直な気持ちを教えてくれて、どうもありがとうございます」
忍が頭を下げた。おれの顔を見て、拓人《たくと》じゃ無理だと思ったんだろう。賢明《けんめい》だ。
「戦争では大勢の人が亡くなりました。兵士だけではなく、一般《いっぱん》の人たちもたくさんです。軍人が二百三十万人、民間人が八十万人亡くなったと推定されています。尊い命が次々と消えていきました。民間人というのは、ぼくたちのことです。ぼくたちや家族が戦争に巻《ま》き込《こ》まれて死んだっていうことです」
「だから、それは昔のことで、今のわたしたちとは関係ありません。日本はもう戦争しないでしょ。憲法第九条に戦争放棄《ほうき》について記載《きさい》されています」
怖い話を聞きたくないと言った女子が、忍に反論する。憲法九条？　戦争放棄？　難しい話になってきた。ついていけない。
「いや、戦争に参加する可能性はあります。可能性がゼロなんてものはこの世にない。現に自衛隊はイラク戦争に派遣《はけん》された。人道復興支援《しえん》活動ってことだけど、現地でどんなことがあったのかはわからないだろ。集団的自衛権だってそうだ。日本が攻撃《こうげき》されなくても、海外での自衛隊の武力行使ができるようになっちまった。憲法九条なんて意味ねえじゃないかよ」
忍の顔が赤い。口調が悪くなったのも、興奮したせいだろう。忍の言ったことは、おれの知らないことばかりだった。
「……なによ、そんな言い方しなくてもいいでしょっ」
「ちょっとちょっと、ケンカはやめてください！」
小野田があせったように仲裁《ちゅうさい》に入る。

「冷静に話し合いをしましょうよ。ねっ」

わざとらしい笑顔《えがお》で小野田が首を傾《かし》げた。

「あの！」

無意識のうちに声が出た。

「あのさ、戦争のことも大事だけど、おれはただ田中さんのことを知ってもらいたいんだよ。花林《かりん》神社の管理人をしているおじいさんのことを、一人でも多くの人に知ってもらいたいんだ。田中さんは、おれたちと同じ歳《とし》だったときにお母さんと妹さんを空襲《くうしゅう》で亡くした。そんなのって、ちょっと想像つかないだろ？　急に家族がいなくなったんだよ。それって、確かに怖いし、悲しいことだけど、田中さんはそれからの人生、一生懸命《いっしょうけんめい》生きてきたんだ。田中さん、すっごくいい人でさ。おれも年をとったら、あんなおじいさんになりたいって思った。そんな田中さんのことを、みんなに紹介《しょうかい》したいんだよ。それだけなんだよ」

②クラスがまた一瞬、しずかになった。ヤベ、やっちまったか、と思ったすぐあとで、

「いいね、その通り」

と、宇太佳が言って、

「だな」

と、忍が続けた。

それからまた少し話し合いがあった。真面目男子は、勉強が遅《おく》れないならいいと言い、戦争の話を聞きたくないと言った女子は、田中さんの人生の話ならと、了承《りょうしょう》してくれた。

「他に、田中さんに講演してもらうことについて反対の人、いますか？」

小野田の問いかけに、手をあげる生徒はいなかった。

「では、花林神社の管理人である田中喜市《きいち》さんに、学校で講演をしてもらうことに賛成の人、手をあげてください」

おれは一人一人のクラスメイトの顔を見ていった。全員だ。全員の手があがった。③胸に熱いかたまりが突然《とつぜん》現れたみたいに、ぼわんと熱くなる。

「ありがとうございます！」

三人で声がそろった。忍も宇太佳も満面の笑《え》みだった。もちろんおれも。

具体的な企画《きかく》についてクラスで話し合い、日程や場所を決めて、校長先生に許可をもらいにいくことになった。いちばんの問題は、誰《だれ》に聞いてもらうかだ。六年生だけじゃなくて、この学校の生徒全員に聞いてもらいたいのはもちろんだったけれど、できれば親や地域の人たちにも聞いてもらいたい。

「ＰＴＡに話してみればいいんじゃない？」

と言ったのは、またしても小野田だ。小野田のお父さんが、今年度の保護者会の会長なのだ。

「そこから保護者たちに連絡《れんらく》してもらって、自治会の回覧板で伝えてもらえばいいんじゃない。どう？」

「ナイスだ、小野田！　今日の小野田はさえている！」

忍が大げさに言って、クラスのみんなが笑った。てっきり怒《おこ》ると思った小野田は、得意げに胸を張って鼻の穴をふくらませていた。もしかして、忍のことが好きなのか？　なんて思ったけど、そんなことはどうでもいい。今日の小野田は確かに④さえている。

みんなでいろいろと話し合って、担当のグループに分かれて計画を練っていくことになった。チラシを作って、近所のスーパーや商店街、習い事先などに配ることも決めた。

「実はさ、今日の提案のために、戦争について勉強してきたんだ」

と、忍にこっそり打ち明けられた。忍らしい。どうりで、詳《くわ》しいと思った。

五時間目だけでは時間が足りなくて、集まれる人だけで放課後にも打ち合わせをした。田中さんのことを、みんなに知ってもらいたい。⑤おれは、腹の底からむくむくと気力がわき上がってくるのを感じていた。

（椰月美智子《やづきみちこ》『昔はおれと同い年だった田中さんとの友情』による）

問1　この場面を解説した次の文章中の ⓐ ～ ⓔ に当てはまる人物名やあだ名を、後のア～オの中からそれぞれ選び、記号で答えなさい。

「おれ」の名は ⓐ 。好きだったサッカーもやめ、中学受験もあきらめた、無気力ぎみの小学六年生。そんな「おれ」と、勉強好きで中学受験をする ⓑ 、もう一人の友人の ⓒ の三人は、偶然《ぐうぜん》知り合った八十五歳《さい》の田中さんに小学校で講演をしてもらおうと思い、担任の ⓓ に昼休みに相談したところ、次の五時間目の理科の授業を使ってクラス会を開くように指示された。そして、クラスメイトに賛否をたずねたところ、すぐに賛同した女子生徒の ⓔ が会を仕切るようになり、反対意見を求めたところから、この場面は始まっている。

ア　小野田　　イ　忍　　ウ　トランクス　　エ　宇太佳　　オ　拓人

問2　――線部①「正直な気持ちを教えてくれて、どうもありがとうございます」とありますが、「おれ」はどのようなことを思いながら、この言葉を聞いていたと考えられますか。最も適当なものを次のア～オの中から選び、記号で答えなさい。

ア　お前、なに出しゃばったまねしてくれているんだよ。意見を求められたのはおれだぜ。
イ　ウソ言うなよ。お前だってありがたく思ってないだろ。心にもないことを言うお前にムカつくよ。
ウ　やっぱりお前っておれのことがわかってる。おれじゃダメ。お前に任せるので何とかしてくれ。
エ　そうそうその調子。最初は下手に出ておいて、後でお前の予習の成果を見せてギャフンと言わせてやれ。
オ　類は友を呼ぶっていうけど、やっぱりお前はおれの友だちだ。おれと全く同じことを考えているのだから。

問3　——線部②「クラスがまた一瞬、しずかになった」とありますが、「また」とあるので、このクラス会ではすでにクラスのみんなが沈黙《ちんもく》したことがあった（……線部「クラスが一瞬しんとして」）ということがわかります。これらに関する次の(1)・(2)の問いに答えなさい。

(1)　……線部の沈黙はどんな状態をあらわした沈黙ですか。最も適当なものを次のア～エの中から選び、記号で答えなさい。

ア　あまりにも率直《そっちょく》な気持ちを述べた発言だったので、クラスのみんなが思わず共感している。
イ　あまりにも想定外すぎる発言だったので、クラスのみんなが戸惑い言葉を失っている。
ウ　あまりにも常識はずれの発言だったので、クラスのみんなが嫌悪《けんお》感を覚え無視している。
エ　あまりにも平凡《へいぼん》な内容の発言だったので、クラスのみんなが呆気《あっけ》にとられてしまっている。

(2)　——線部②の沈黙はどんな状態をあらわした沈黙ですか。最も適当なものを次のア～エの中から選び、記号で答えなさい。

ア　あまりにも理路整然とした発言だったので、クラスのみんなが反論できないでいる。
イ　あまりにも興味深い発言だったので、クラスのみんなが話の続きを聞きたがっている。
ウ　あまりにも理解しがたい発言だったので、クラスのみんなが理解するのに時間がかかっている。
エ　あまりにも思いのこもった発言だったので、クラスのみんなが引《ひ》き込《こ》まれてしまっている。

問4　───線部③「胸に熱いかたまりが突然現れたみたいに、ぼわんと熱くなる」とありますが、このときの「おれ」の気持ちを説明したものとして最も適当なものを次のア～オの中から選び、記号で答えなさい。

ア　自分たちが正しかったということがクラスのみんなによって証明されてうれしく思うと同時に、なかなか自分たちを認めようとしなかった者に対する怒《いか》りも湧《わ》いている。

イ　自分たちのことをやっとクラスのみんなが認めてくれたのでほっとし、このあとのことはすべて自分たちに任せてくれという自信が芽生えている。

ウ　自分たちの思いがクラスのみんなに通じたことに達成感を覚えるとともに、クラスのみんなの思いをありがたく思い感動がこみ上げている。

エ　自分たちの意見をクラスの者がみな受け入れてくれたことに感謝し、今後のことはクラスのみんなに任せておけば大丈夫《だいじょうぶ》だという安心感が生まれている。

オ　自分たちの願いをクラスのみんなが聞き入れてくれたことが信じられず、何が何だかわからないながらも重大な責任を負い緊張感が高まっている。

問5　───線部④「さえている」とありますが、「小野田」のどういうところを「おれ」は「さえている」と思ったのですか。わかりやすく説明しなさい。

問6 ━━━線部⑤「おれは、腹の底からむくむくと気力がわき上がってくるのを感じていた」について、あるクラスでは次のように話し合いました。以下を読んで、後の問いに答えなさい。

先生　この「気力」って、もちろん「田中さん」を知ってもらうために講演会の準備を頑張《がんば》るぞという「気力」だけれど、それは「田中さん」に対するあこがれから出たものだってことはわかるよね。「　　」って「おれ」は言っているのだから。この気持ちは君らもわかるよね。自分がすごい人だと思い、あこがれている人が、もし誰にも知られていなかったら残念だよね。多くの人に知ってもらいたいって思うよね。でも、この場面では「田中さん」自身が出て来ないので、今一つピンと来ないのでは？　以下の、父と兄が戦死したこと、空襲《くうしゅう》で母と妹が亡《な》くなったこと、自分も大けがを負ったことなどを講演会で述べた後の、質問コーナーの記述も参考にして、「おれ」がここまであこがれる「田中さん」ってどんな人なのかを考えてみようよ。

「一年一組の上野《うえの》朋《とも》香《か》です。田中さんの好きな食べ物のことです。わたしも田中さんと同じで、チョコバナナが大好きです。お祭りのときは、必ず買ってもらいます。田中さんがチョコバナナが好きだと知って、うれしくなりました。田中さんは、チョコバナナのどこが好きですか？」

　かわいい質問に会場は笑い声があふれた。ナイス質問だ、一年生！　目の付け所がいい。おれは心のなかでほめたたえた。

「上野朋香さん、どうもありがとう。チョコバナナ、本当においしいよね。このあいだの五月の花林神社のお祭りのときに、はじめてチョコバナナを食べました。甘《あま》くて柔《やわ》らかくてきらきらしていて、まるで夢を食べているようでした」

　田中さんが答えると、和《なご》やかな笑いが起こった。おれは、お祭りのときにチョコバナナを見て、きれいだねえ、と言った田中さんの顔を思い出した。戦争の話では泣かなかったけど、今のチョコバナナの話にはなぜか視線がにじんで、田中さんの姿がぼやけてきた。

生徒A　大人ってよく自分の苦労話を持ち出して子どもを説教するよね。でも、「田中さん」は戦争の残酷《ざんこく》さを体験しながらもそれを持ち出して子どもを説教することなく、「おれ」たち子どもに対し、自分と同じように未来に向かって前向きに生きるように諭《さと》してくれる存在のように思えるな。

生徒B　悲しいことがあったからといって、ずっと悲しいことが続くわけではなく、そのうち楽しいことにも出会えるさ、一生懸命生きていれば、と「田中さん」が「おれ」たち子どもを励《はげ》ましてくれているように思うよ。親に同じようなことを言われても「田中さん」ほどの悲しい体験をしていないので、心に響《ひび》かないよね。

生徒C　「田中さん」は他の大人たちと違って、「おれ」たちのような何も知らない小学生に対しても、子ども扱《あつか》いせず、同じ目線に立って、話してくれたり話を聞いてくれたりする人だと思うよ。だから、「おれ」は親には話せないことでも、「田中さん」の前ではきっと気軽に話していたんじゃないのかなって思うけど。

生徒D　大人、特に年寄りは古い価値観にとらわれて、それを「おれ」たちのような子どもに押しつけようとするけれど、「田中さん」はそうではなく、好奇心《こうきしん》を持って今を生きることが大切だよと言っている人なんじゃないかな。八十五歳にして初めてチョコバナナを食べ、味わっている「田中さん」の姿、想像できるよね。

生徒E　ささいなことで感情が揺《ゆ》れてしまい、うまく表現できないことが多い「おれ」と違い、常に落ち着いており、表現力も豊かな「田中さん」だからこそ、戦争をまったく体験していない子どもにも戦争のことをわかりやすく話してくれると「おれ」が思ったように、戦争の語《かた》り部《べ》として最高の人だよね。田中さんは。

(1)　□に当てはまることばを本文中から十五字以内で抜《ぬ》き出して答えなさい。

(2) ――線部「ナイス質問だ」とありますが、「おれ」はなぜそう思ったのですか。最も適当なものを次のア～オの中から選び、記号で答えなさい。

ア 「田中さん」の戦争の話を聞いて、重苦しくなった会場の空気をなごませようとする質問だったから。
イ 戦争の話をして悲しみがよみがえった「田中さん」の気持ちを軽くすることのできる質問だったから。
ウ 戦争体験者としてだけでなく、「田中さん」そのものに興味をもっていることがわかる質問だったから。
エ 戦後の食糧難《しょくりょうなん》に関する話を「田中さん」の口からくわしく聞けそうな質問だったから。
オ よくわからない戦争の話ではなく、わかりやすい食べ物について「田中さん」に聞いた質問だったから。

(3) 生徒Ａ～Ｅのうち、先生の問いに対して**明らかに誤った発言**をしているのは誰ですか。記号で答えなさい。

三

次の文章は、ホンソメ（魚の一種ホンソメワケベラのこと）の研究に関するもので、筆者たちはこれまでにホンソメにも鏡に映った自分を自分だと認識すること（鏡像自己認知）ができることを発見しています。よく読んで、後の問いに答えなさい。なお、設問の都合で本文の一部を省略しています。

(注)ヒトは鏡を見ればすぐに自分だとわかる。その際、基本的には自分の顔を見て認識している。［　a　］ヒトは相手が誰《だれ》かを認識する際、相手の顔を見てしている。ヒトにとって顔は、相手を識別するのに大事な場所なのである。では、ホンソメはどうやって鏡の自分を自分だと認識するのだろうか？　ヒトと同じなら、ホンソメも鏡を見て自分の顔だとわかり、顔で鏡の姿が自分であると認識するはずである。それとも魚独自の方法でするのだろうか？　何せ魚はヒトとは分類的にも最も遠い動物群であり、我々にとって未知の方法があるのかもしれない。

①そこでまた実験である。ホンソメがヒトのように自分の顔で鏡像自己認知するとの仮説から検討しよう。ヒトの顔は一人一人違《ちが》っており、その違いで個体識別している。ホンソメが［　b　］顔で鏡像自己認知や他者の認知をしているなら、その顔に変異があると予想される。ホンソメの顔をよく見るとそばかすのようなシミがあり、それが個体ごとに違っていたのだ。思ったとおりである。

Ⓧまずはこんな実験をしてみた。まずは自分の写真と未知の他個体の写真を用意し、ホンソメに見せたのだ。鏡像自己認知ができるホンソメは他個体を攻撃《こうげき》するが、自分の鏡像は攻撃しない。もし、ホンソメが自分の写真を自分だと認識できるなら、見たことのない他個体の写真は攻撃しても、動きのない自分の写真を攻撃しないはずだ。実験の結果は予想通りで、ホンソメは未知の他者の写真は激しく攻撃したが、自分の写真はほとんど攻撃しなかった。自分の写真を自分だとわかっているようだ。

Ⓨさらに実験をした。自分の顔だが体は知らない他者の合成写真、逆に知らない他個体の顔だが体は自分という合成写真を作り見せてみた。もし、ヒトのように顔で自分を認識するなら、自己顔他者体の写真は攻撃しないし、他人顔自己体の写真は全身が他人の写真の場合と同じくらい激しく攻撃するはずである。結果は予想通りで、ホンソメは

自分の顔の写真は攻撃せず、他者顔の写真は激しく攻撃したのである。この結果は、ホンソメは顔で自分を認識していることを明白に示している。

②これは大変なことになってきた。というのもこれまで動物がどのようにして鏡の自分を認識するのかは、［　ｃ　］わかっていないのだ。チンパンジーでもわかっていない。ヒト以外の動物で鏡像自己認知をいかにしているのかがわかったのは、ホンソメのこの実験が初めてなのだ。鏡像自己認知のやり方がヒトと魚で同じだったのだ。これはどういうことだろうか。

ヒトには自分の顔というイメージ（鋳型《いがた》）が頭にあり、鏡に映る自分の顔を鋳型と比べ瞬間《しゅんかん》に自分だと認識している。自分の顔の鋳型がないと自己認識はできない。ヒトは見た相手の顔を頭の中の鋳型と比べ瞬時に相手が誰なのかを認識している。そして相手を特定するのとほぼ同時に相手に関する情報もついてくる。だからこそ、出会った相手にどのように振《ふ》る舞《ま》うべきかがわかり、自然にそう振る舞うことができるのである。

ではホンソメはどうだろう。鏡に映る姿や自分の写真を自分だとわかる。ホンソメも自分の顔のイメージを持ち、その鋳型と比べ瞬時に自分かどうかを認識しているのだ。ホンソメは他個体の場合も相手の顔の鋳型と比べて認識することがわかっている。ホンソメの自己認識や他者認識のやり方は実はヒトと変わらないのである。

普段、ホンソメは1匹のオスが複数のメスを囲うハレム社会で暮らしており、体長に基《もと》づく順位関係がある。自分より順位の高い個体に出会えばその瞬間に劣位《れつい》の姿勢をとり、低い相手には優位の姿勢をとって威張《いば》るのである。相手の識別とほぼ同時に相手との社会関係のイメージが出てくるから、この社会的振る舞いが自然にできるのだ。こうなると、ヒトの社会行動とその基本はかなり似ていると思われる。

ホンソメは自分や他個体の顔イメージのほか、他者に関する個別のイメージも持っている。さらに、寄生虫を取り除こうとするように目的や意図した振る舞いもしている。このように、イメージを持って振る舞いができるのは「内面的自己意識」と呼ばれる精神状態であると言える。この意識を持つ時、その動物に「こころ」があるとして差《さ》し支《つか》えない。つまり、③魚のホンソメにはこころがあると言えるのだ。

④ホンソメが鏡像を自分だとわかるとはどういうことだろう。自分だとわかるのは、本能でも単なる学習でもない。ホンソメが「考えて」自分だと理解したのである。理解するためには様々な情報が必要だ。ホンソメは鏡像自己認知をする前に何度も繰《く》り返し自分かどうかを確かめる行動をしている。この行動はチンパンジーをはじめ、鏡像自己認知できる他の動物でも報告され、鏡像と自分の動きの同調性を確認していると考えられている。ホンソメもこの確認行動は「ひょっとしたら自分かな?」、と鏡像と自分の動きの同調性を確かめているのである。そして、我々の未発表の研究結果からいうと、［　d　］ホンソメではこの確認行動をしているある瞬間、「俺《おれ》か!」と一気にわかるようなのである。

　このわかる瞬間というのは、思考しているから起こるのである。我々も例えば数学の問題を解いていて、その解が得られた瞬間「わかった」という感覚を伴《ともな》ってわかる。あの「わかる感」がどうも魚にもありそうなのだ。この辺りの実態は今後の大きな研究課題である。

（『生きものは不思議』所収　幸田正典《こうだまさのり》「魚も鏡の姿を自分とわかる」による）

（注）ヒトは鏡を見ればすぐに自分だとわかる——ヒト以外にもチンパンジー・イルカ・ゾウ・カラスの仲間はそれができることがわかっている。

問1　本文中の［　a　］〜［　d　］に当てはまることばの組み合わせとして最も適当なものを次のア〜エの中から選び、記号で答えなさい。

ア　a　たとえば　　b　本当に　　c　少ししか　　d　おそらく
イ　a　なるほど　　b　かりに　　c　少しも　　d　いよいよ
ウ　a　そもそも　　b　もし　　c　まったく　　d　どうも
エ　a　意外にも　　b　たとえ　　c　絶対に　　d　何となく

問2　――線部①「そこでまた実験である」とありますが、筆者たちはその実験として＝＝線部Ⓧと Ⓨの実験を行っています。次の(1)〜(3)の各問いに答えなさい。

(1)　＝＝線部Ⓧについて。この実験はどういうことを確かめるために行ったものですか。次の文の（　　）に当てはまることばを、指定された字数で本文中から抜《ぬ》き出して答えなさい。

（A　五字　）だけでなく、（B　　十字　　）でも（C　四字　）することを確かめるため。

(2)　＝＝線部Ⓨについて。この実験はどういうことを確かめるために行ったものですか。答えなさい。

(3)　＝＝線部Ⓧと Ⓨの実験の結果をまとめて棒《ぼう》グラフに表すとどのようになりますか。最も適当なものを次のア〜エのグラフの中から選び、記号で答えなさい。ただし、グラフのａは自己写真の場合、ｂは他者写真の場合、ｃは自己顔他者体の場合、ｄは他者顔自己体の場合をそれぞれ示します。

ア

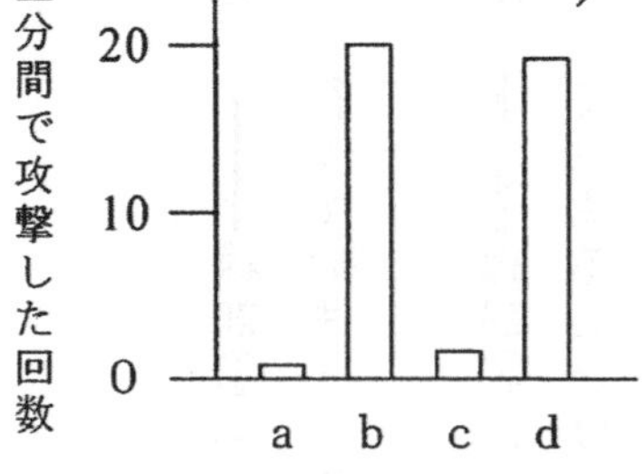

イ

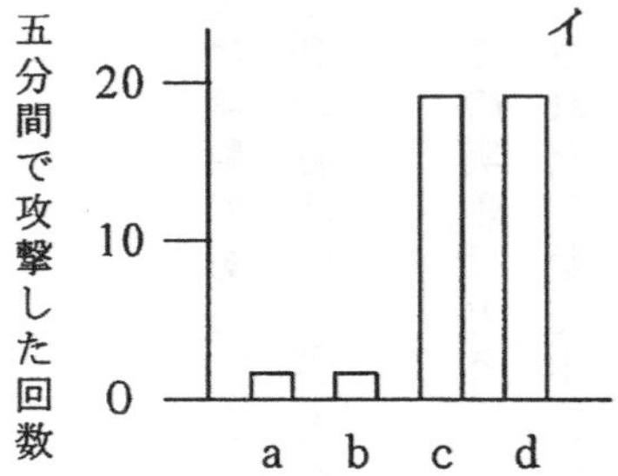

ウ

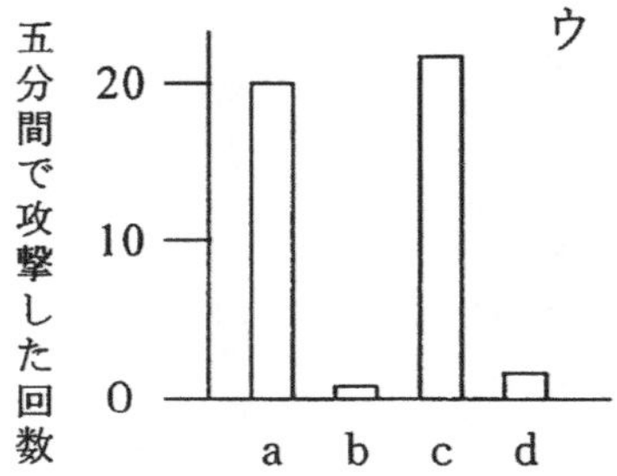

エ

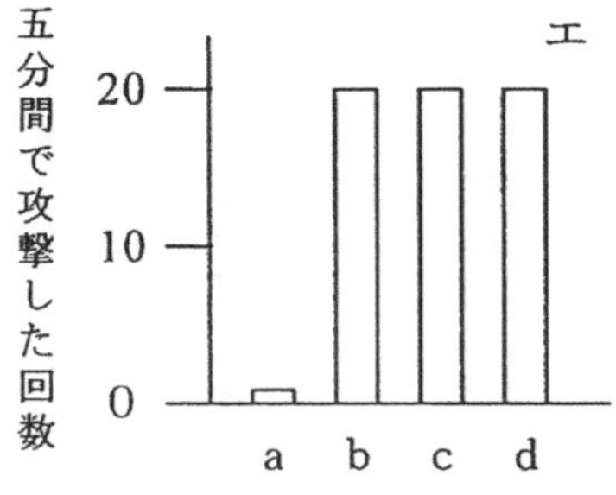

問3　——線部②「これは大変なことになってきた」とありますが、どういうことですか。その説明として最も適当なものを次のア～オの中から選び、記号で答えなさい。

ア　ヒトも魚も鏡像自己認知をしているというこの実験結果は、進化の研究の上で未知の発見につながる画期的な成果だということ。

イ　鏡像自己認知を進化の上で劣《おと》る魚がしているという事実は、ほ乳類の頂点に立つヒトの現在の地位をおびやかすことになる可能性があるということ。

ウ　同じやり方で鏡像自己認知をする仲間に魚までもが加わったので、ますます研究に複雑さが増してしまって困ったことになったということ。

エ　魚がヒトと同じやり方で鏡像自己認知をするということは、ヒトの社会的振《ふ》る舞《ま》いについて根本から研究しなおす必要性がでてきたということ。

オ　分類上、ヒトとははるかに遠い魚でも鏡像自己認知のやり方が同じだということのもつ意味合いが、とんでもなく大きいということ。

問4　——線部③「魚のホンソメにはこころがあると言える」とありますが、そう言えるのはなぜですか。わかりやすく説明しなさい。

問5　━━線部④「ホンソメが鏡像を自分だとわかるとはどういうことだろう」とありますが、筆者はこの問いにどう答えていますか。その答えをまとめた次の文の（Ａ）・（Ｂ）に当てはまる適当なことばを、本文中から抜き出して答えなさい。ただし同じ記号には同じことばが入ります。

ホンソメが（Ａ　　　）を得るための行動を繰り返し、得られたその（Ａ　）を用いて（Ｂ　　　）する過程《かてい》のなかで「理解できた」という瞬間がホンソメにはあるということ。

問6　ホンソメの認知研究の結果は、今後どのようなことにつながると考えられますか。次の【参考文】を読んで、解答欄《かいとうらん》に当てはまるように答えなさい。

【参考文】（本文と同じく「魚も鏡の姿を自分とわかる」中にある文章です）

ヒトは自分のことを「自分」と認識しているし、誰もが自分には「こころ」があると実感している。自分が存在しているという自己の実感がないと、たぶん普段《ふだん》の社会生活はできないだろう。では動物はどうだろう。実はこの問いに答えるのはかなり難しい。

近代哲学《てつがく》の父と呼ばれるデカルトは、人間は精神と肉体とからなると捉《とら》えた。彼は、ヒトの精神には自己や「こころ」はあるが、動物にはそれらはないと考えた。この考えはその後の近世西洋哲学の基盤《きばん》となり、現在まで続いている。

デカルトがヒトだけが自己やこころを持つと考えた根拠《こんきょ》は、言語を持つヒトだけが自己の存在を認識できる「自己意識」を持つとみなしたことにある。逆に言語を持たず本能に基《もと》づく紋《もん》切り型の行動しか取れない動物は、自己を振り返ることができず、自己意識はないとした。この考えに基づいて、現在でも動物とは異なり自己意識を持つヒトは特別な存在だ、とする考えが主流である。

令和６年度

岡山白陵中学校入学試験問題

算　　　数

受験番号	

注　意　１．時間は５０分で１００点満点です。

２．問題用紙と解答用紙の両方に受験番号を記入しなさい。

３．開始の合図があったら、まず問題が１ページから９ページまで、順になっているかどうかを確かめなさい。

４．解答は解答用紙の決められたところに書きなさい。

５．特に指示のない問いは、考え方や途中の式も書きなさい。

1 次の各問いに答えなさい。ただし、円周率は3.14として計算しなさい。**（解答用紙には、答えのみを書きなさい。）**

（1） 次の計算をしなさい。

$$46\times27+23\times55-69\times3$$

（2） 次の式の□に当てはまる数を求めなさい。

$$\frac{9}{14}-\frac{4}{7}\div\frac{6}{5}+\left(3-\frac{1}{\square}\right)\times\frac{5}{16}=1$$

（3） 原価2000円の商品に30%の利益を見《み》込《こ》んで定価をつけました。その後、定価の3割引で販売《はんばい》したときの売値を求めなさい。

（4） 家から3kmはなれた学校までを往復するのに行きは毎分50mで行ったところ、往復するのに90分かかりました。帰りの速さを求めなさい。

（5） 下の図はA、Bを中心とする半径6cmの2つの円が重なったものです。太線の部分の長さを求めなさい。

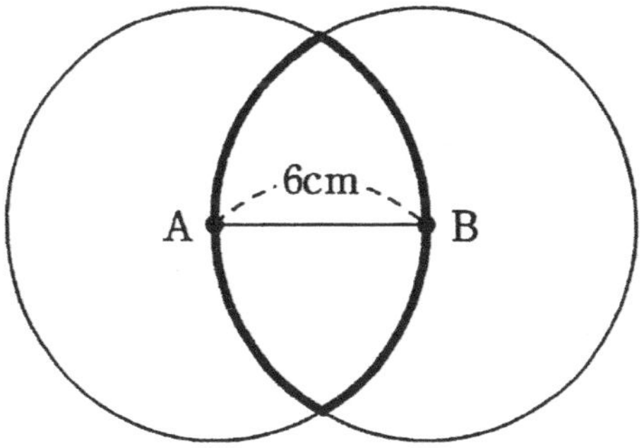

（6） 下の図は1辺の長さが1cmの正方形を縦に6つ、横に5つ並べたものです。正方形をぬりつぶした部分を、直線ℓを軸《じく》として1回転させてできる立体の体積を求めなさい。

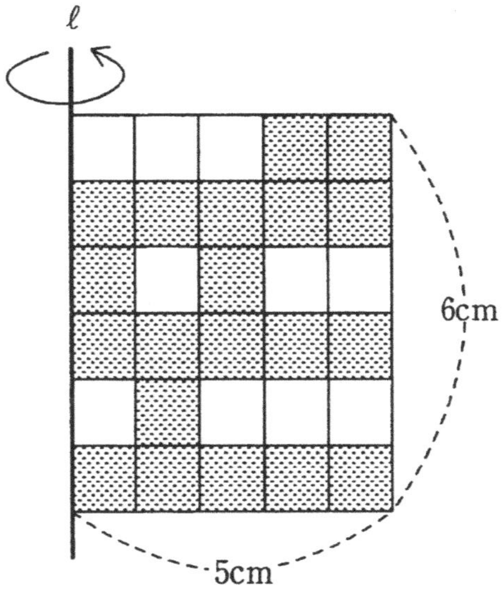

2 次の［Ⅰ］、［Ⅱ］の各問いに答えなさい。ただし、円周率は3.14として計算しなさい。**（解答用紙には、答えのみを書きなさい。）**

［Ⅰ］下の表は10人の50m走の記録を度数分布表にしたものです。10人の中央値は8.4秒、タイムの速いほうから6番目の人と9番目の人の平均値は8.9秒でした。表の(ア)に入る数を求めなさい。

タイム(秒)	人数(人)
7.5以上～8.0未満	2
8.0　～8.5	(ア)
8.5　～9.0	3
9.0　～9.5	(イ)
9.5　～10.0	1
合計	10

［Ⅱ］（1） 下の図は、1 辺の長さが 6cm の正方形と点 C を中心とする半径 6cm のおうぎ形が重なった図形です。ぬりつぶした部分の面積を求めなさい。

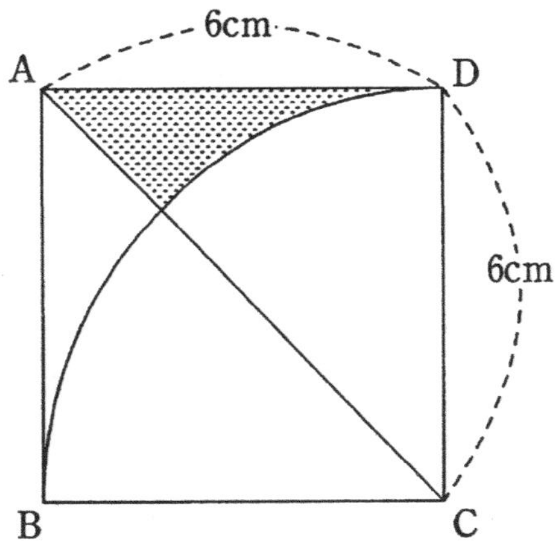

（2） 下の図は、（1）と同じ正方形とおうぎ形が重なったもので、辺 BC 上に点 P をとって点 A と P を結んだものです。（あ）の部分の面積と（い）の部分の面積が等しいとき、CP の長さを求めなさい。

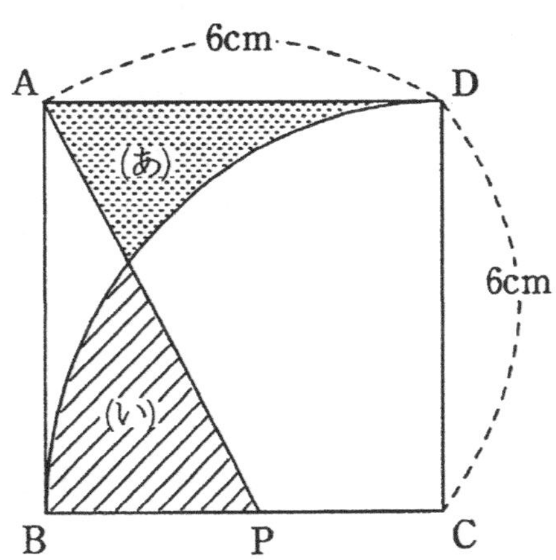

3 下の図のような直方体の容器があり、2 つの仕切りで 3 つの部分 A、B、C に分けられています。A と B の間の仕切りの高さは 6cm、B と C の間の仕切りの高さは 10cm で、A の底面の面積は 20 cm^2、B の底面の面積は 30 cm^2、C の底面の面積は 40 cm^2 です。最初、容器の中は空であり、A の部分に毎秒 10 cm^3、C の部分に毎秒 5 cm^3 の水を同時に入れていくとき、次の各問いに答えなさい。ただし、仕切りの厚さは考えないものとします。

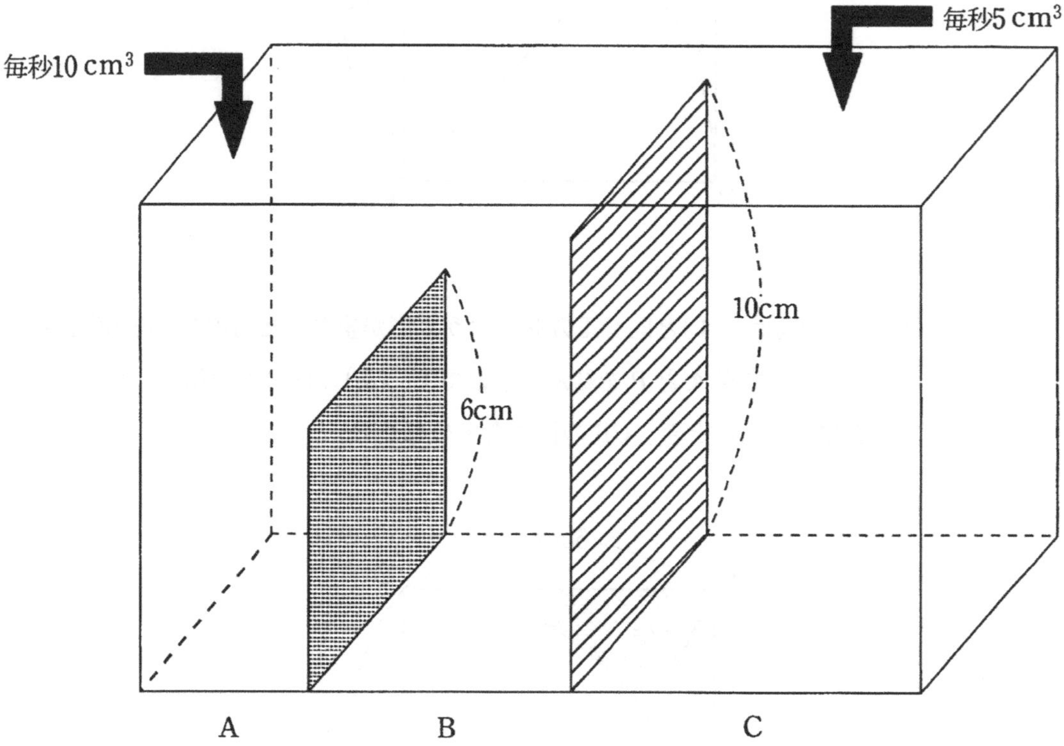

（1） A から B へ水が流れこむのは水を入れ始めて何秒後からですか。

（2） B の水面の高さと C の水面の高さが初めて同じになるのは水を入れ始めて何秒後ですか。

[このページに問題はありません。]

4　次のルールにしたがって、各図のマス目に数字を入れます。例を読んで、後の各問いに答えなさい。**(解答用紙には、答えのみを書きなさい。)**

(ルール)

・横一列に並ぶマス目にはすべて異なる数字が入る。

・縦一列に並ぶマス目にはすべて異なる数字が入る。

(例)　図1のマス目の空らん部分に1、2、3、4の数字を一回ずつ入れるとき、(ア)のマス目に入れることができる数字は2または4です。

(図1)

(ア)		3
		4
1	2	

(1)　図2のマス目の空らん部分に1、2、3、4、5、6の数字を一回ずつ入れる方法は何通りありますか。

(図2)

			1	2	3
			4	5	6
1	3	5			
2	4	6			

（2）　図3のマス目の空らん部分に 1、2、3、4、5、6、7、8、9 の数字を一回ずつ入れる方法は何通りありますか。

(図3)

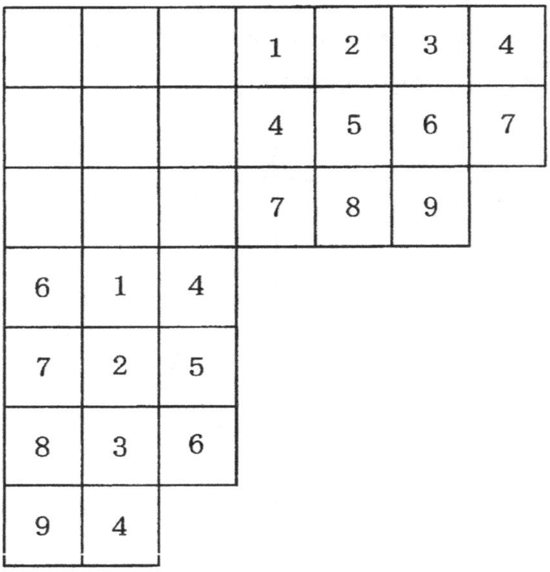

5 点Oを中心とする2つの円があり、外側の円は1周840m、内側の円は1周420mです。点Aは外側の円周上、点Bは内側の円周上にあり、A、O、Bがこの順に一直線上に並んでいます。点Pと点QはAの位置から、点RはBの位置から同時に出発し、Pは外側の円周上を時計の針と反対向きに毎秒10m、Qは外側の円周上を時計の針の向きに毎秒25m、Rは内側の円周上を時計の針と反対向きに毎秒12mの速さで動きます。このとき、次の各問いに答えなさい。

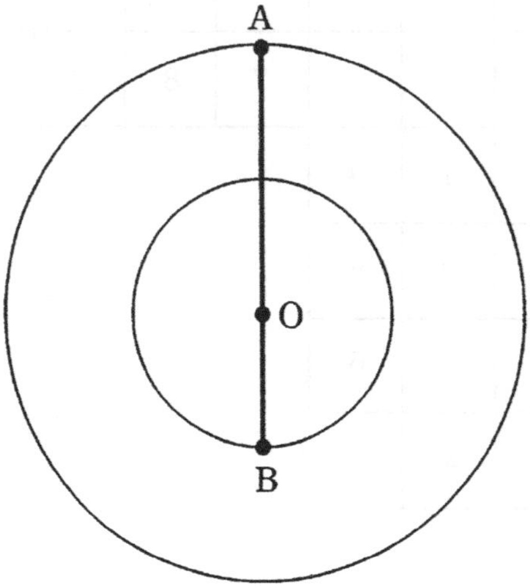

（1） 2点P、Qが初めてすれちがうのは出発してから何秒後ですか。**（解答用紙には、答えのみを書きなさい。）**

（2） 3点P、Q、Rが初めて同時にそれぞれの最初の位置にくるのは出発してから何秒後ですか。

（3） 出発してから420秒後までに3点O、R、Pがこの順に一直線上に並ぶことは何回ありますか。

（4） 3点P、R、Qが初めてこの順に一直線上に並び、PR=QRとなるのは出発してから何秒後ですか。**（解答用紙には、答えのみを書きなさい。）**

令和６年度

岡山白陵中学校入学試験問題

理　　　科

受験番号	

注　意　１．時間は４０分で８０点満点です。

２．問題用紙と解答用紙の両方に受験番号を記入しなさい。

３．開始の合図があったら、まず問題が１ページから１６ページまで、順になっているかどうかを確かめなさい。

４．解答は解答用紙の決められたところに書きなさい。

1

以下の問いに答えなさい。

問１　ミツバチのはねやあしのつきかたについて、正しく示した図を次の（ア）～（ク）から２つ選び、記号で答えなさい。

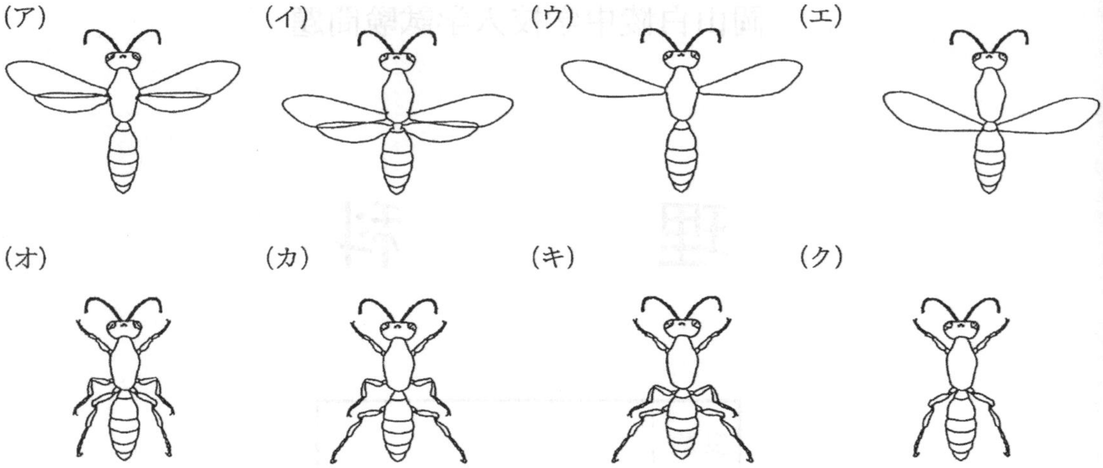

問２　次の（ア）～（カ）から、昆虫《こんちゅう》をすべて選び、記号で答えなさい。

（ア）ムカデ　　（イ）トンボ　　（ウ）ダンゴムシ
（エ）エビ　　（オ）カニ　　（カ）セミ

問3　メダカのオスとメスを比べたとき、次の①～⑥の文のうち、オスの特徴《とくちょう》を正しく述べたものの組み合わせを、後の（ア）～（ク）から１つ選び、記号で答えなさい。

① はらがふくれている。　② はらがふくれていない。

③ 背びれに切れこみがない。　④ 背びれに切れこみがある。

⑤ しりびれの形が平行四辺形に近い。　⑥ しりびれの形が三角形に近い。

（ア）①・③・⑤　（イ）②・③・⑤　（ウ）①・④・⑤　（エ）②・④・⑤

（オ）①・③・⑥　（カ）②・③・⑥　（キ）①・④・⑥　（ク）②・④・⑥

問4　右の図は、子どもが母親の子宮の中にいるときの様子を表しています。ＡおよびＢはそれぞれ何というか、答えなさい。ただし、Ｂは液体部分を示しています。

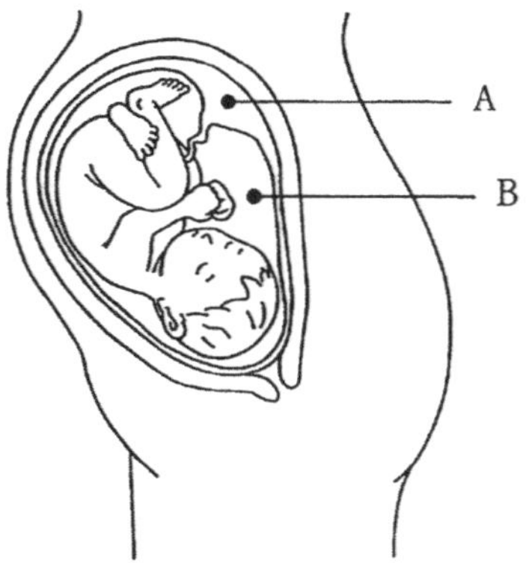

問5　子どもが、母親の子宮の中にいるときの育ち方について、次の（ア）～（エ）を正しい順番に並べかえ、記号で答えなさい。

（ア）血液が流れ始める。　（イ）心臓ができる。

（ウ）目や耳ができる。　（エ）手足を動かすようになる。

問６　生物どうしの「食べる」「食べられる」というつながりを食物連鎖《れんさ》といいます。生物の名前を、食べられるものから順に並べ、食物連鎖を正しく示したものを、次の（ア）～（オ）から１つ選び、記号で答えなさい。

（ア）イカダモ → メ ダ カ → ザリガニ → ミジンコ
（イ）イカダモ → ミジンコ → メ ダ カ → ザリガニ
（ウ）イカダモ → ミジンコ → ザリガニ → メ ダ カ
（エ）ミジンコ → イカダモ → メ ダ カ → ザリガニ
（オ）ミジンコ → メ ダ カ → イカダモ → ザリガニ

問７　右の図は、発芽した後のインゲンマメを表したものです。インゲンマメの種子が発芽するときに使う栄養をたくわえているところは、発芽した後のどの部分になりますか。図中の（ア）～（オ）から１つ選び、記号で答えなさい。

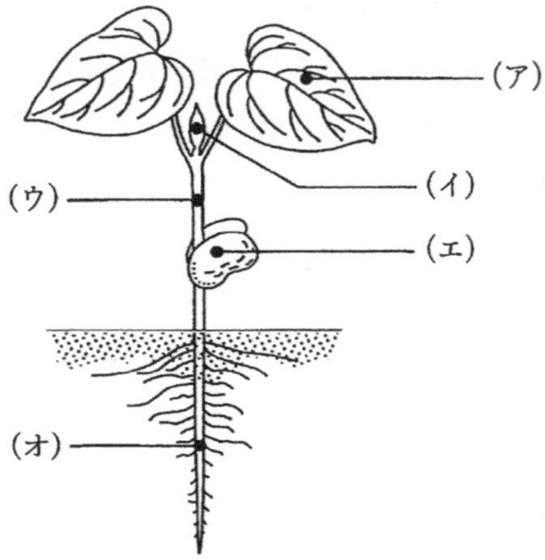

問８　植物の成長に必要な要素を調べる実験として、次の【条件１】～【条件４】で、ある植物を１週間育て、それぞれの植物がどれだけ成長したのかを調べました。「植物の成長には適当な温度が必要である」ということは、どの２つの条件を比べたらわかりますか。その組み合わせとして正しいものを、後の（ア）～（カ）から１つ選び、記号で答えなさい。

なお、この実験では同じ種類で同じ大きさの植物を４つ用いました。

【条件１】室温を 25℃にした部屋に植物を置き、日光を当て、肥料をふくむ水をあたえる。

【条件２】室温を 25℃にした部屋に植物を置き、大きな箱をかぶせて日光が当たらないようにして、肥料をふくむ水をあたえる。

【条件３】室温を 10℃にした部屋に植物を置き、日光を当て、肥料をふくむ水をあたえる。

【条件４】室温を 10℃にした部屋に植物を置き、日光を当て、肥料をふくまない水をあたえる。

（ア）条件１と条件２　（イ）条件１と条件３　（ウ）条件１と条件４

（エ）条件２と条件３　（オ）条件２と条件４　（カ）条件３と条件４

問９　光合成で葉にでんぷんが作られることを確かめる実験では、十分に光を当てた葉を、あたためたエタノールにひたして葉の緑色をとかし出し、その後、ヨウ素液にひたします。このとき、緑色をとかし出すのは何のためですか。句読点をふくめて 20 字以内で説明しなさい。

問 10　下の図は、ヘチマの花を表したものです。花粉ができるところはどこですか。図中の（ア）～（エ）から１つ選び、記号で答えなさい。

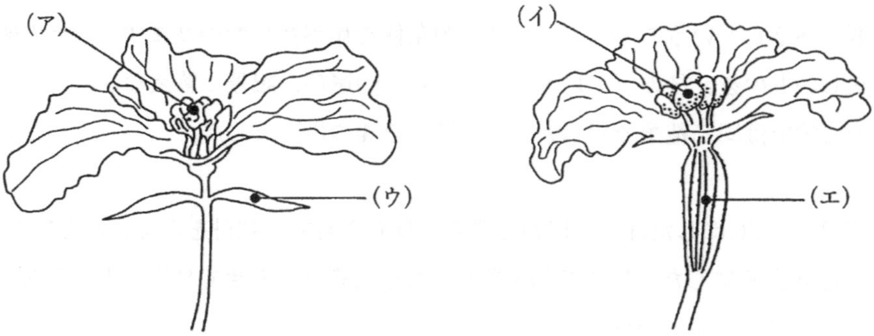

問 11　右の図は、ヒトの腕《うで》のつくりを表したものです。

図の筋肉Ａと筋肉Ｂについて、腕を曲げたときに縮むものと、腕をのばしたときに縮むものとして正しい組み合わせを、次の（ア）～（エ）から１つ選び、記号で答えなさい。

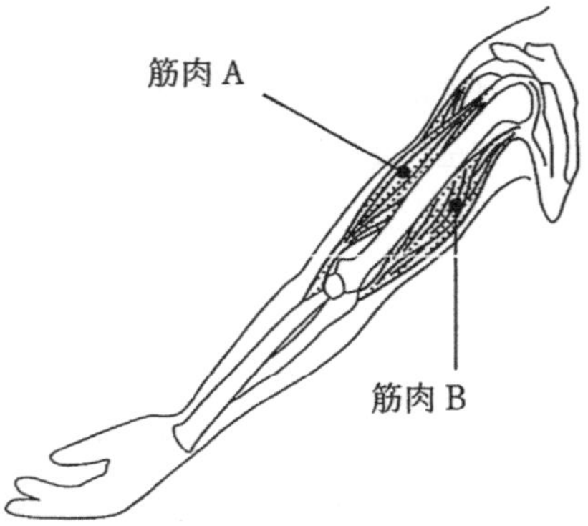

（ア）曲げたとき：Ａ　のばしたとき：Ａ
（イ）曲げたとき：Ａ　のばしたとき：Ｂ
（ウ）曲げたとき：Ｂ　のばしたとき：Ａ
（エ）曲げたとき：Ｂ　のばしたとき：Ｂ

《 このページに問題はありません 》

2

ものが燃えるしくみについて調べるために、次の【実験１】～【実験３】を行いました。これについて、後の問いに答えなさい。ただし、空気は体積の 80%が ちっ素で、20%が 酸素であるものとします。また、熱による気体や容器の体積の変化はないものとします。

【実験１】図１のように、火をつけたろうそくを集気びんの中に入れて、ふたでおおいました。火が消えた後、気体検知管で集気びんの中の気体の体積の割合を調べました。

【実験２】実験１と同様に、火をつけたろうそくを集気びんの中に入れて、ふたでおおいました。火が消えた後、ろうそくを取り出しました。その後、集気びんに石灰水を入れてふたをしてよくふり、様子を観察しました。

【実験３】図２のように、少量の水を入れた集気びんを酸素で満たし、火をつけたスチールウールを集気びんの中に入れて、ふたでおおいました。火が消えた後、燃えカスを取り出しました。その後、集気びんに石灰水を入れてふたをしてよくふり、様子を観察しました。

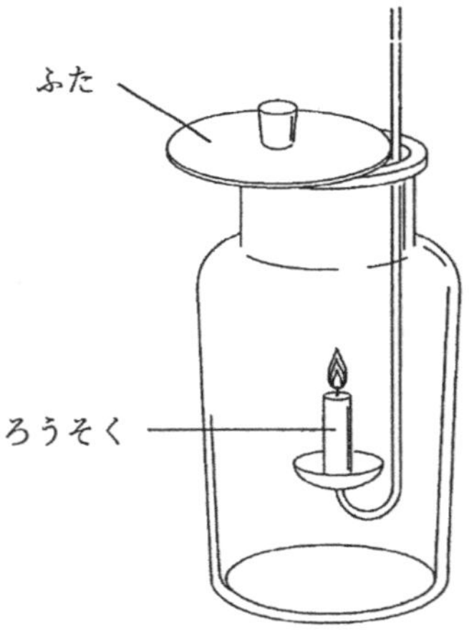

図１

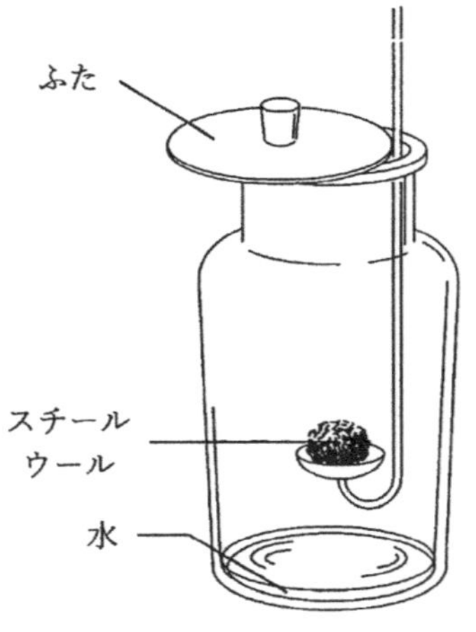

図２

問１　次の（ア）～（オ）の操作を、気体検知管の使い方の手順となるように正しく並べかえたとき、２番目と４番目にくるものをそれぞれ選び、記号で答えなさい。

（ア）気体採取器のハンドルを最後まで一気に引く。
（イ）動かさないで１分待つ。
（ウ）検知管の両はしを折り取る。
（エ）検知管を気体採取器に取り付ける。
（オ）検知管をはずして、目盛りを読む。

問２　実験１で、0.03 ～ 1.0%用と 0.5 ～ 8%用の２本の二酸化炭素用検知管の色が変わった様子は図３のようになりました。目盛りを読み取り、集気びんの中の二酸化炭素の体積の割合を答えなさい。

0.03～1.0%用

0.5～8%用

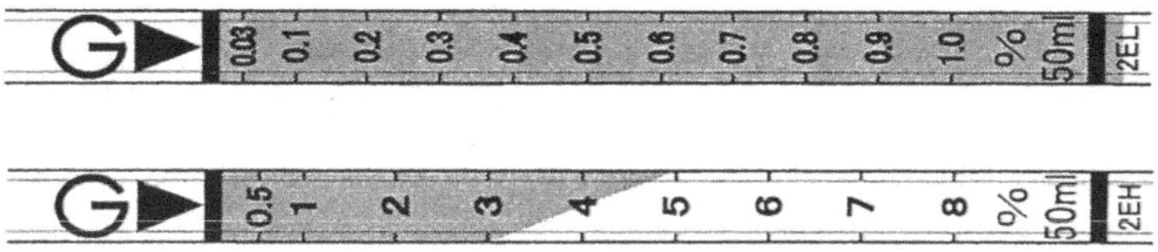

図３

問３　実験３で、下線部のように、集気びんに少量の水を入れてから実験を行う理由として正しいものを、次の（ア）～（エ）から１つ選び、記号で答えなさい。

（ア）　集気びんが割れないようにするため。
（イ）　集気びんがたおれるのを防ぐため。
（ウ）　集気びんの中の気体の温度が高くなりすぎないようにするため。
（エ）　発生した余分な気体を吸収するため。

問４　実験２・実験３で、石灰水の様子として最も適当なものを、次の（ア）～（ウ）からそれぞれ１つずつ選び、記号で答えなさい。

（ア）とうめいだったものが白くにごった。
（イ）白くにごっていたものがとうめいになった。
（ウ）変化しなかった。

問５　１Ｌの容器に酸素を満たし、密閉しました。容器内で点火装置を使ってスチールウールに火をつけ、火が消えた後、容器のふたを少しだけ開けると、容器の中の酸素が減った分だけ空気が入りこみました。このとき、容器の中の気体の体積の割合は酸素が 76%、ちっ素が 24% でした。容器の中に入りこんだ空気の体積は何Ｌですか。

問６　スチールウール 3.4 g が燃えるためには酸素１Ｌが必要です。問５で燃えたスチールウールの重さは何 g ですか。

《 このページに問題はありません 》

3

電熱線の長さや断面積と、電熱線の発熱量の関係を調べるために、次のような実験を行いました。この実験では、外ににげる熱は無視できるものとし、電熱線から発生した熱はすべてビーカーの水にあたえられるとします。また、結果は、実験をそれぞれ 10 回ずつ行ったときの平均の値を示しています。以下の問いに答えなさい。

【実験１】図１のように、室温と同じ温度の水 100 g と温度計が入ったビーカーに電熱線を入れました。電源装置につないでスイッチを入れてから、ビーカーの水の温度が 0.1℃上昇《じょうしょう》するまでにかかった時間をはかり、発熱の様子を調べました。長さと断面積の異なる７種類の電熱線Ａ～Ｇを使用して行った実験の結果を、次の表１にまとめました。

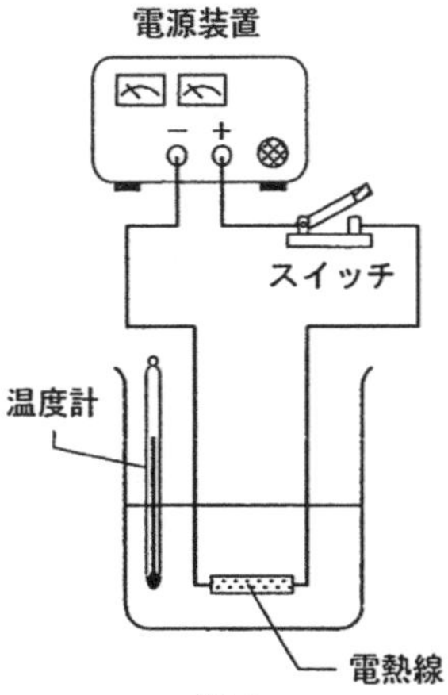

図１

表１

		電熱線の長さ			
		2 cm	4 cm	6 cm	8 cm
電熱線の断面積	0.1 mm^2	A　12 秒	B　24 秒	C　36 秒	D　48 秒
	0.2 mm^2	E　6 秒			
	0.3 mm^2	F　4 秒			
	0.4 mm^2	G　3 秒			

問１　この実験で、注意しなければならないこととして**適当でないもの**を、次の（ア）～（エ）から１つ選び、記号で答えなさい。

（ア）スイッチを切った直後の電熱線にはさわらない。
（イ）手がぬれたまま実験を行わない。
（ウ）実験を始めたあとは、操作を行わないときも、スイッチは切らない。
（エ）実験中、電熱線と温度計は接触《せっしょく》しないようにする。

問２　電熱線を利用している器具を、次の（ア）～（エ）からすべて選び、記号で答えなさい。

（ア）オーブントースター　　（イ）ヘアドライヤー
（ウ）電子レンジ　　（エ）IH クッキングヒーター

問３　実験１と同じように、次の①や②の電熱線を使用して実験をしたとき、ビーカーの水の温度が 0.1℃上昇するまでにかかった時間の平均の値はそれぞれ何秒ですか。

① 長さが 6 cm で、断面積が 0.4 mm^2 の電熱線
② 長さが 12 cm で、断面積が 0.6 mm^2 の電熱線

【実験２】実験１で使用した電熱線を２本使い、直列つなぎにして実験１と同じ電源装置を使用して電流を流しました。それぞれの電熱線を、図２のような２つの方法で、室温と同じ温度の水 100 g と温度計が入ったビーカーに入れました。電源装置につないでスイッチを入れてから、ビーカーの水の温度が 0.1℃上昇するまでにかかった時間をはかり、発熱の様子を調べました。その実験の結果を、後の表２にまとめました。

方法①　水 100 g と温度計が入ったビーカーを２つ用意して、２本の電熱線を、それぞれ別のビーカーに入れる。

方法②　水 100 g と温度計が入ったビーカーを１つ用意して、２本の電熱線を、まとめて１つのビーカーに入れる。

方法①　　　　　　　　　　方法②

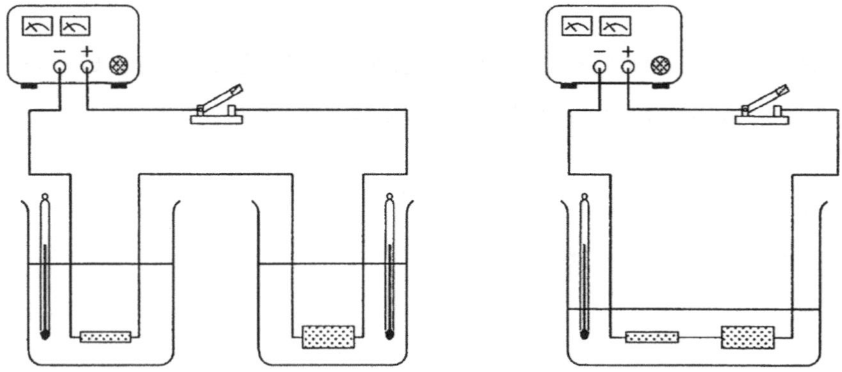

図２

表2

	ビーカーに入っている電熱線	時間
方法①	電熱線A	48 秒
	電熱線A	48 秒
方法②	電熱線A と 電熱線A	24 秒

	ビーカーに入っている電熱線	時間
方法①	電熱線A	108 秒
	電熱線B	54 秒
方法②	電熱線A と 電熱線B	36 秒

	ビーカーに入っている電熱線	時間
方法①	電熱線B	150 秒
	電熱線C	100 秒
方法②	電熱線B と 電熱線C	60 秒

	ビーカーに入っている電熱線	時間
方法①	電熱線B	216 秒
	電熱線D	108 秒
方法②	電熱線B と 電熱線D	（X）秒

問4　表2の（X）に入る値を、次の（ア）～（エ）から1つ選び、記号で答えなさい。

（ア）48　　（イ）60　　（ウ）72　　（エ）84

問5　電熱線Aと電熱線Cを直列つなぎにして、方法①で実験2を行いました。スイッチを入れてから、ビーカーの水の温度が 0.1℃上昇するまでにかかった時間の平均の値は、電熱線Aが電熱線Cの何倍となりますか。次の（ア）～（カ）から1つ選び、記号で答えなさい。

（ア）$\frac{1}{4}$倍　　（イ）$\frac{1}{3}$倍　　（ウ）$\frac{1}{2}$倍　　（エ）2倍　　（オ）3倍　　（カ）4倍

4

空気中にふくむことができる水蒸気の量は、その空気の温度によって決まっています。次の表は、気温と空気1 m^{3}中にふくむことができる水蒸気の最大量を表したものです。

気温（℃）	−10	−5	0	1	2	3	4	5	6	7	8	9	10
水蒸気の最大量（g）	2.4	3.4	4.8	5.2	5.6	5.9	6.4	6.8	7.3	7.8	8.3	8.8	9.4

気温（℃）	11	12	13	14	15	16	17	18	19	20	21	22	23
水蒸気の最大量（g）	10.0	10.7	11.4	12.1	12.8	13.6	14.5	15.4	16.3	17.3	18.3	19.4	20.6

気温（℃）	24	25	26	27	28	29	30	31	32	33	34	35	36
水蒸気の最大量（g）	21.8	23.1	24.4	25.8	27.2	28.8	30.4	32.1	33.8	35.7	37.6	39.6	41.8

空気1 m^3 中にふくむことができる水蒸気の最大量に対する、実際にふくまれている水蒸気の量の割合を湿度《しつど》といい、次の式で求めることができます。

$$\text{湿度}(\%) = \frac{\text{空気1 m}^3\text{中に実際にふくまれている水蒸気の量(g)}}{\text{空気1 m}^3\text{中にふくむことができる水蒸気の最大量(g)}} \times 100$$

問1　25℃の空気1 m^{3}中に15 gの水蒸気がふくまれている場合、湿度は何%ですか。答えは、小数第1位を四捨五入して答えなさい。

表からわかるように、気温が下がると、空気1 m^{3}中にふくむことができる水蒸気の最大量が少なくなるので、ふくむことができなくなった水蒸気がすべて水となってあらわれます。

空にうかぶ雲は、空気のかたまりが上昇することで温度が下がり、ふくまれていた水蒸気が水となってあらわれることで発生します。

問2　17℃で1 m^{3}中に12 gの水蒸気をふくんでいた空気が、8℃まで冷やされたとき、水となってあらわれる水蒸気の量は空気1 m^{3}あたり何gですか。

2019 年 5 月 26 日、北海道佐《さ》呂《ろ》間《ま》町で 39.5℃、帯広《おびひろ》市で 38.8℃など、異常な高温が観測されました。真夏でもない時期に、北海道で 40℃近い気温が観測されたのは、フェーン現象が起きたことが原因の一つであると考えられています。フェーン現象とは、空気のかたまりが山をこえると温度が上がる現象です。

以下の問題では、雲が発生するまでは、標高が 100m 上がるごとに空気のかたまりの温度は 1 ℃下がり、雲が発生したあとは、標高が 100m 上がるごとに空気のかたまりの温度は 0.5℃下がるものとして答えなさい。

図の町Aでの気温は 23℃、湿度は 66%です。この町をふもととする標高 2000m の山のしゃ面にそって空気のかたまりがのぼり、反対側のふもとの町Bにふき下ろします。町 A と町 B の標高はどちらも 0 m です。

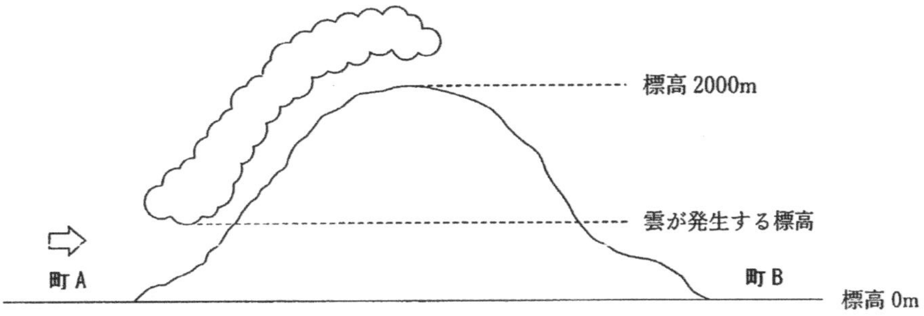

問 3　しゃ面をのぼる前の空気のかたまり 1 m^3 中にふくまれる水蒸気の量は何 g ですか。答えは、小数第 2 位を四捨五入して答えなさい。

問 4　問 3 の結果と表より、雲が発生する標高は何 m ですか。

問 5　山頂をこえた空気のかたまりが山のしゃ面をくだるときは、雲が発生しないため、標高が 100m 下がるごとに空気のかたまりの温度は 1 ℃上がります。町 B にふき下ろした空気のかたまりの温度は何℃ですか。

令和６年度

岡山白陵中学校入学試験問題

社　　会

受験番号	

注　意

１．時間は４０分で８０点満点です。

２．問題用紙と解答用紙の両方に受験番号を記入しなさい。

３．開始の合図があったら、まず問題が１ページから３０ページまで、順になっているかどうかを確かめなさい。

４．解答は解答用紙の決められたところに書きなさい。

５．字数制限のあるものについては、句読点も１字に数えます。

1 小学6年生のある教室で、日本の地理について調べ学習がおこなわれています。

I　ミズホさんの班は、日本の気候や地形について調べました。

問1　ミズホさんの班は、桜について調べました。次の図1は、気象庁が公表している桜の開花日の変化をもとにミズホさんの班が作成した日本地図です。図1をもとにミズホさんの班が話し合った内容を読んで、あとの問いに答えなさい。

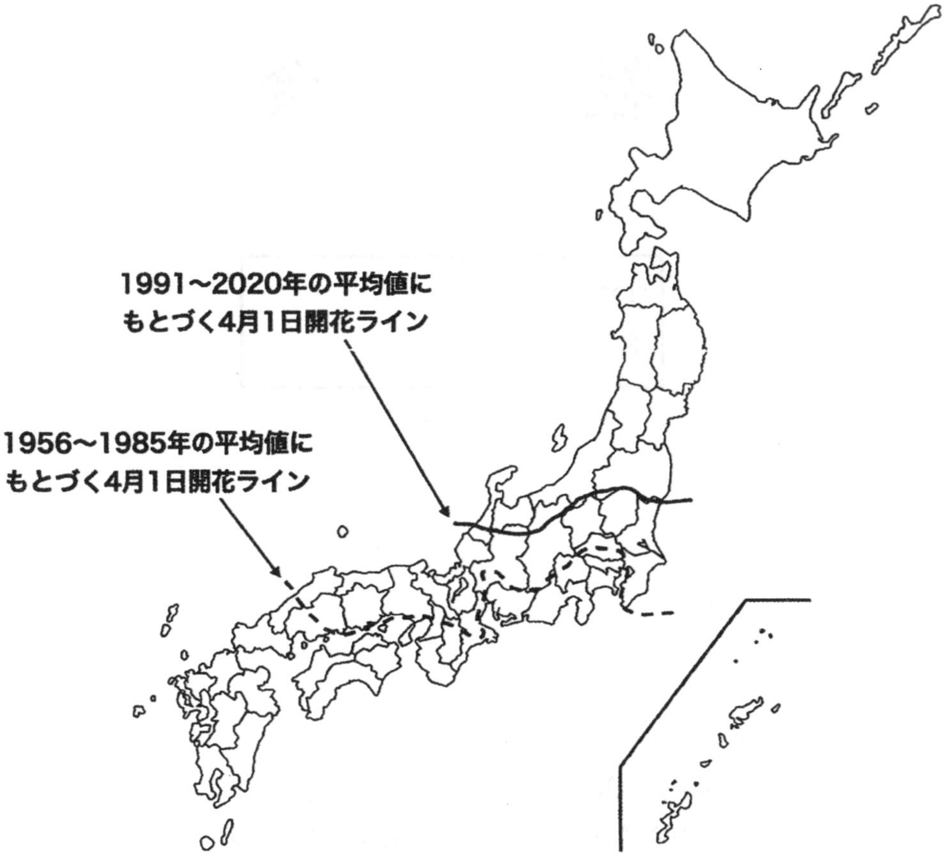

（「気象庁さくらの開花日の変化」に基づいて作成）

図1

2024(R6) 岡山白陵中
K 教英出版

【話し合った内容】

ミズホ：最近、桜がさき始めるのが早くなったと感じるよね。

ハヤテ：図1を見ても、4月1日の開花ラインが北へ移動していることがよくわかるね。

ノゾミ：それは、やっぱり［ A ］が原因のひとつになっているのかな。

ハヤテ：このまま桜の開花日が早くなれば、桜といえば入学式だったのに、それが卒業式になるんじゃないかな。慣れ親しんだ行事と季節のつながりが［ A ］によって大きく変わってしまうのは悲しいね。

ミズホ：［ A ］を食い止めるために、［ B ］など私たちができることから変えないといけないよね。

（1）空欄《くうらん》［ A ］に当てはまる語句を、**漢字5字**で答えなさい。

（2）空欄［ B ］に当てはまる文として最もふさわしいものを、次の（ア）～（エ）から1つ選び、記号で答えなさい。

（ア）皿や器についた汚《よご》れや使用済みの食用油を流しに直接捨てない
（イ）こまめに電気を消して節電したりリサイクルに協力したりする
（ウ）川辺を掃除《そうじ》したり育てた稚魚《ちぎょ》を川へ放流して魚を増やしたりする
（エ）移動する手段を徒歩や自転車から自動車に変える

問２　ミズホさんの班は、2009 年に気象庁が発表した桜の開花予想の資料をもとに、桜の開花予想の等《とう》期《き》日《じつ》線《せん》図《ず》※を図２の地図にまとめました。図２中の長野市は、ほぼ同じ緯度に位置する金沢市より開花予想日が遅くなっています。その理由を、地理的な位置と関連させて **30 字以内**で説明しなさい。

※等期日線図とは、桜の予想開花日の等しい地点を線でつないだもの。

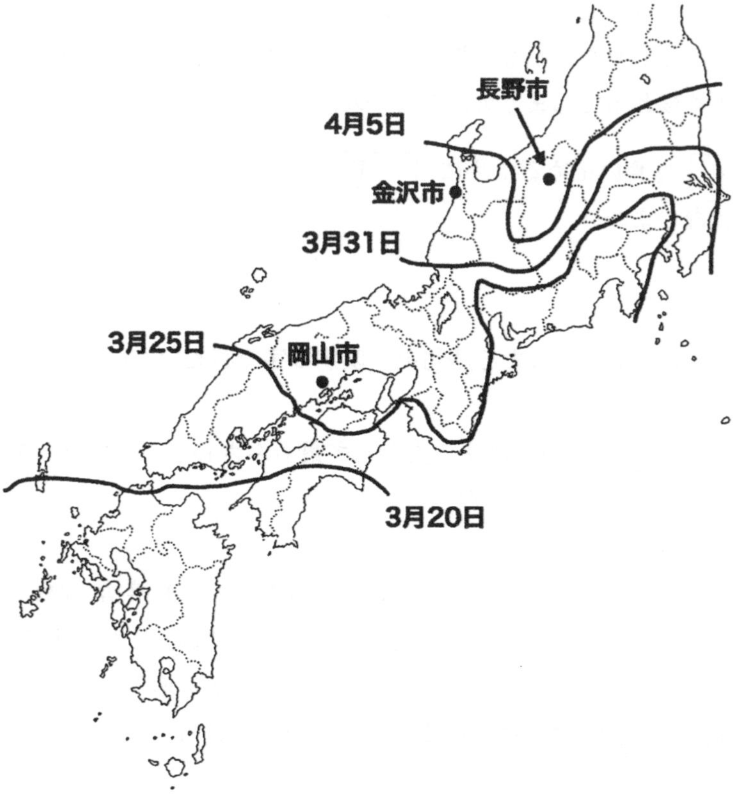

（気象庁「さくらの開花予想（第１回）報道発表資料　平成 21 年」を一部省略して作成）

図２

Ⅱ　ツバサさんの班は、日本の観光や産業について調べました。

問３　桜の名所と観光地について調べたツバサさんの班は、長野県、青森県、奈良県、ツバサさんが住む岡山県の観光レクリエーション施設《しせつ》の数について次の表にまとめました。表中のC～Eと県名との正しい組み合わせを、下の（ア）～（カ）から１つ選び、記号で答えなさい。

表

	キャンプ場	スキー場	海水浴場
長野県	149	67	－
C	41	4	9
D	42	9	23
E	14	－	－

単位は「施設」
表中の「－」は皆無《かいむ》あるいは定義上該当《がいとう》数値がないもの
統計年は2021年

（『データでみる県勢2023』より作成）

	（ア）	（イ）	（ウ）	（エ）	（オ）	（カ）
C	青森県	青森県	奈良県	奈良県	岡山県	岡山県
D	奈良県	岡山県	青森県	岡山県	奈良県	青森県
E	岡山県	奈良県	岡山県	青森県	青森県	奈良県

問４　自動車に関心をもったツバサさんの班は、日本の自動車会社の自動車の国内生産台数と輸出台数、海外生産台数の移り変わりを次の図３にまとめました。図３中のＦ～Ｈとそれぞれの台数の組み合わせとして正しいものを、下の(ア)～(カ)から１つ選び、記号で答えなさい。

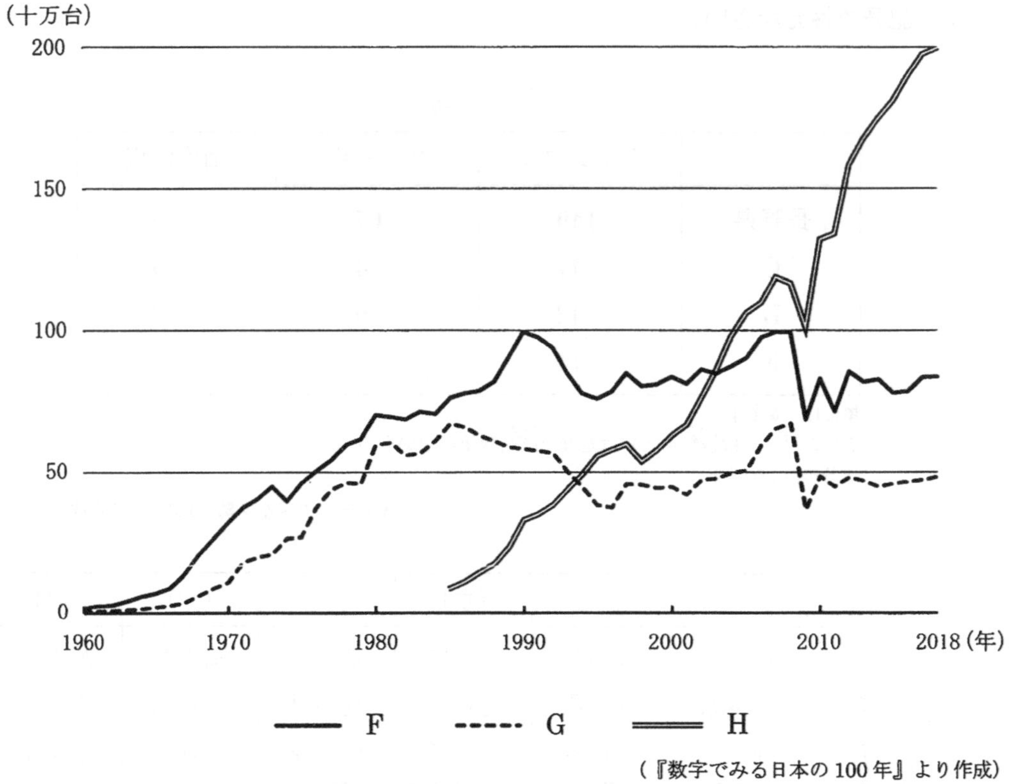

図３

	(ア)	(イ)	(ウ)	(エ)	(オ)	(カ)
国内生産台数	F	F	G	G	H	H
輸出台数	G	H	F	H	F	G
海外生産台数	H	G	H	F	G	F

《このページには問題はありません》

2　中国とその周辺を示した次の地図を見て、あとの問いに答えなさい。

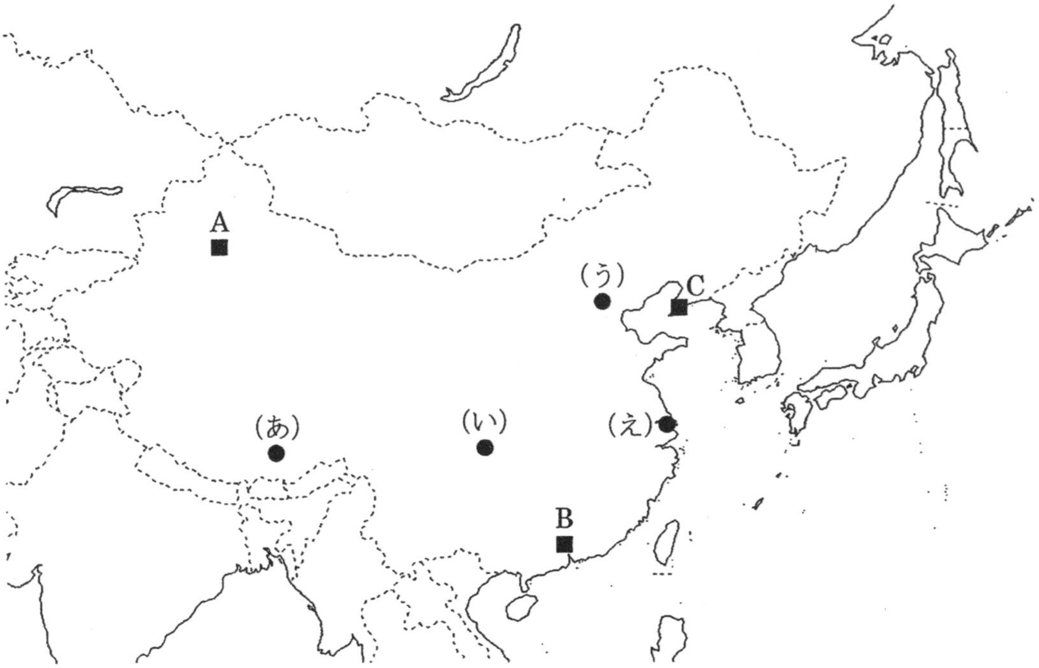

問１　中国の政治や経済の中心地で、2008年の夏と2022年の冬にオリンピックが開催《かいさい》された都市の位置を、地図中の（あ）～（え）から１つ選び、記号で答えなさい。また、その都市の名前を答えなさい。

問２　次の図１中の（ア）～（ウ）は、地図中のA～Cのいずれかの都市の気温と降水量を示しています。A～Cの都市に当てはまるものを、（ア）～（ウ）からそれぞれ１つずつ選び、記号で答えなさい。

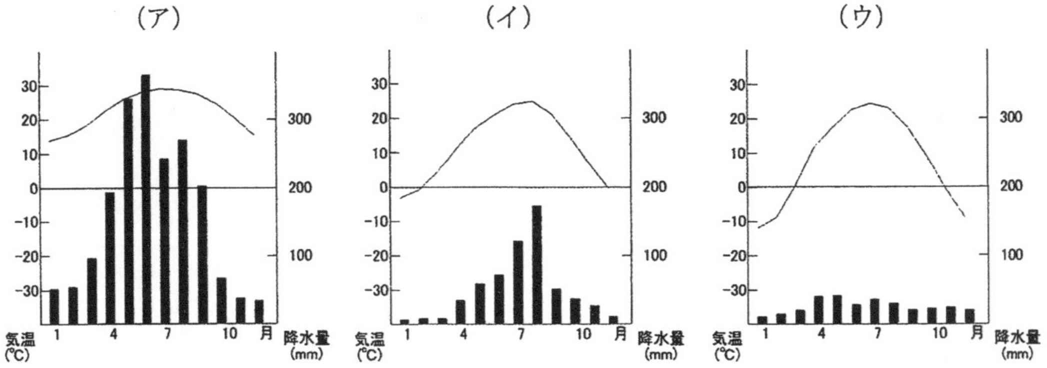

(気象庁ホームページより作成)

図１

問3　次の図2は、2018 年の中国の人口総数に対する男女年齢《ねんれい》別の人口構成を示したものです。図2を見て、中国の人口構成の特徴《とくちょう》について述べた下の文章中の空欄《くうらん》（　P　）に当てはまる語句を答え、空欄 [Q] を 20 **字程度**で補いなさい。

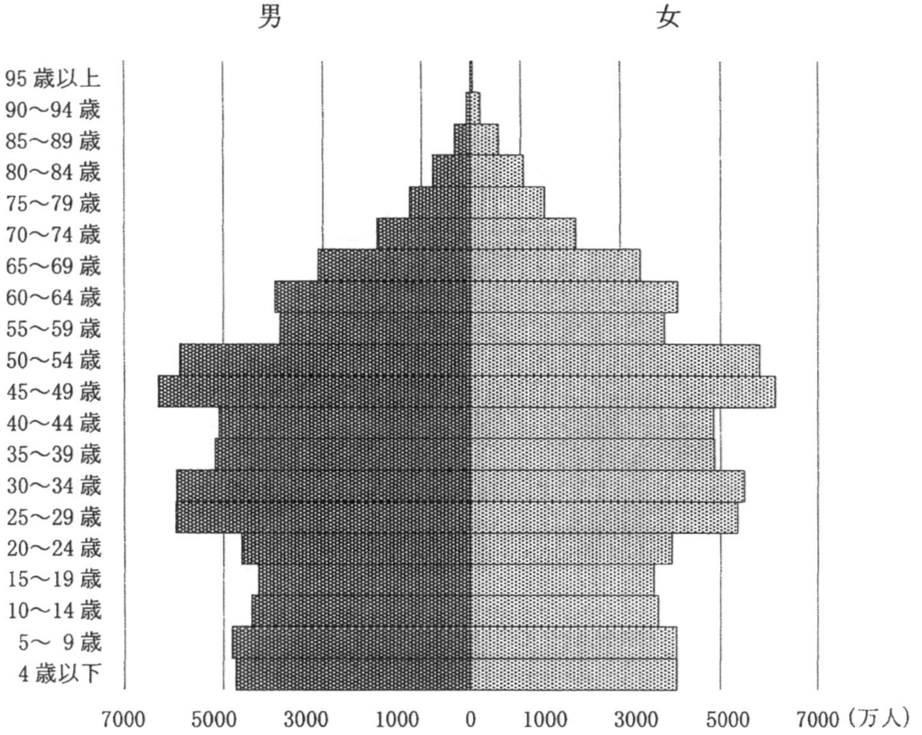

（国連資料より作成）

図2

中国の人口は現在、約 14 億人となっています。図2を見ると、男女ともに 40 代後半から 50 代前半の世代と比べて、30 代後半から 40 代前半の世代の人数が少なくなっています。これは、1970 年代半ばから中国政府により結婚《けっこん》や出産の時期を遅《おく》らせることがすすめられ、さらに 1979 年から 2015 年まで（　P　）政策が行われたことが影響《えいきょう》しています。

しかし、（　P　）政策が続いていた時代に生まれた世代でも、20 代後半から 30 代前半の世代の人口が多くなっています。その理由は、図2を見ると、[Q] ためであると考えられます。

問4　次の図3は、2020年における中国のコンピュータとカラーテレビの生産の上位5省《しょう》※を示したものです。下の文章は、図3中の広東《かんとん》省において、これらの工業製品の生産が盛《さか》んな理由について述べたものです。文章中の空欄（　R　）と（　S　）に当てはまる語句の組み合わせとして正しいものを、以下の（ア）～（エ）から1つ選び、記号で答えなさい。

※省には、自《じ》治《ち》区《く》や直《ちょっ》轄《かつ》市（省と同格の都市）を含む。

コンピュータの生産の上位5省　　カラーテレビの生産の上位5省

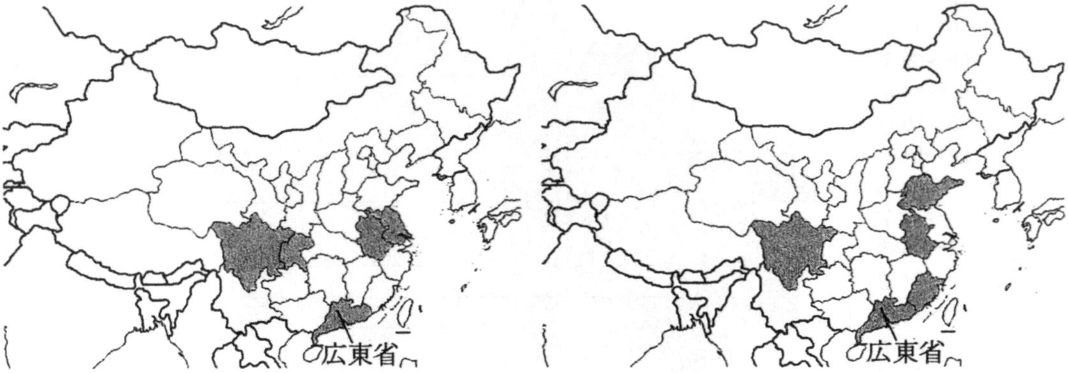

（『中国統計年鑑《ねんかん》2021』より作成）

図3

> 中国政府は、税金を（　R　）することで外国企業が進出することをうながす地域を、広東省などに設けました。その結果、外国企業が進出して、工業製品の生産が増加しました。
>
> さらに、図3を見ると、広東省は海に面していることが読み取れます。そのため、日本から（　S　）を輸入しやすいことも、工業化が進展する一因《いちいん》となったと考えられます。

	（ア）	（イ）	（ウ）	（エ）
R	安く	安く	高く	高く
S	レアメタルや石油などの資源	工業製品に使う高品質な部品	レアメタルや石油などの資源	工業製品に使う高品質な部品

問５　次の図４は、2013 年以降に日本を訪れた中国人観光客数の推移を示したものです。また、下の図５は、観光客数が急減する以前の 2017〜2019 年に日本を訪れた中国人観光客数の月別の変化を示したものです。これらの図に関して述べた以下の文 X・Y の正誤の組み合わせとして正しいものを、次ページの（ア）〜（エ）から１つ選び、記号で答えなさい。

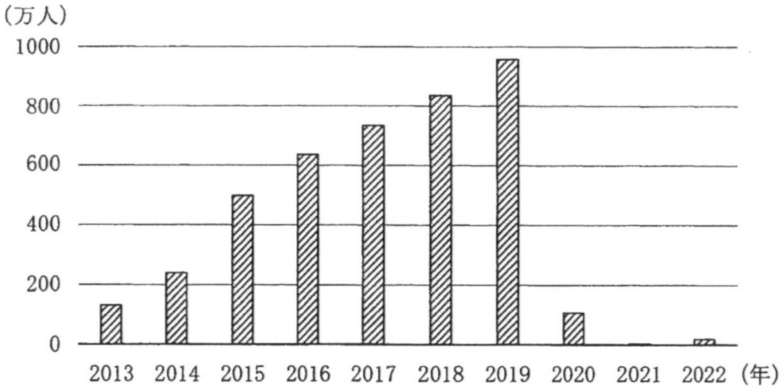

（「日本政府観光局（JNTO）」より作成）

図４

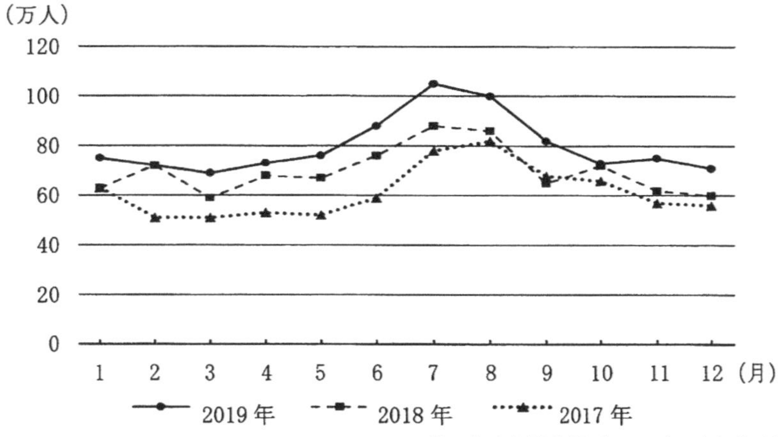

（「日本政府観光局（JNTO）」より作成）

図５

X　2020 年に日本を訪れた中国人観光客数が急減したのは、新型コロナウイルスの感染が世界的に拡大したことが一因であると考えられる。

Y　2017〜2019 年のいずれの年でも、中国で春節《しゅんせつ》に当たる時期に日本を訪れた観光客数が最多となっている。

	(ア)	(イ)	(ウ)	(エ)
X	正	正	誤	誤
Y	正	誤	正	誤

《このページには問題はありません》

3 アオイさんとヒカルさんは、歴史の授業で「征夷大将軍《せいいたいしょうぐん》」を切り口にして、鎌倉《かまくら》・室町《むろまち》・江戸《えど》のそれぞれの幕府《ばくふ》のあり方について話し合いをしています。次の会話文を読んで、あとの問いに答えなさい。

アオイ：もともと征夷大将軍とは、「蝦夷《えみし》」という朝廷《ちょうてい》に従わなかった東国の部族たちを「征討《せいとう》」するために、臨時で朝廷から任命された将軍のことを指していて、その起源は①平安時代以前にさかのぼることができるんだ。そういえば 2023 年は、江戸幕府の３代将軍徳川家光《とくがわいえみつ》が征夷大将軍に就任《しゅうにん》して、ちょうど（　1　）年という節目《ふしめ》の年だったんだよ。

ヒカル：へぇ、知らなかった。家光の祖父徳川家康《いえやす》が初代将軍となって江戸幕府を開いたけれど、幕府の仕組みが確立《かくりつ》してきたのは家光のころだったね。

アオイ：うん。家光は「生まれながらの将軍」として、②大名の統制《とうせい》を積極的におこなったよ。のちに③鎖国《さこく》と呼ばれる政策をおこなったのも家光のころだったなぁ。

ヒカル：たしか、（　2　）教信者の勢力が大きくなり、大名が幕府に従《したが》わなくなることを恐《おそ》れたからだよね。そういえば、室町幕府でも３代将軍の足利《あしかが》（　3　）のころに幕府を安定させようとしていたはず…。

アオイ：当時は世の中が混乱していて、強い権力をもった守護大名《しゅごだいみょう》が各地に存在していたから、幕府が圧倒的な力で全国をまとめるのが難しい状況だったよね。そのため足利（　3　）は、政治的にも経済的にも幕府政治の安定をはかったんだよ。

ヒカル：足利（　3　）は、当時の中国の王朝《おうちょう》である（　4　）と国交を開いて、貿易もしていたよね。

アオイ：そうそう。３代目の人物は、将軍という立場こそ決まっていたかもしれないけど、決して当時の幕府の政治が安定していたとは言えないな。

ヒカル：実際に、④鎌倉幕府では３代将軍の源実朝《みなもとのさねとも》で源氏《げんじ》の将軍は途絶《とだ》えたし…。

アオイ：うん。また、３代目となると、幕府ができたばかりのころとも世の中の状況は変わっていただろうから、その時代の流れや状況を考えつつ、対策をしっかりとらなきゃいけなかったんだろうね。江戸時代も、家光のころまでにいろいろな統制をはかったおかげで、明治《めいじ》時代がはじまるまで、約 260 年という長い間続いたのかもしれないよ。

問１　会話文の空欄《くうらん》（　１　）に当てはまる数字を次の（ア）～（エ）から１つ選び、記号で答えなさい。

（ア）200　　（イ）300　　（ウ）400　　（エ）500

問２　会話文の空欄（　２　）～（　４　）に当てはまる語句を答えなさい。ただし、空欄（　３　）・（　４　）は**漢字**で答えなさい。

問３　下線部①について、平安時代以前に関して述べた次の文（ア）～（ウ）を時代が古いものから順に並べかえ、記号で答えなさい。

（ア）鑑真《がんじん》が来日し、僧たちが学ぶ寺院として奈良に唐招提寺《とうしょうだいじ》を開いた。
（イ）小野妹子《おののいもこ》が遣隋使《けんずいし》として派遣《はけん》され、対等な国の交わりを結ぼうとした。
（ウ）邪馬台国《やまたいこく》の女王卑弥呼《ひみこ》は、中国の王朝に使いを送った。

問４　下線部②について、あとの問いに答えなさい。

（１）次の地図は江戸時代初期の幕府における大名配置に関するものです。下の説明文は、地図を参考にして、江戸幕府が大名配置においてどのような工夫をしたのか述べたものです。説明文中の空欄 [1] ～ [4] を補い、文章を完成させなさい。

ただし、A・B は、「親藩《しんぱん》・譜代《ふだい》大名」または「外様《とざま》大名」のいずれかを示しており、空欄 [1]・[3] には、A または B が入ります。また、地図中の境界線は、現在の都道府県の境界をあらわしています。

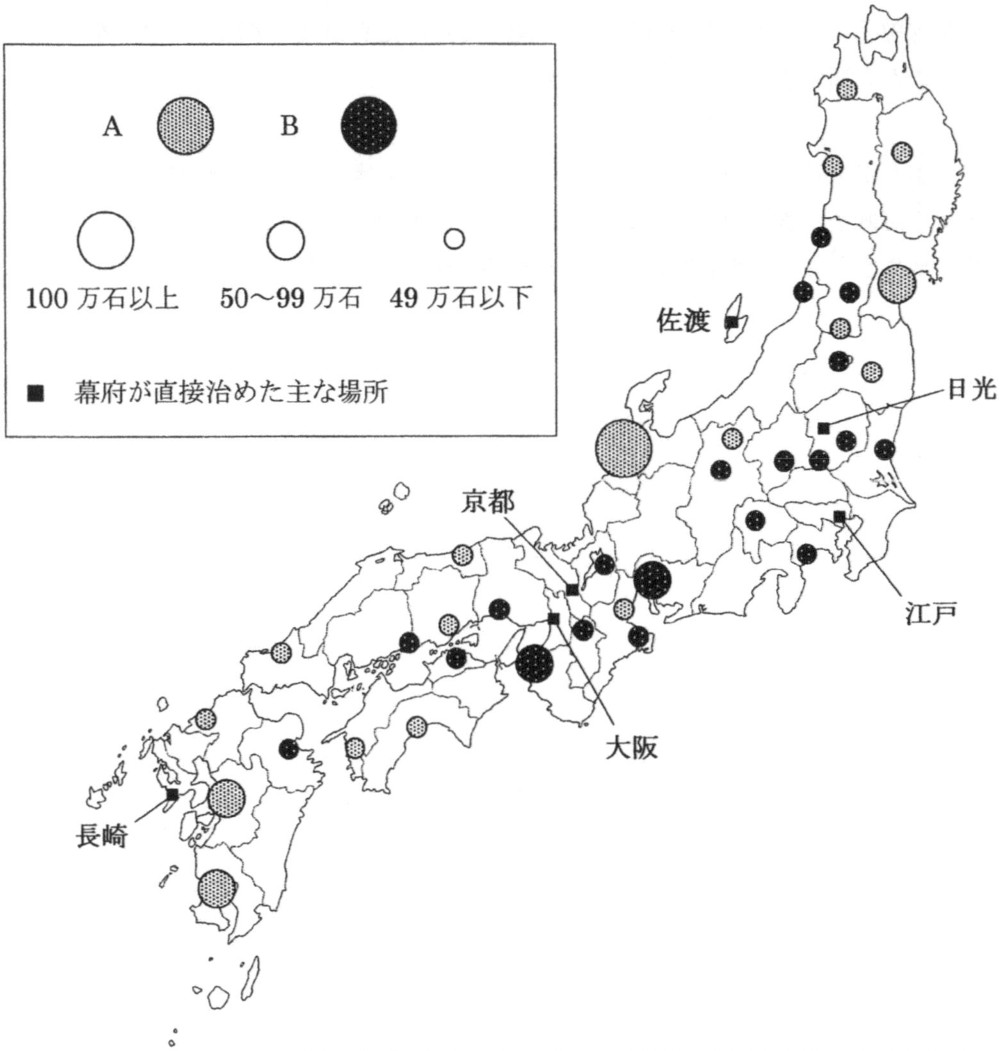

説明文

[1] が示す外様大名を [2] に配置し、[3] が示す親藩・譜代大名を [4] に配置することで、外様大名の幕府への反乱を防いだ。

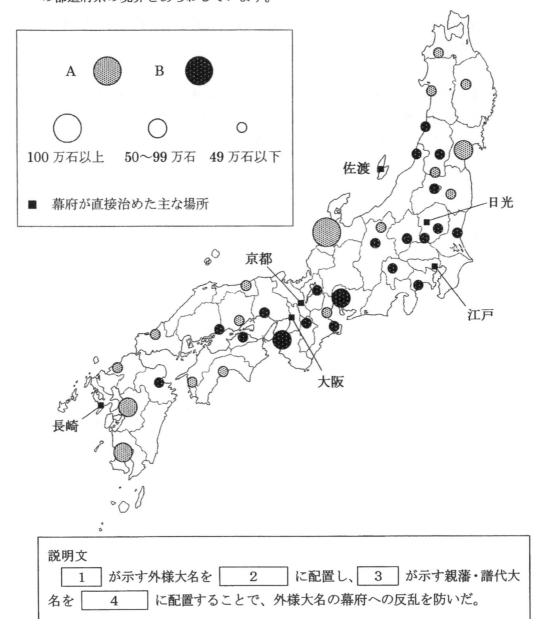

（2）次の史料 X～Z から江戸幕府における大名統制のきまりを１つ選び、記号で答えなさい。また、その名称を**漢字**で答えなさい。

史料 X

・人の和を第一にすること。
・仏教をあつく信仰《しんこう》すること。
・天皇の命令は、必ず守ること。

史料 Y

・諸国の百姓《ひゃくしょう》が、刀、やり、鉄砲《てっぽう》などの武器を持つことを禁止する。
・取り上げた刀は、新しく大仏《だいぶつ》をつくるためのくぎなどにする。
・百姓は、農具だけを持って耕作にせいを出せば、子孫まで末永く幸せである。

史料 Z

・学問や武芸を身につけ、常にこれにはげむこと。
・許可を得ずに結婚《けっこん》してはならない。
・城《しろ》を修理する場合は、とどけ出ること。

問５　下線部③について、次の資料は鎖国体制における那覇《なは》港の様子を示した図屏風《ずびょうぶ》の一部です。この資料に関して述べた文Ⅰ～Ⅳのうち正しいものの組み合わせを、下の（ア）～（エ）から１つ選び、記号で答えなさい。

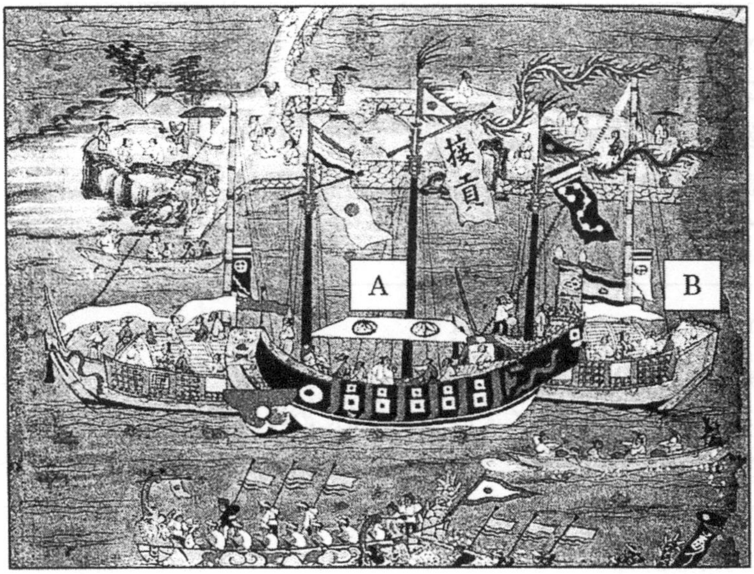

（出典：琉球交易港図屏風）

Ⅰ　資料中のＡは、中国に貢物《みつぎもの》を献上《けんじょう》していた船である。

Ⅱ　資料中のＡは、朝鮮に貢物を献上していた船である。

Ⅲ　資料中のＢは、当時琉球《りゅうきゅう》王国を武力で制圧していた対馬藩《つしまはん》の船である。

Ⅳ　資料中のＢは、当時琉球王国を武力で制圧していた薩摩《さつま》藩の船である。

（ア）	（イ）	（ウ）	（エ）
Ⅰ Ⅲ	Ⅰ Ⅳ	Ⅱ Ⅲ	Ⅱ Ⅳ

問６　下線部④について、鎌倉幕府に関して述べた文として正しいものを、次の（ア）～（エ）から１つ選び、記号で答えなさい。

（ア）仏教の力で社会不安をしずめようと、全国に国分寺《こくぶんじ》・国分尼寺《こくぶんにじ》を建てた。

（イ）観阿弥《かんあみ》・世阿弥《ぜあみ》父子を支援《しえん》し、能《のう》が完成されていった。

（ウ）二度にわたって攻めてきた元《げん》軍を、御家人《ごけにん》たちに退《しりぞ》けさせた。

（エ）伊能忠敬《いのうただたか》に全国各地の測量を命じて、正確な日本地図をつくらせた。

《このページには問題はありません》

4　ある教室で、明治時代についての授業がおこなわれています。次の会話文を読んで、あとの問いに答えなさい。

先　生：今日は、明治時代に日本にやってきたフランス人画家ジョルジュ・ビゴーの作品から、当時の日本について読み解いてみましょう。

みなと：ビゴーの作品は教科書にもよく取り上げられています。ただ、どのような人物かはよくわかりません。

先　生：ビゴーは日本の①<u>浮世絵</u>に大きな関心をもち、1882 年に 22 歳で陸軍士官学校の画学教師として来日します。その後、英仏の画報紙に日本で発生した事件の報道画を送る仕事を得て、1899 年に帰国するまで日本に関する様々なスケッチを残しました。帰国後も日本通の画家としてパリのマスコミで活躍《かつやく》したそうです。では、さっそく彼の作品を見ていきましょう。

図 1

みなと：図 1 は晩餐会《ばんさんかい》ですか？　外国人もいるように見えますが。

先　生：おそらくこの作品は、②<u>文明開化</u>の象徴《しょうちょう》として知られている鹿鳴館《ろくめいかん》で開かれた晩餐会を描いたものではないかといわれています。ビゴーは庶民の生活を追求することをテーマにしていましたが、かなりの数の上流階級の社交場もスケッチしています。どのような点が気になりますか？

ひまり：男性も③<u>女性</u>も和装の人だけでなく、洋装の人がいます。個人的には女性のドレス姿が気になります。

先　生：図 1 の注目すべき点は、図 1 中の A で、和装の日本人が洋装の日本人に握手を求めていることです。片手を差し出し、挨拶《あいさつ》として互いに握り合う「握手」という習慣は、実は、西洋人との交流の中で広まっていったものだと言われています。この絵は1898年に発表されたものです。④幕末の開国以降、西洋の風習が日本人の間にも少しずつ広まっていったことを示す資料として、非常に興味深いです。

みなと：なるほど。私たちが当たり前のものとして考えている風景は、自分たちが思っているほど当たり前ではなかったのですね。

ひまり：ところで、やはりビゴーといえば風刺画《ふうしが》というイメージが強いです。⑤当時の日本を取り巻く国際情勢を描いた風刺画は歴史の教科書にも数多くのっています。

先　生：ビゴーは当時の日本の国内政治のあり方も風刺していますよ。次の絵は何を風刺しているかわかりますか？

図2

ひまり：図2に描かれている人たちは、風邪《かぜ》で寝込んでいるのですか？　みんな、つらそうですね。

先　生：この作品は、⑥憲法制定にあたって [あ] を見習おうと熱中しすぎて、「外国熱」に苦しむ伊藤博文内閣を風刺しています。ビゴーは明治政府の過熱する西欧化政策には否定的な姿勢を示していたことがわかります。

みなと：図2のような風刺画は、取り締《し》まりの対象になることはなかったのでしょうか？自由民権運動期には、新聞や演説会の取り締まりが厳しくなったはずです。

先　生：ビゴーが取り締まりの対象になることはありませんでした。なぜでしょうか？

ひまり：うーん。ビゴーはフランス人ですよね。[い] からですか？

先　生：その通りです。この状況を打開することが明治政府の大きな外交課題だったのですが、それに対してビゴーは大きな危機感を持っていたそうです。

問１　下線部①について、浮世絵は 19 世紀後半にヨーロッパに紹介され、多くの画家に影響を与えました。浮世絵の影響を受けて、次の２つの絵画を描いたオランダ人画家の名前を答えなさい。

問２　下線部②について、この時期の説明として**誤っているもの**を次の（ア）～（エ）から１つ選び、記号で答えなさい。

（ア）全国水平社が設立された。
（イ）電報や郵便制度が整った。
（ウ）牛肉を食べる習慣が一般化した。
（エ）福沢諭吉《ふくざわゆきち》が『学問のすゝ《(す)》め』を著した。

問３　下線部③について、次のような呼びかけのもと、明治末期から女性の地位向上を目指す運動を行った人物の名前を下の（ア）～（エ）から１つ選び、記号で答えなさい。

もとは、女性は太陽だった。しかし今は、他の光によってかがやく、病人のような青白い顔色の月である。わたしたちは、かくされてしまったわたしたちの太陽を、取り戻さなければならない。

（ア）与謝野晶子《よさのあきこ》　（イ）津田梅子《つだうめこ》　（ウ）平塚《ひらつか》らいてう《(ちょう)》　（エ）樋口一葉《ひぐちいちよう》

問４　下線部④について、日米和親条約の結果、日本が開港した２つの港を**漢字**で答えなさい。

問5　下線部⑤について、以下の絵は 20 世紀初頭におこなわれたある戦争を風刺したものです。絵の登場人物はこの戦争に関係のある国家を表しています。風刺画を説明した文章の空欄 A と B に当てはまる国名を答えなさい。

> 葉巻《はまき》を口にくわえている A に対して日本は大声をあげて刀を突き付けている。イギリスはそれを後押ししているように見える。それを背後で見守っているのが B である。日本と A との戦争の講和条約であるポーツマス条約で両国を仲介したのも B であった。

問6　下線部⑥について、大日本帝国憲法の内容を説明した文として正しいものを次の（ア）～（エ）から1つ選び、記号で答えなさい。

（ア）20 歳以上の成人に選挙権が与えられた。
（イ）法律の範囲内で言論の自由が認められた。
（ウ）団体交渉権など労働者の権利が保障《ほしょう》された。
（エ）天皇は日本国の象徴とみなされた。

問7　文章中の空欄 あ に当てはまる国名を答えなさい。

問8　文章中の空欄 い を **10 字以上 20 字以内**で補いなさい。

5　小学6年生のミキさんは、「岡山の今と昔、これから」というテーマで自由研究に取り組んでいます。次に示した会話文は、2023年の夏休みに、ミキさんがおじいさんの家に遊びに行って、取り組んでいる自由研究について話をしている場面です。会話文を読んで、あとの問いに答えなさい。

ミ　　キ：5月には①G7の労働雇用《こよう》大臣会合が倉敷《くらしき》市で開かれたし、②国際的な組織の集まりを開催《かいさい》できる岡山ってすごいな、って思ったよ。夏休みの間に岡山のことについていろいろ調べて、自由研究として発表するんだ。

おじいさん：いい取り組みだね。それなら、おじいちゃんも協力しよう。

ミ　　キ：本当？じゃあ、まずは私が生まれるよりも前のことを教えてくれない？

おじいさん：うーん、それなら戦争のことかなあ。おじいちゃんが直接体験したのではないけど、ミキのひいおじいちゃんが前に話してくれた戦争の話をしようかな。

ミ　　キ：戦争の話は学校でも習ったよ。ひいおじいちゃんが経験したのはどんな話なの？

おじいさん：ひいおじいちゃんは、③第二次世界大戦のときに岡山大空襲《くうしゅう》にあっているんだよ。

ミ　　キ：ええっ、そうなんだ。日本各地への大空襲は戦争の終わりごろの話だよね？

おじいさん：うん。1945年6月29日の未明に、現在の岡山市北区と中区にあたる地域がアメリカ軍の爆撃《ばくげき》を受けて、1700名以上の人が亡くなったんだ。

ミ　　キ：そんなことがあったんだ…。戦争で日本各地が焼け野原になってしまったということを学校でも習ったけど、岡山も同じだったんだね。でも、今では高層ビルや大型の商業施設《しせつ》も数多く立ち並んでいるよ。戦後、岡山は復興したんだよね。

おじいさん：そうだね。おじいちゃんが生まれ育ったのはまさにその時期だった。日本中が元気にあふれていた時代だったなあ。復興と同時に、経済も大きく伸《の》びたんだよ。

ミ　　キ：知ってる。④高度経済成長って言うんだよね？

おじいさん：よく知ってるね。日本全国に高速道路網《もう》や鉄道網がつくられたんだよ。1972年には、山陽新幹線が新大阪から岡山まで通り、3 年後には新大阪から博多まで全通したんだ。でも…。

ミ　　キ：いいことばかりではなかったの？

おじいさん：そう。経済成長の裏で、⑤公害が発生したんだ。ミキは倉敷市の水島地域って知ってるかい？あの場所でたいへんな公害が発生したんだよ。

ミ　　キ：うーん。経済発展が光だとしたら、公害は影《かげ》といえるんだね。調べてみるよ。

おじいさん：少しは役に立ったかな？ミキが調べたこともおじいちゃんに教えてくれないかい？

ミ　　キ：うん、いいよ。長い目でみると、これから岡山ではだんだんと人口が減っていって、田舎では過疎化《かそか》が進むんだって。新聞を読んだり、インターネットで調べたりするうちに、⑥岡山県の市町村の財政状況《じょうきょう》や⑦岡山・広島の鉄道事情について興味をもって、いろいろと調べてみたよ。

おじいさん：ミキは勉強熱心だな。これからもがんばってね。

問１　下線部①について、G７を構成する日本以外の国として**誤っているもの**を、次の（ア）～（ク）から**２つ**選び、記号で答えなさい。

（ア）アメリカ　　（イ）カナダ　　（ウ）ロシア　　（エ）中国
（オ）イギリス　　（カ）フランス　　（キ）ドイツ　　（ク）イタリア

問２　下線部②について、国際的な活動を行う組織であるNGOの具体例に関して述べた文として**誤っているもの**を、次の（ア）～（エ）から１つ選び、記号で答えなさい。

（ア）戦争・紛争《ふんそう》の被害にあった人々の救援《きゅうえん》をはじめ、災害被災《ひさい》者の救援、医療《いりょう》・保健・社会福祉《ふくし》事業などの活動を世界各国で幅広《はばひろ》くおこなっている。
（イ）人権侵害《しんがい》のない世界を目指し、女性・子どもや難民・移民の権利を守る活動などをおこなっている。
（ウ）国際平和と人類の福祉の促進《そくしん》を目的に、世界遺産《いさん》の登録など世界各地における教育・科学・文化の発展を推進《すいしん》する活動をおこなっている。
（エ）人類が自然と調和して生きられる未来を築くため、野生動物の保護や森・海を守る活動などをおこなっている。

問３　下線部③について、第二次世界大戦に関して述べた文として正しいものを、次の（ア）～（エ）から１つ選び、記号で答えなさい。

（ア）日本はドイツ・フランスと同盟を結び、戦争に参加した。
（イ）ドイツがポーランドに侵攻《しんこう》して、戦争が始まった。
（ウ）イギリスが開発した原子爆弾《ばくだん》が広島と長崎《ながさき》に投下された。
（エ）戦争が終わったあとに国際連盟が発足した。

問４　下線部④について、日本の高度経済成長期の出来事や社会に関して述べた文として**誤っているもの**を、次の（ア）～（エ）から１つ選び、記号で答えなさい。

（ア）国民総生産（GNP）がアメリカに次いで世界第２位となった。
（イ）東京オリンピックや大阪万博が開催され、経済発展に影響《えいきょう》を与《あた》えた。
（ウ）テレビ・洗濯《せんたく》機・冷蔵庫・インターネットが、国民に広く普及《ふきゅう》した。
（エ）主要なエネルギーが石炭から石油に変わった。

問５　下線部⑤について、倉敷水島地域で起こった公害に関して述べた次の文章を読みなさい。そのうえで、この公害と同様の特徴《とくちょう》をもった公害a〜cと、同様の特徴をもつと判断できる主な理由X・Yとの正しい組み合わせを、下の（ア）〜（カ）から１つ選び、記号で答えなさい。

倉敷水島地域では、戦後にコンビナート建設が始まりました。日本で二番目の石油化学コンビナートとして、石油化学工場や製鉄所などがつくられました。（中略）1963年ごろには梅、スイカ、ゴマの実がつかなくなり、い草の先が茶色になって枯《か》れだしました。1964年には水島地域の市街地まで玉ねぎが腐《くさ》ったような悪臭《あくしゅう》がただよい、1965年ごろには住民に呼吸器の健康被《ひ》害《がい》がみられるようになりました。

（独立行政法人環境再生保全機構のホームページをもとに作成）

倉敷水島地域の公害と同様の特徴をもった公害

a　水俣《みなまた》病　　　b　イタイイタイ病　　　c　四日市ぜんそく

同様の特徴をもつと判断できる主な理由

X　コンビナートからの排水《はいすい》が水質汚濁《おだく》を引き起こしたと考えられるから。

Y　コンビナートからの排煙《はいえん》が大気汚染《おせん》を引き起こしたと考えられるから。

（ア）	（イ）	（ウ）	（エ）	（オ）	（カ）
a X	a Y	b X	b Y	c X	c Y

問６　下線部⑥について、ミキさんは岡山県の県庁所在地である岡山市と岡山白陵中学校がある赤磐《あかいわ》市の歳入《さいにゅう》を調べ、下のグラフ１・２にまとめました。グラフから読み取れることがらについて述べたあとの文**X**・**Y**の正誤の組み合わせとして正しいものを、次ページの（ア）～（エ）から１つ選び、記号で答えなさい。

グラフ１　令和３年度 岡山市の歳入

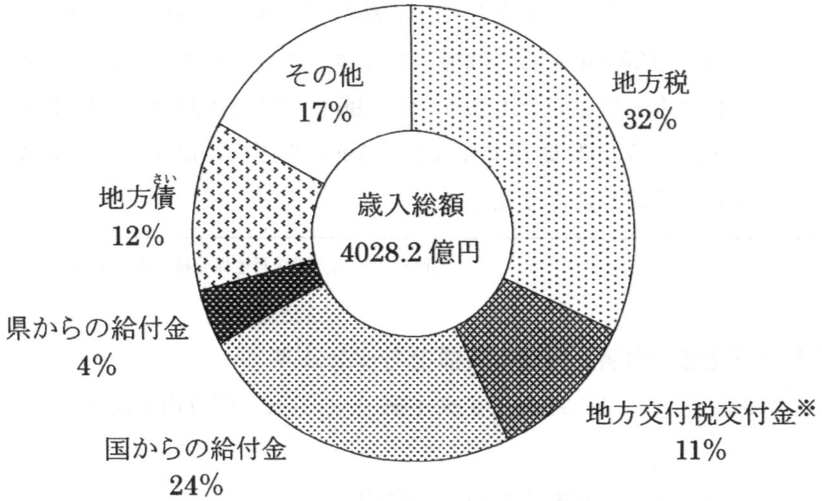

グラフ２　令和３年度 赤磐市の歳入

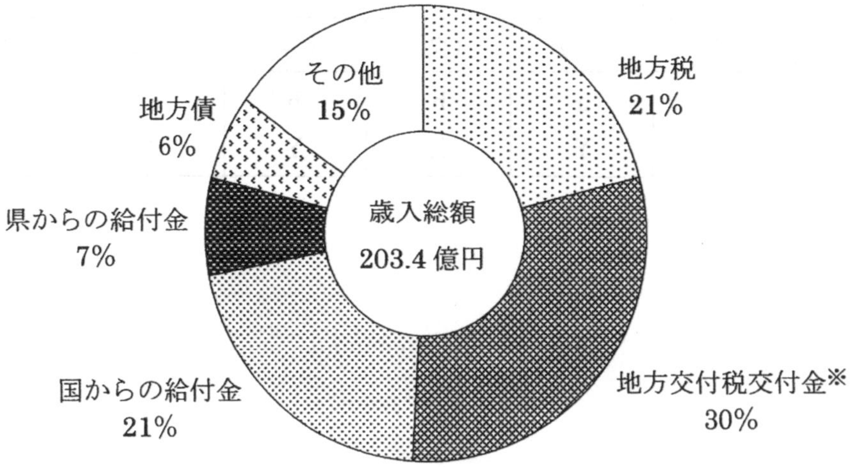

※地方交付税交付金…地方自治体の財政を調節するために国から交付される資金。

（岡山県庁の統計より作成）

X　地方税と地方交付税交付金の額は、どちらも岡山市が赤磐市の約6倍である。

Y　両市とも、国および県からの給付金と地方債に4割以上依存《いそん》している。

	（ア）	（イ）	（ウ）	（エ）
X	正	正	誤	誤
Y	正	誤	正	誤

問7　下線部⑦について、ミキさんは「輸送密度」という指標があることを知りました。これは、1日1km当たりの平均乗客数を示したもので、鉄道の路線・線区ごとの輸送効率をはかる指標として、鉄道会社の経営状況を知るうえでも重要なものとなっています。なお、JR西日本は、輸送密度が2000人未満の利用者が少ない路線・線区について、採算が取れていない路線としてそれぞれの収支を公表しており、また、岡山県や広島県においても、山あいの地域をはじめ輸送密度の小さい線区を数多く抱《かか》えています。ミキさんは自由研究の内容を深めるなかで、次の新聞記事をみつけ、その要点をまとめることにしました。

ローカル線存続　転機に

（前略）

鉄道利用者の激減はローカル線の危機をあぶりだし、一つの法律につながった。改正地域公共交通活性化・再生法（地域交通法）だ。ローカル線の存廃《そんはい》議論を政府が仲介《ちゅうかい》する「再構築協議会」の設置が可能となる。

　来月1日に施行《しこう》を控《ひか》え、JR西日本の長谷川一明社長が28日の記者会見で述べた。「芸備線《げいびせん》で、再構築協議会という新しくできた仕組みを活用させてもらいたい」

　岡山県と広島県の山あいを走る路線だ。人口減少と道路網発達で、利用者数は最も落《お》ち込《こ》みの激しい区間でJR発足時の1987年度に比べ97%減った。

JRとの存続を巡《めぐ》る協議に応じれば、いずれ廃線《はいせん》に持っていかれるのでは——。多くの自治体は話し合いのテーブルに着くことすらためらい続けてきた。法改正後は政府の仲立ちが入り、「ノー」とだけ言ってはいられなくなる。鉄路維持《いじ》なら負担の議論に、廃線ならバス転換《てんかん》に向けた議論などに向き合わざるを得なくなる。赤字ローカル線は、法施行で大きな転機を迎《むか》える。

最適な交通　地元と探る

９月のある日、午前６時41分、山深いJR芸備線備後落合《びんごおちあい》駅（広島県庄原《しょうばら》市）を、東城《とうじょう》駅方面に向かう１両編成の始発列車が走り出した。乗客はゼロ。東城駅までの５駅（25.8km）の間に、学生を含《ふく》む２人が乗ってきたのみだった。

この区間の1km当たりの１日平均利用者数「輸送密度」は13人。１日３本が往復するのみで、始発を逃《のが》せば、次は午後２時36分まで待たねばならない。「通学にはこの列車に乗るしかない。バスに替《か》わって本数が増えるなら、その方がいい」。乗車した女子高校生（16）は言う。

沿線には景勝地「帝釈峡《たいしゃくきょう》」があり、紅葉シーズンは観光客でにぎわう。ただ、地元の老舗和菓子《しにせわがし》店で働く女性（65）は「多くは車で訪れる。鉄道を残してもらわなければ困るとは言えない」と話す。

JR西と地元は、利用者が減るのをただ見ていたわけではない。プロ野球・広島カープのイメージカラーの赤や、Ｊリーグ・サンフレッチェ広島の紫色《むらさきいろ》に染めた地元チーム応援《おうえん》列車を走らせたり、タレントを駅に招いたイベントを開いたりするなど利用促進策に取り組んできた。ただ、イベント時に乗客が増えても、日常利用の底上げにはつながらない。JR西は今年２月から改正法の施行を見据《みす》え、沿線自治体に利用状況のデータを示すなど、協議入りに理解を求めてきたが、折り合えなかった。

（中略）

国交省が８月末に公布した改正法の運用指針では、JRに対し、仮に鉄道を廃線にしたとしても、その後もバス運行や観光面で協力を続けるよう求めている。策定段階で、JR側は費用負担の膨張《ぼうちょう》を警戒《けいかい》したが、国交省幹部は「どうすれば自治体が議論に乗れるのか、大局観を持つべきだ」と押《お》し切《き》った。

（中略）

地域にとって最適な交通手段が鉄道か否か、答えは一つではない。ただ、残すならコスト負担の議論は避《さ》けられない。改正法施行を機に、鉄道会社も自治体も、この重い課題に向き合う覚悟《かくご》が問われることになる。現場は動き出した。

『読売新聞』（2023年９月29日付）

ミキさんが記事の要点をまとめた文として**誤っているもの**を、次の（ア）～（エ）から１つ選び、記号で答えなさい。

（ア）沿線自治体と JR の間では、今回の法改正前から路線の存続についての議論が活発におこなわれていた。

（イ）今回の法改正によって、路線の存続についての鉄道会社と自治体の協議に、強制力をもった国が仲介役として関われるようになる。

（ウ）芸備線沿線の住民は通学などの場合を除いて、鉄道を積極的に利用しておらず、多くの観光客も沿線の観光地に自動車で訪れている。

（エ）沿線自治体と JR は、地元のプロスポーツチームや芸能人を活用するなど協力して芸備線の利用促進を呼びかけたが、効果は一時的だった。

令和六年度　岡山白陵中学校入学試験

国語解答用紙

受験番号

得点

※100点満点
（配点非公表）

一

問1

①

②

③

④

⑤

⑥

⑦

⑧

⑨（き）

⑩（えた）

問2

(1)

(2)

(3)

(4)

(5)

小計

二

問1

ⓐ

ⓑ

ⓒ

ⓓ

ⓔ

問2

問3

(1)

(2)

問4

問5

問6

(1)

(2)

(3)

小計

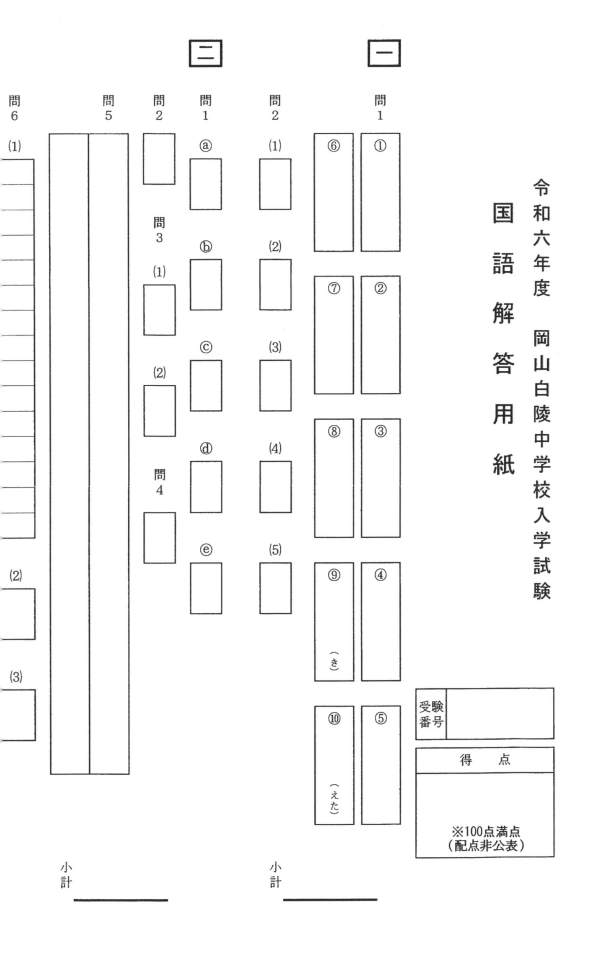

令和六年度 岡山白陵中学校入学試験

国語解答用紙

一

問1

二

問1

問2

問3

問4

問5

問6

問7

4

(1)	通り	(2)	通り

5

(1)	秒後
(2)	秒後
(3)	回
(4)	秒後

受験番号		得点	※100点満点（配点非公表）

3

問1		問2		問3	① 　　　秒	② 　　　秒	
問4		問5					

小計	

4

問1	%	問2	g	問3	g	問4	m
問5	℃						

小計	

受験番号		得点	※80点満点 （配点非公表）

問4	(1)	1		2					
		3		4					
	(2)	記号	史料	名称		問5		問6	

小計

4

問1		問2		問3		問4		
問5	A		B		問6		問7	

問8									

小計

5

問1			問2		問3	
問4		問5		問6		問7

小計

受験番号	

得点	※80点満点 （配点非公表）

令和６年度　岡山白陵中学校入学試験　　社会解答用紙

1

問1	(1)					(2)	

問2	

問3		問4	

小計	

2

問1	位置		名前		問2	A		B		C	

問3	P	
	Q	

問4		問5	

小計	

【解答

3

問1		問2	2		3		4	

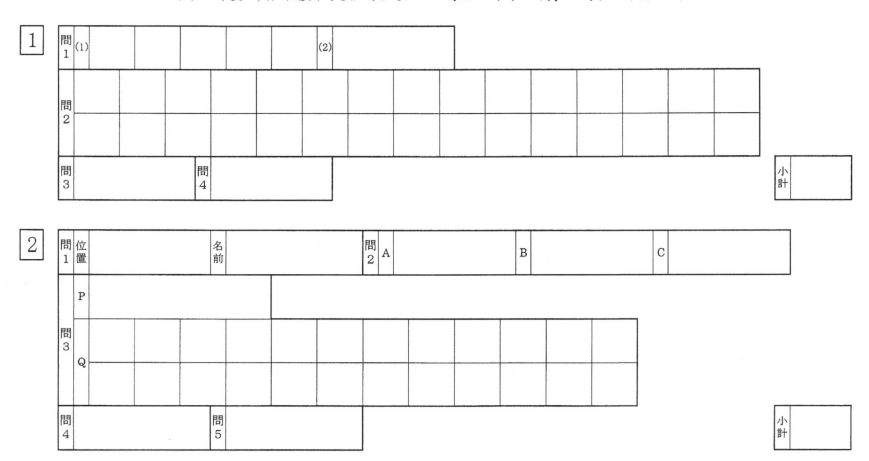

令和6年度　岡山白陵中学校入学試験　**理　科　解　答　用　紙**

1

問1	と	問2		問3	

問4	A		B		問5	→ → →

問6		問7		問8	
問10		問11			

問9																				

小計	

2

問1	2番目		4番目		問2	%	問3	
問4	実験2		実験3		問5	L	問6	g

小計	

【解答

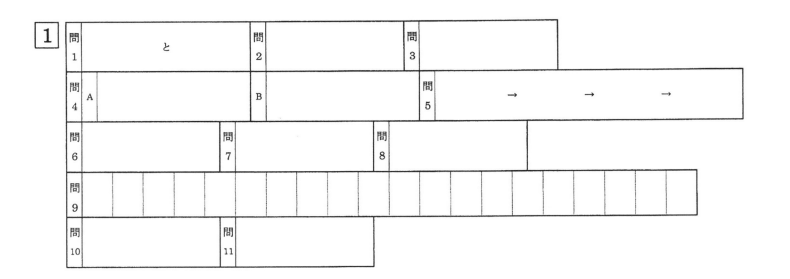

令 和 6 年 度　岡 山 白 陵 中 学 校 入 学 試 験

算 数 解 答 用 紙

1

(1)		(2)		(3)	円
(4)	毎分　　m	(5)	cm	(6)	cm^3

2

[Ⅰ]				
[Ⅱ]	(1)	cm^2	(2)	cm

3

(1)

秒後

(2)

秒後

三

問1

問2

(1)

A

B

C

(2)

(3)

問3

問4

問5

A

B

問6

という必要が生じる。

小計

令和五年度

岡山白陵中学校入学試験問題

国語

受験番号	

注意

一、時間は五〇分で一〇〇点満点です。

二、問題用紙と解答用紙の両方に受験番号を記入しなさい。

三、開始の合図があったら、まず問題が一ページから二三ページまで、順になっているかどうかを確かめなさい。

四、解答は解答用紙の決められたところに書きなさい。

五、字数制限のあるものについては、句読点も一字に数えます。

国語

岡山白陵中学校入学試験問題

令和五年度

受験番号	

2023(R5) 岡山白陵中
K 教英出版

一

次の各問いに答えなさい。

問1　次の①～⑩にある――線部のカタカナを漢字に直しなさい。

①　野菜をシュッカする農家にとって、異常気象は悩《なや》みの種だ。

②　若手がタイトウしてきたことが、組織全体の活性化につながった。

③　最近では、撮《と》った写真をゲンゾウする機会も少なくなった。

④　ウクライナ情勢は、非常にむずかしいキョクメンに差しかかった。

⑤　悲願の全国大会出場を果たすことができ、私はカンムリョウの思いだ。

⑥　イギリスで気温が四十度を超《こ》えたのは、シジョウハツのことだ。

⑦　コロンビアで豪雨《ごうう》による大規模な土石流が発生し、カオク等が破壊《はかい》された。

⑧　カイサツとは、元は駅員が切符《きっぷ》を確認して一部を鋏《はさみ》で切り取ることを指した。

⑨　海外で働く友人が久々に帰国したので、皆《みな》で集まる機会をモウけることにした。

⑩　久々の大会だったが、自分の練習の成果を思うゾンブン発揮することができた。

問2　次のⓐ〜ⓒの文章を読んで、そこから読み取れることとして正しいものを後のア〜エの中からそれぞれ一つ選び、記号で答えなさい。

ⓐ　今では世間一般《いっぱん》に「唐《から》揚《あ》げ」と表記されている料理は、新聞では十数年前まで「から揚げ」または「空《から》揚げ」の表記しか認められておらず、テレビでも「唐揚げ」という表記を見ることはそう多くなかった。

ア　現在、新聞で「空揚げ」という表記を見かけたとしても、それは誤りではない。

イ　十数年以上前には、「唐揚げ」という表記を世間で見かけることはなかった。

ウ　「から揚げ」という表記は、この十数年の間で広く世間一般に定着した。

エ　テレビの字幕では現在、「から揚げ」または「空揚げ」の表記を多く用いている。

ⓑ　秋に鳴く虫といえば、スズムシやマツムシが思い浮《う》かぶが、ある学者は江戸《えど》時代の文献《ぶんけん》に、「松むしは色が黒く、鈴《すず》むしは赤い」という内容の記述を見つけ、他の文献も調べた上で二者は今と当時では逆の呼び方であったと結論づけた。

ア　ある学者は、マツムシは黒い虫ではないので、江戸時代の文献には誤った記述があると考えた。

イ　ある学者は、江戸時代には虫の鳴き声に関係なく、どんな色かで呼び方を決めていたと考えた。

ウ　ある学者は、江戸時代に「松むし」と呼ばれていた虫は、現在のスズムシのことだと考えた。

エ　ある学者は、秋に鳴く虫の呼び方は、江戸時代と現在とでは基本的に異なっていると考えた。

ⓒ　私の伯母《おば》には娘《むすめ》が一人いて、共に料理店で働いており、私の母もそこで働いている。伯母には兄がおり、会社の経営者であったが、数年前に息子《むすこ》にその座を譲《ゆず》って、今は私の伯母の働く料理店で週末だけ働いている。

ア　私のおいは会社を経営している。
イ　私の伯母には娘と息子がいる。
ウ　私は私のいとこと共に仕事をしている。
エ　私の伯父《おじ》は彼《かれ》のめいと共に働いている。

問3　次のア〜エの中で、慣用句の使い方が正しいものを一つ選び、記号で答えなさい。

ア　小学生の息子は、明日が楽しみにしていた遠足なので浮《う》き足立っている。
イ　彼女《かのじょ》は本音を言わず愛《あい》想《そ》笑《わら》いばかりしているので、気の置けない人だ。
ウ　彼の手助けはやめておこう。「情けは人のためならず」と言うからね。
エ　彼女ほど実績ある人がまだ係長だなんて、本当に役不足もいいところだ。

このページに問題はありません。

二

次の文章を読んで、後の問いに答えなさい。

小学校二年生の「章也《しょうや》」の両親は、章也が生まれる直前に転居したが、前の家の場所がわかった章也は、姉の「翔子《しょうこ》」と「一緒《いっしょ》に」そこを訪《おとず》れてみることにした。以下は、そこから帰っている途中《とちゅう》の場面である。

「もっとそっと持たないと、タマネギ傷《いた》んじゃうでしょ」

「平気だよ、新鮮《しんせん》野菜なんだから」

「関係ないじゃん」

新タマネギが詰《つ》まったビニール袋《ぶくろ》を振《ふ》り回しながら、章也はバス停に向かって歩いていた。歩道のコンクリートの隙間《すきま》から雑草が顔を出し、風に葉を揺《ゆ》らしている。空気にはほんの少し湿《しめ》り気がある。

「あたし、落っこちて死んだんだね」

顔を上に向け、翔子が呟《つぶや》いた。

空は曇《くも》っているが、姉の顔はどこか晴れ晴れとしている。

章也は黙《だま》って頷《うなず》き、ぶんとビニール袋を一回転させた。

近所の人から聞いたのだけど前置きをして、(注1)瀬下《せした》は話してくれた。

姉は二階の、いまは瀬下が寝室《しんしつ》として使っているあの部屋のベランダから落ちたのだという。日曜日で、父も母も家にいたのだが、ちょっと目を離《はな》した隙《すき》に、自分で窓を開けてベランダに出てしまったらしい。

――窓の鍵《かぎ》を、きっと掛《か》け忘れていたんだね。

何をしようとしたのかはわからない。目的なんてべつになかったのかもしれない。一歳《いっさい》半の姉は、ベランダにあったゴミの袋からポリバケツによじ登り、柵《さく》の外へ身を乗り出した。ちょうどそのとき、母が階段を上がってきて部屋を覗《のぞ》いたのだが、

――あっと思ったときは……もう、遅《おそ》かったそうだ。

雨が降ったり止《や》んだりで、そのときアルミの柵は濡《ぬ》れていた。身体を支えていた両手を柵の上で滑《すべ》らせ、姉は母の目の前で落ちた。玄関《げんかん》の軒庇《のきびさし》で一度頭を打ち、そのままポーチに全身が叩《たた》きつけられた。すぐに救急車が呼ばれたが、意識は戻《もど》らず、翌日の夜、息を引き取った。

――その同じ家に赤《あか》ん坊《ぼう》を迎《むか》え入れるのが、どうしても怖《こわ》かったらしい。引っ越《こ》していくとき、お母さんが、そう話していたそうだよ。

ここに赤ん坊がいたら、また同じことが起きる。そんなふうに思ったのだろうか。章也が訊《たず》ねると、瀬下は曖昧《あいまい》に首を振った。

――きっと、そんなふうに、言葉にできるものじゃないんだよ。

リビングの椅子《いす》に座《すわ》った瀬下は、レースのカーテン越《ご》しに畑を眺《なが》めた。そうしてしばらく黙《だま》っていたが、やがて半分ほど振り返り、壁《かべ》を見つめて言った。

――生まれてくるきみのことを、それだけ大事に思っていたんだろうね。

すぐに頷くことはできなかった。瀬下の顔から目をそらしながら章也は、①いま暮らしている部屋がアパートの一階にあることについて、ぼんやりと考えた。そして、あれは幼稚園《ようちえん》の年少のときだったか、夏の雨降りの日に、母からひどく叱《しか》られたことを思い出した。

その日は降り込《こ》んだ雨でアパートの外廊下《ろうか》がびちょびちょに濡れていて、章也はそこをビーチサンダルで走っていた。急ブレーキをかけると、水のせいでサンダルがスケート靴《ぐつ》のように滑り、それが面白《おもしろ》かった。右へ左へ、章也は走り、止まり、つるつる滑って遊んだ。息を切らして何度もやっていたら、急にシャツの背中を強い力で摑《つか》まれた。

びっくりして振り返ると、見たこともないほど怖い顔をした母が立っていた。やめなさいと、ほとんど叫《さけ》ぶように、母は言った。叱られたことよりも、その声と顔が怖くて、章也は泣き出した。玄関に引っ張り込まれてからも、自分では泣きやむことができず、どうしていいのかもわからず、母の身体にしがみつくようにして、いつまでも泣いていた。母は章也の肩《かた》と頭に手を載《の》せ、額同士をくっつけたまま、お願いだから危ないことはしないでと、同じ言葉を何度も繰《く》り返した。

――そろそろ、帰ったほうがいい。

瀬下はビニール袋いっぱいに新タマネギを詰め、章也に持たせてくれた。

――雨が降ってくるからね。

「お母さんに何て言うの？　そのタマネギのこと」

ぶらぶらと隣《となり》を歩きながら、翔子が顎《あご》の先でビニール袋を示す。その仕草で前髪《まえがみ》が揺《ゆ》れ、白い額がちらっと見えた。②これまではなかった小さな傷痕《きずあと》が、そこにはあった。

「帰りながら考える」

「嘘《うそ》の話つくるの得意だもんね」

「得意だよ」

バス停までは、まだ距離《きょり》があった。タマネギの言い訳をあれこれ考えていたら、翔子が前を向いたまま変なことを訊《き》いてきた。

「章也……ほんとは今日、何しに行ったの？」

「だから、③子供部屋の数をたしかめようと思ったんだよ。このまえデパート行った帰りに、家の場所がわかったから」

「それはそうなんだろうけどさ、あんたにしては思いきったことやったじゃん」
翔子はそこで言葉を切った。答えを待っているようだったが、章也が何も言わずに黙っていると、珍《めずら》しく優《やさ》しい声でつづけた。
（注2）「明日のことが、関係ある？」
迷ったが、章也は頷いた。
「なんか、怖かった」
訊ね返すように、姉は小首をかしげる。
「行くのが怖かった」
また、みんな姉の話ばかりするのだろう。自分は座布団《ざぶとん》の上で④透明《とうめい》になってしまうのだろう。そのことに、もう耐《た》えられないのではないか。そんな気がしたのだ。だから今日、少ない小遣《こづか》いでバスに乗り、（注3）子供部屋の数を確認しに行った。その数が一つでも二つでもよかった。どちらにしても、それを確認することさえできれば、自分はもう透明にならないでいられる。そんなふうに思った。
「でも、わかんない。はっきりそう思ったわけじゃないんだ。よくわかんない」
「自分のことなのに？」
「うん、わかんない」
バス停に着くと、誰《だれ》も座っていないベンチに並んで腰《こし》かけ、バスを待った。空では雲が厚くなり、歩道に映る標識の影《かげ》がほとんど見えない。
「……この風かな」
A 風が通りすぎたとき、章也は訊いた。
「さあ、どうなんだろ」

「いまのじゃないのかな」

「わかんないよ」

少女風という名前を、瀬下は別《わか》れ際《ぎわ》に教えてくれた。雨がやってくるとき、降る前にそっと教えてくれる風を、そう呼ぶらしい。

「わかんなきゃ、意味ないね」

章也が笑うと、姉も笑った。その肩口《かたぐち》にぽつんとバスが見えた。来たよ、と章也が言う前に、ねえ、と姉が口をひらいた。

「⑤あたしも、乗っていい？」

ほんの少し頬笑《ほほえ》みながら、姉は章也の顔を見つめていた。章也は何か言葉を返そうとしたが、急に涙《なみだ》がこみ上げ、[B]歯を食いしばり、涙をのどの奥《おく》に押《お》し戻《もど》してから、やっと答えた。

「知らないよ、そんなの」

ぽつ、と最初のしずくが手の甲《こう》にぶつかった。雨は本当に降ってきた。アスファルトの苦いにおいがあたりにたちこめ、空に顔を向けると、透明な雨滴《あましだり》が顔のすぐ脇《わき》をかすめていった。二つ、三つ、四つ、やわらかいしずくが膝《ひざ》と頬《ほお》につづけざまに落ちてくる。

「章也。雨が降るときの風、いつかわかるようになるといいね」

「傘《かさ》、持ってくかどうか迷わないですむもんね」

雲の手前を、(注4)水切りの石みたいな動きで鳥が飛んでいく。グジュグジュピー、グジュピーと高い鳴き声が遠ざかっていく。

「明日……平気そう？」

章也は少し考えてから頷いた。

「たぶんね」
「これからは？」
章也は答えなかった。大きめの雨粒《あまつぶ》が、右目の内側のへりに落ちて、[C]鼻の脇を伝った。くすぐったいので手の甲で拭《ぬぐ》おうとしたが、思い直して中指ではじき飛ばした。ぱっと細かい水滴《すいてき》が散って消え、遠くからバスのエンジン音が聞こえてきた。
「章也」
「うん」
「なんか、嘘(注5)の話してよ」
「いいよ」
エンジン音はだんだんと近づいてくる。
「あのね、ある畑にアスパラガスがたくさん生えててね、畑をやってるおじいさんが、それをとって食べようと思ったんだ。ぜんぶ鋏《はさみ》でとって食べたつもりだったんだけど、一つだけ忘れられてるやつがあってね。でもそれはずっと大きくならないアスパラガスでね――」
姉からわざと顔をそむけ、だんだんと大きくなってくるバスの音を耳の後ろに聞きながら喋《しゃべ》った。もし話が途切《とぎ》れ、そのときに、⑥先をせかす姉の声がしなかったらと思うと、どうしてもやめることができなかった。鼻の奥《おく》がちりちりと痛くなってくるのを感じながら、でたらめに話をつづけた。バスはもうすぐそこまで迫《せま》っていた。

（道尾《みちお》秀介《しゅうすけ》『やさしい風の道』による）

（注1）瀬下――章也の両親が住んでいた家に現在住んでいる男性。タマネギやアスパラガスを作ってくらしている。
（注2）明日のこと――明日は「十回目の翔子の法要の日」である。法要とは、死者を弔《とむら》うための行事。
（注3）子供部屋の数を確認しに行った――子供部屋は結局一つであった。
（注4）水切り――水面をはずんで飛ぶように石を投げる遊び。
（注5）嘘の話――章也はふだんから翔子にでたらめな話をよくしている。

問1　[A]～[C]にあてはまる言葉として最も適当なものを次のア～エの中からそれぞれ選び、記号で答えなさい。

ア　ぐっと　　イ　つっと　　ウ　はっと　　エ　ふっと

問2　――線部①「いま暮らしている部屋がアパートの一階にあることについて、ぼんやりと考えた」とありますが、どのようなことを考えたのですか。わかりやすく説明しなさい。

問3 ――線部②「これまではなかった小さな傷痕が、そこにはあった」とありますが、この部分が表していることとして最も適当なものを次のア～オの中から選び、記号で答えなさい。

ア 章也は、傷痕があることに気づかないほど、実は姉に対して無関心だったこと。
イ 翔子が気にして隠《かく》していた傷があらわになるほど、そのときの風が強くふいたこと。
ウ 章也が翔子についての新たな知識を得たために、姉の顔についてのイメージが変化していること。
エ 翔子は、真実を知ったことで、顔の傷痕とたとえられるほどの大きな精神的なショックを受けていること。
オ 章也は、タマネギの袋を振り回して翔子に傷を負わせたことに気づかないほど、心がたかぶっていること。

問4 ――線部③「子供部屋の数をたしかめようと思ったんだよ」とありますが、章也はたしかめることで、どういうことがわかるかもしれないと考えていましたか。最も適当なものを次のア～オの中から選び、記号で答えなさい。

ア 子供部屋が一つなら、両親は自分を姉と相部屋にする気であった。
イ 子供部屋が一つなら、両親には二番目の子を作る気がなかった。
ウ 子供部屋が一つなら、両親は章也に部屋を用意する気がなかった。
エ 子供部屋が二つなら、両親には結構な規模の家を持てる収入があった。
オ 子供部屋が二つなら、両親は今の家に転居せずにすんだ。

問5 ——線部④「透明になってしまう」とありますが、これはどのような気持ちになることをたとえているのですか。わかりやすく説明しなさい。

問6 「瀬下」は、この作品においてどのような役割を持っていますか。最も適当なものを次のア～オの中から選び、記号で答えなさい。

ア 章也たちをあたたかく迎《むか》えてくれただけでなく、帰りの時間を心配してくれるなど、親代わりとして今後の人生で心のよりどころとなる存在。

イ 章也が親に大事にされていたことを気づかせることで、章也のわだかまりが少し消え、次の段階に進ませるきっかけになる存在。

ウ 章也は大事に思われていないなど、章也のひとり合点《がてん》であることを知らせることで、成長途中の章也に、乗りこえるべき大人としてえがかれている存在。

エ 親戚《しんせき》たちには良い感情を持っておらず、社会に背を向けている章也に、全部の大人が捨てたものなのではないと目を開かせる存在。

オ ずっと知りえなかった姉についての秘密を章也に知らせる人物として重苦しくえがかれ、章也の将来にわたって暗くのしかかる存在。

問7 ――線部⑤「あたしも、乗っていい？」とありますが、姉のこの発言はストーリーの展開上どういうことを意味していますか。最も適当なものを次のア～オの中から選び、記号で答えなさい。

ア 翔子がいちいち許可を仰《あお》がねばならないほど、章也が姉に対して優位な立場に立っていること。

イ 翔子がバス代を気にせねばならぬほど、章也がお金を使っているかもしれないこと。

ウ 章也は姉と帰りたくないのかもしれないと、無言のうちに察した翔子の勘《かん》の良さ。

エ 章也がひどくショックを受けているのに気づき、一人にしてあげようという翔子の思いやり。

オ 章也は、想像してまで翔子と一緒にいることを必要としない方向へ歩み出そうとしていること。

問8 ――線部⑥「先をせかす姉の声がしなかったらと思うと、どうしてもやめることができなかった」とありますが、このときの章也を説明したものとして最も適当なものを次のア～オの中から選び、記号で答えなさい。

ア 翔子がバスに乗らないことは理解したものの、一人でバスに乗るのが不安なので、せめてバスが来るまでは翔子がここにいてほしくて必死なようす。

イ 翔子が話の続きを聞きたがらないくらいに今回の話の出来が悪いことに気づきながらも、なんとか翔子の関心をつなぎとめようとして話を続けているようす。

ウ 「ずっと大きくならないアスパラガス」が翔子のたとえであることに翔子が気づいて黙《だま》り込《こ》んでしまわぬよう、考える余裕《よゆう》を与《あた》えまいとするようす。

エ 話している間に翔子がいなくなっていることを予想しながらも、このまま一緒にいたいという気持ちも混じる微妙《びみょう》なようす。

オ もう会えなくなるかもしれない翔子へのはなむけとして、翔子が楽しみにしていた嘘の話を精一杯《せいいっぱい》に続けようとしているようす。

問9　本文中に出てくる「少女風」について考えられることとして、**適当でないもの**を次のア～オの中から一つ選び、記号で答えなさい。

ア　「少女風」という風の名前は、姉の存在との関連を感じさせる。

イ　章也のまわりから姉がいなくなろうとも、「少女風」に気づきさえすればその風は章也の助けになる。

ウ　ある程度の知識や経験を積まなければ「少女風」には気づくことはできない。

エ　「少女風」を知らなかったがゆえに傘を持ってこなかったことを、章也は後悔《こうかい》している。

オ　「少女風」を知らずに章也は雨に降られたが、雨粒をはじき飛ばしたことは今後の成長を暗示している。

三　次の文章を読んで、後の問いに答えなさい。

昨今、「正しさは人それぞれ」とか「みんなちがってみんないい」といった言葉や、「現代社会では価値観が多様化している」「価値観が違《ちが》う人とは結局のところわかりあえない」といった言葉が流布《るふ》しています。このような、「人や文化によって価値観が異なり、それぞれの価値観には優劣《ゆうれつ》がつけられない」という考え方を相対主義といいます。「正しさは人それぞれ」ならまだしも、「絶対正しいことなんてない」とか、「何が正しいかなんて誰《だれ》にも決められない」といったことさえ主張する人もけっこういます。

こうしたことを主張する人たちは、おそらく多様な他者や他文化を尊重しようと思っているのでしょう。そういう善意はよいものではありますが、①はたして「正しさは人それぞれ」や「みんなちがってみんないい」という主張は、本当に多様な他者を尊重することにつながるのでしょうか。そもそも、「正しさ」を各人が勝手に決めてよいものなのか。それに、人間は本当にそれほど違っているのかも疑問です。

たしかに、価値観の異なる人と接触《せっしょく》することがなかったり、異なっていても両立できるような価値観の場合には、「正しさは人それぞれ」と言っていても大きな問題は生じません。たとえば、訪ねることも難しい国の人たちがどのような価値観によって生活していても、自分には関係がありません。またたとえば、野球が好きな人とサッカーが好きな人は、スポーツのネタでは話が合わないかもしれませんが、好きなスポーツの話さえしなければ仲良くできるでしょう。サッカーが好きなのは間違っていて、すべての人は野球が好きでなければならない、なんていうことはありません。

こうした場面では、「人それぞれ」「みんなちがってみんないい」でよいでしょう。[A]、世の中には、両立しない意見の中から、どうにかして一つに決めなければならない場合があります。たとえば、「日本の経済発展のためには原子力発電所が必要だ」という意見と、「事故が起こった場合の被害《ひがい》が大きすぎるので、原子力発電所は廃止《はいし》すべきだ」という意見とは、両立しません。どちらの意見にももっともな点があるかもしれませんが、日本全体の方針を決めるときには、どちらか一つを選ばなければなりません。原子力発電所を維持《いじ》するのであれば、廃止した場合のメリットは捨てなければなりません。②逆もまたしかり。「みんなちがってみんないい」というわけにはいかないのです。

そんなときには、どうすればよいでしょうか。「価値観が違う人とはわかりあえない」のであれば、どうすればよいのでしょうか。

そうした場合、現実の世界では権力を持つ人の考えが通ってしまいます。本来、政治とは、意見や利害が対立したときに妥協点《だきょうてん》や合意点を見つけだすためのはたらきなのですが、最近は、日本でもアメリカでもその他の国々でも、権力者が力任せに自分の考えを実行に移すことが増えています。批判に対してきちんと正面から答えず、単に自分の考えを何度も繰《く》り返《かえ》したり、論点をずらしてはぐらかしたり、権力を振《ふ》りかざして脅《おど》したりします。

そうした態度を批判するつもりで「正しさは人それぞれだ」とか「みんなちがってみんないい」などと主張したら、権力者は大喜びでしょう。[B]、もしもさまざまな意見が「みんなちがってみんないい」のであれば、つまりさまざまな意見の正しさに差がないとするなら、選択《せんたく》は力任せに行うしかないからです。「絶対正しいことなんてない」とか「何が正しいかなんて誰《だれ》にも決められない」というのであればなおさらです。決定は正しさにもとづいてではなく、人それぞれの主観的な信念にもとづいて行うしかない。それに納得できない人とは話し合っても無駄《むだ》だから権力で強制するしかない。こういうことになってしまいます。

[C]、「正しさは人それぞれ」や「みんなちがってみんないい」といった主張は、多様性を尊重するどころか、異なる見解を、権力者の主観によって力任せに切り捨てることを正当化することにつながってしまうのです。これでは結局、「力こそが正義」という、困った世の中になってしまいます。それは、権力など持たない大多数の人々（おそらく、この本を読んでくれているみなさんの大部分）の意見が無視される社会です。

では、どうしたらよいのでしょうか。

よくある答えは、「科学的に判断するべきだ」ということです。科学は、「客観的に正しい答え」を教えてくれると多くの人は考えています。このように、さまざまな問題について「客観的で正しい答えがある」という考え方を、普遍《ふへん》主義といいます。探偵《たんてい》マンガの主人公風に言えば、「真実は一つ！」という考え方だといってもよいかもしれません。先ほどの相対主義と反対の意味の言葉です。「価値観が多様化している」と主張する人たちでも、科学については普遍主義的な考えを持っている人が多いでしょう。「科学は人それぞれ」などという言葉はほとんど聞くことがありません。

　そして実際、日本を含《ふく》めてほとんどの国の政府は、政策を決めるにあたって科学者の意見を聞くための機関や制度を持っています。日本であれば、各省庁の審議会《しんぎかい》（専門家の委員会）や日本学術会議などです。「日本の経済発展のために原子力発電所は必要なのか」「どれぐらいの確率で事故が起こるのか、事故が起こったらどれぐらいの被害《ひがい》が出るのか」といった問題について、科学者たちは「客観的で正しい答え」を教えてくれそうに思えます。

　ところが、実は科学は一枚□ではないのです。科学者の中にも、さまざまな立場や説を取っている人がいます。そうした多数の科学者が論争する中で、「より正しそうな答え」を決めていくのが科学なのです。それゆえ、「科学者であればほぼ全員が賛成している答え」ができあがるには時間がかかります。みなさんが中学や高校で習うニュートン物理学は、いまから三〇〇年以上も昔の一七世紀末に提唱されたものです。アインシュタインの相対性理論や量子力学は「現代物理学」と言われますが、提唱されたのは一〇〇年前（二〇世紀初頭）です。現在の物理学では、相対性理論と量子力学を統一する理論が探求されていますが、それについては合意がなされていません。合意がなされていないからこそ、研究が進められているのです。

　最先端の研究をしている科学者は、それぞれ自分が正しいと考える仮説を正当化するために、実験をしたり計算をしたりしています。つまり、科学者に「客観的で正しい答え」を聞いても、何十年も前に合意が形成されて研究が終了《しゅうりょう》したことについては教えてくれますが、まさしく今現在問題になっていることについては、「自分が正しいと考える答え」しか教えてくれないのです。ある意味では、「科学は人それぞれ」なのです。

　そこで、たくさんの科学者の中から、自分の意見と一致《いっち》する立場をとっている科学者だけを集めることが可能になります。東日本大震災《だいしんさい》で福島第一原発が爆発《ばくはつ》事故を起こす前までは、日本政府は「原子力推進派」の学者の意見ばかりを聞いていました（最近また、そういう時代に逆戻《ぎゃくもど》りしつつあるような気がしますが）。アメリカでも、トランプ大統領（在任二〇一七～二〇二一）は地球温暖化に懐疑的《かいぎてき》な学者ばかりを集めて「地球温暖化はウソだ」と主張し、経済活動を優先するために二酸化炭素の排出《はいしゅつ》の規制を緩和《かんわ》しました。

　権力を持つ人たちは、もっと直接的に科学者をコントロールすることもできます。現代社会において科学研究の主要な財源は国家予算です。そこで、政府の立場と一致《いっち》する主張をしている科学者には研究予算を支給し、そうでない科学者には支給しないようにすれば、政府の立場を補強するような研究ばかりが行われることになりかねません。

　このように考えてくると、③科学者であっても、現時点で問題になっているような事柄《ことがら》について、「客観的で正しい答え」を教えてくれるものではなさそうです。ではどうしたらよいのでしょうか。自分の頭で考える？　どうやって？

　この本では、「正しさ」とは何か、それはどのようにして作られていくものなのかを考えます。そうした考察を踏《ふ》まえて、多様な他者と理解し合うためにはどうすればよいのかについて考えます。ここであらかじめ結論だけ述べておけば、私は、「正しさは人それぞれ」でも「真実は一つ」でもなく、人間の生物学的特性を前提としながら、人間と世界の関係や人間同士の間の関係の中で、いわば共同作業によって「正しさ」というものが作られていくのだと考えています。それゆえ、多様な他者と理解し合うということは、かれらとともに「正しさ」を作っていくということです。

　④これは、「正しさは人それぞれ」とか「みんなちがってみんないい」といったお決まりの簡便な一言を吐《は》けば済んでしまうような安易な道ではありません。これらの言葉は、言ってみれば相手と関わらないで済ますための最後通牒《つうちょう》です。みなさんが意見を異にする人と話し合った結果、「結局、わかりあえないな」と思ったときに、このように言うでしょう。「まあ、人それぞれだからね」。対話はここで終了です。

　ともに「正しさ」を作っていくということは、そこで終了せずに踏《ふ》みとどまり、とことん相手と付き合うという面倒《めんどう》な作業です。相手の言い分を受け入れて自分の考えを変えなければならないこともあるでしょう。それでプライドが傷つくかもしれません。しかし、傷つくことを嫌《いや》がっていては、新たな「正しさ」を知って成長していくことはできません。

最近、「正しさは人それぞれ」と並んで、「どんなことでも感じ方しだい」とか「心を傷つけてはいけない」といった感情尊重の風潮も広まっています。しかし、学び成長するとは、今の自分を否定して、今の自分でないものになるということです。これはたいへんに苦しい、ときには心の傷つく作業です。あえていえば、成長するためには傷ついてナンボです。若いみなさんには、傷つくことを恐《おそ》れずに成長の道を進んでほしいと思います（などと言うのは説教くさくて気が引けますが）。

（山口《やまぐち》裕之《ひろゆき》『「みんな違ってみんないい」のか？』ちくまプリマー新書による）

問1 A ～ C にあてはまる言葉として最も適当なものを次のア～オの中からそれぞれ選び、記号で答えなさい。

ア ところで　イ たとえば　ウ つまり　エ しかし　オ なぜなら

問2 ＝＝線部「一枚□」の□に漢字一字を入れて慣用句をつくるとき、最も適当なものを次のア～オの中から選び、記号で答えなさい。

ア 板　イ 岩　ウ 上　エ 皮　オ 舌

問3　——線部①「はたして『正しさは人それぞれ』や『みんなちがってみんないい』という主張は、本当に多様な他者を尊重することにつながるのでしょうか」とありますが、このことについて筆者はどのように考えていますか。本文中から次の［a］〜［d］にあてはまる言葉を指示された字数で抜き出して入れ、説明を完成させなさい。

> 「正しさは人それぞれ」「みんなちがってみんないい」という主張は、一見多様性を尊重しているように思えるが、価値観の異なる人の意見の中から、［a　十三字］状況《じょうきょう》になった場合、実際にはこの主張は通らない。こんな時、例えば、政治の世界では［b　七字］を見出《みいだ》していくのが通例であるが、最近では［c　三字］が対話を一方的に避《さ》けようとする場面も増えている。だが、その時にこの主張を唱えたとしても、結果的には［c］の意見を後押《あとお》しするという皮肉な状況が生まれ、［c］の［d　三字］のやり方を国民は選ばざるを得なくなる。したがって、最終的にこの主張が多様性の尊重にはつながらないと筆者は考えている。

問4　——線部②「逆もまたしかり」とありますが、ここではどのようなことになりますか。本文中の言葉を使って答えなさい。

問5 ━━━線部③「科学者であっても、現時点で問題になっているような事柄について、『客観的で正しい答え』を教えてくれるものではなさそうです」とありますが、なぜですか。次のア～カの中から適当なものを二つ選び、記号で答えなさい。

ア　わたしたちが中学や高校で習うニュートン物理学のようなものはかなり古い考え方なので、有能な科学者であっても現時点の問題にはうまく対応できないから。

イ　最先端の研究をしている科学者は自分の考える仮説を正当化しようとするため、研究の過程で客観性が曲げられる可能性があるから。

ウ　多くの科学者が正しい答えだと合意するまでにはかなりの時間を要するため、そのときまでは単なる仮説に過ぎず合意が形成されたと言えないから。

エ　東日本大震災や福島第一原発の爆発《ばくはつ》事故が起きる前は多くの科学者が原子力の推進派であったにもかかわらず、事故後は急に反対派に転じたから。

オ　政府がにぎっている国家予算を少しでも多く手に入れたいがために、大多数の科学者が政府の立場を補強する研究を行っているから。

カ　権力を持つ人たちが自分と考えを同じくする立場の研究者を抱《かか》えこみ、自分たちに有利な研究ばかりを推進させる状況を生み出すから。

問6 ——線部④「これは、『正しさは人それぞれ』とか『みんなちがってみんないい』といったお決まりの簡便な一言を吐けば済んでしまうような安易な道ではありません」とありますが、どういうことですか。本文中から次の[a]～[d]にあてはまる言葉を指示された字数で抜き出して入れ、説明を完成させなさい。

「正しさは人それぞれ」とか、「みんなちがってみんないい」という簡便な言葉は、相手との[a 二字]を終了させ、互《たが》いの理解や歩み寄りをはねつける言葉である。現在はこの言葉を使って、面倒《めんどう》なことから逃《に》げたり、[b 四字]を傷つけられるのを避ける傾向《けいこう》にあるが、そのように相手と関わらないで済ますのではなく、相手とじっくり向き合い、自分以外のものとの関係の中で、[c 十一字]。それこそが筆者の言う「正しさ」であり、「正しさ」が生み出される過程だと言える。しかし、場合によっては、そのことが[d 七字]となるが、結果的には自分を成長させる道となると筆者は考えている。

令和５年度

岡山白陵中学校入学試験問題

算　　数

受験番号	

注　意　１．時間は５０分で１００点満点です。

２．問題用紙と解答用紙の両方に受験番号を記入しなさい。

３．開始の合図があったら，まず問題が１ページから９ページまで，順になっているかどうかを確かめなさい。

４．解答は解答用紙の決められたところに書きなさい。

５．特に指示のない問いは，考え方や途中の式も書きなさい。

６．円周率は3.14として計算しなさい。

1 次の各問いに答えなさい。**（解答用紙には，答えのみを書きなさい。）**

（1） 次の計算をしなさい。

$34\times 32+17\times 62-17\times 7$

（2） 次の式の□に当てはまる数を求めなさい。

$$\left(5-\frac{7}{3}\times\frac{1}{14}\right)\times 3-\left(\square-\frac{3}{2}\right)\div\frac{4}{3}=1$$

（3） ある本を読んだとき，1 日目に全体の $\frac{1}{2}$ を読み，次の日に残りの $\frac{1}{8}$ を読むと，105 ページ残りました。この本は何ページありますか。

（4） 0，1，2，3 から異なる 3 つを選び，それらを並べて 3 けたの整数を作ります。偶数《ぐうすう》は全部で何通りありますか。

(5)　下の図の斜線《しゃせん》部分の面積を求めなさい。

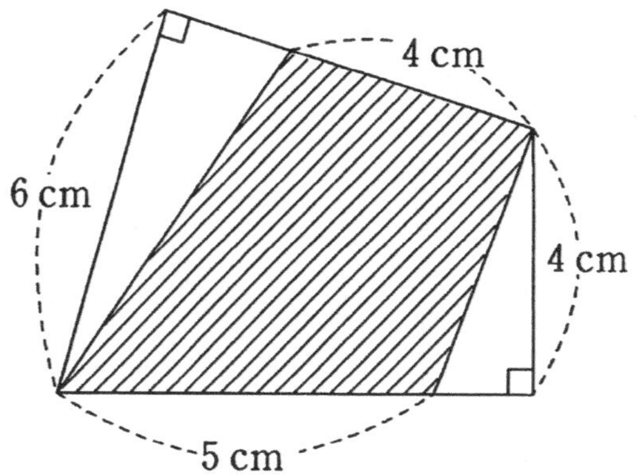

(6)　下の立体は直方体から 2 種類の直方体を切り取ってできた立体です。この立体の体積を求めなさい。

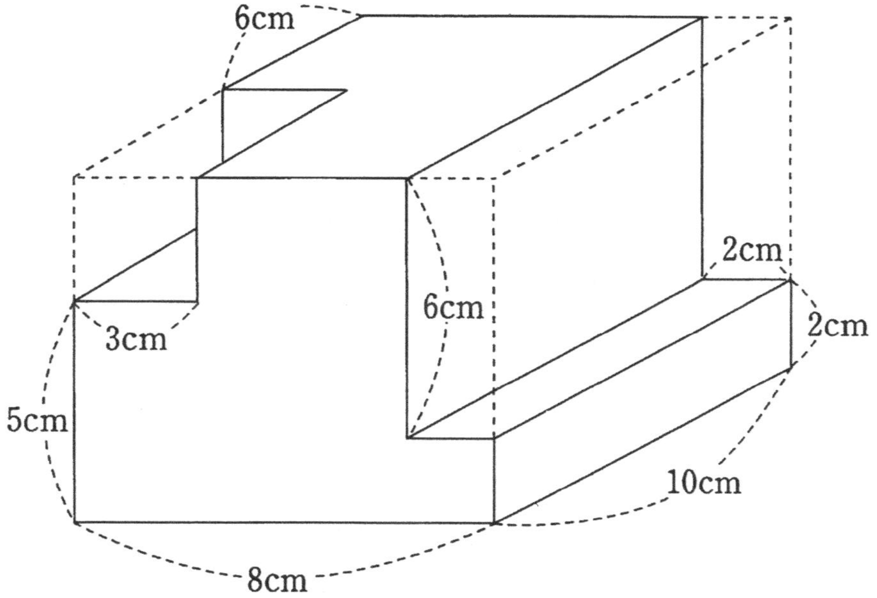

2　次の［Ｉ］,［Ⅱ］の各問いに答えなさい。**(解答用紙には，答えのみを書きなさい。)**

［Ｉ］(1)　下の図において，正方形の中の斜線《しゃせん》部分(ア)と(イ)の面積の和を求めなさい。ただし，図の曲線は半径 **6cm** の円の一部です。

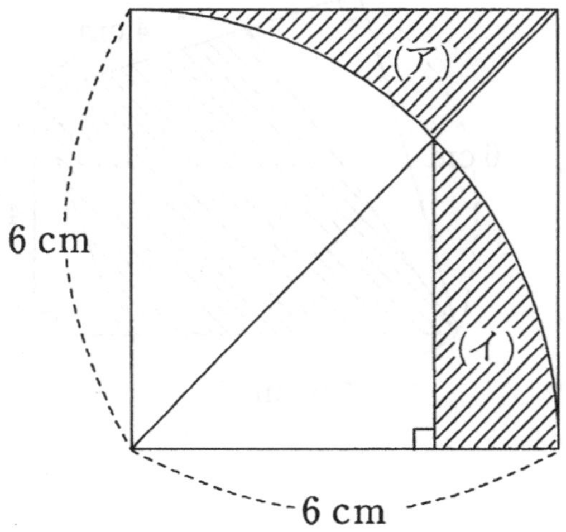

(2)　下の図のように，**1** 辺の長さが **6cm** の正方形があります。半径 **2cm** の円の中心が正方形の周上を **1** 周するとき，円が通過した部分の面積を求めなさい。

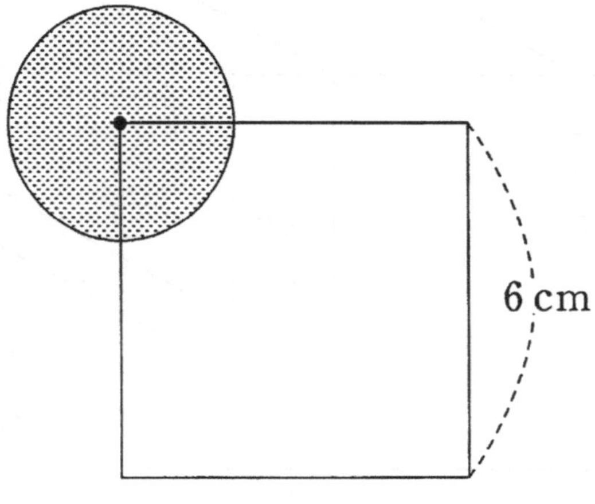

［Ⅱ］17 個のあめ玉を A，B，C，D，E の 5 人に次の条件①～④をすべて満たすように配りました。5 人に配られたあめ玉の個数を答えなさい。ただし，全員 1 個以上配られているものとします。

条件①：5 人とも配られたあめ玉の個数は異なる

条件②：A のあめ玉の個数は B のあめ玉の個数より少ない

条件③：A のあめ玉の個数と C のあめ玉の個数は合わせて 7 個

条件④：E のあめ玉の個数は B のあめ玉の個数の 2 倍

3 1440m離《はな》れたX地点とY地点があり，Aさんは毎分100mの速さでX地点からY地点へ，Bさんは一定の速さでY地点からX地点へ向かって同時に出発しました。2人はそれぞれX地点に到着《とうちゃく》したらY地点に向かって折り返し，Y地点に到着したらX地点に向かって折り返すことをくり返します。出発してから8分後に初めて2人が出会ったとき，次の各問いに答えなさい。

（1） Bさんの進む速さは毎分何mですか。

（2） 2回目に2人が出会うのは出発してから何分後ですか。

（3） 2人が同時にX地点，または同時にY地点に初めて到着するのは，出発してから何分後ですか。それはX地点，Y地点のどちらですか。

［このページに問題はありません。］

4 下の図のように，正方形を２つ左右につなげたものを１段目，２段目，３段目，４段目，…，とつなげてマス目を作ります。このマス目の中に，○または×を１個ずつ書いていくとき，次の各問いに答えなさい。ただし，マス目の向きを変えたり裏返したりしないものとします。**(解答用紙には，答えのみを書きなさい。)**

(1)　マス目が２段目までのとき，○，×の書き方は全部で何通りできますか。

(2)　×の書き方について，次のような条件をつけます。

条件①：×を左右のマス目に並べて書いてはいけません。

条件②：×を書いたマス目の１つ下のマス目には×を書いてはいけません。

このとき，

(ア)　マス目が２段目までのときの書き方をすべて解答用紙に書きなさい。ただし，解答用紙のマス目をすべて使うとは限りません。

(イ)　マス目が３段目までのとき，○，×の書き方は全部で何通りできますか。

(ウ)　マス目が５段目までのとき，○，×の書き方は全部で何通りできますか。

［このページに問題はありません。］

5 毎分同じ割合で水がわき出す井戸《いど》があります。この井戸に 64 リットルの水がたまったときからポンプを使って水をくみ出します。ポンプを 5 台使うと井戸が空になるのに 5 分 20 秒かかり，6 台使うと 4 分かかります。このとき，次の各問いに答えなさい。ただし，使用するポンプはすべて同じ速さで水をくみ出すものとします。

（1） ポンプを 8 台使うと井戸が空になるまで何分何秒かかりますか。

（2） ポンプを 4 台使って水をくみ出し始めました。しばらくして何台かのポンプが同時に故障したので，残ったポンプで水をくみ出し続け，ポンプが故障して 4 分たってから新たに 2 台のポンプを追加して水をくみ出したところ，水をくみ出し始めてから 20 分後に初めて井戸が空になりました。ポンプが故障したのは水をくみ出し始めてから何分後か求めなさい。

令和５年度

岡山白陵中学校入学試験問題

理　　　科

受験番号	

注　意　１．時間は４０分で８０点満点です。

２．問題用紙と解答用紙の両方に受験番号を記入しなさい。

３．開始の合図があったら，まず問題が１ページから１７ページまで，順になっているかどうかを確かめなさい。

４．解答は解答用紙の決められたところに書きなさい。

1 植物に関するあとの問いに答えなさい。

問１　次の図は，いろいろな植物の種子の形をスケッチしたものです。ヒマワリの種子に最も近いものを，次の（ア）～（オ）のうちから１つ選び，記号で答えなさい。

（ア）　（イ）　（ウ）　（エ）　（オ）

問２　根のつくりがヒマワリと異なる植物を，次の（ア）～（カ）のうちから１つ選び，記号で答えなさい。

（ア）タンポポ　（イ）ホウセンカ　（ウ）マリーゴールド
（エ）エノコログサ　（オ）ダイコン　（カ）インゲンマメ

問３　植物の葉で行われているはたらきを，次の（ア）～（カ）のうちからすべて選び，記号で答えなさい。

（ア）植物のからだを支える　（イ）養分をつくる
（ウ）からだの外へ水分を排出《はいしゅつ》する　（エ）種子をつくる
（オ）からだの中に水分を取り入れる
（カ）二酸化炭素を取《と》り込《こ》んだり，放出したりする

《 このページに問題はありません 》

植物の発芽した種子は，酸素を吸収し，二酸化炭素を放出する呼吸をしています。これについて，あとの実験を行いました。

【実験】

発芽した種子が呼吸をするときの，吸収された酸素の体積と，放出された二酸化炭素の体積を測定するために，下の図のような実験装置①，②を用意しました。ガラス管内の着色液が，図の右方向に移動することで，三角フラスコ内の気体の体積が増加したことがわかり，図の左方向に移動することで，三角フラスコ内の気体の体積が減少したことがわかります。また，三角フラスコの中には，ビーカーが置かれており，装置①では二酸化炭素のみを吸収する水溶液《すいようえき》を入れ，装置②では何も入れませんでした。

装置①と装置②に，同じ重さの発芽したムギの種子を入れて，室温で6時間放置しました。さらに，同じ実験を発芽したヒマワリの種子でも行い，着色液の移動の様子を，次のページの表にまとめました。

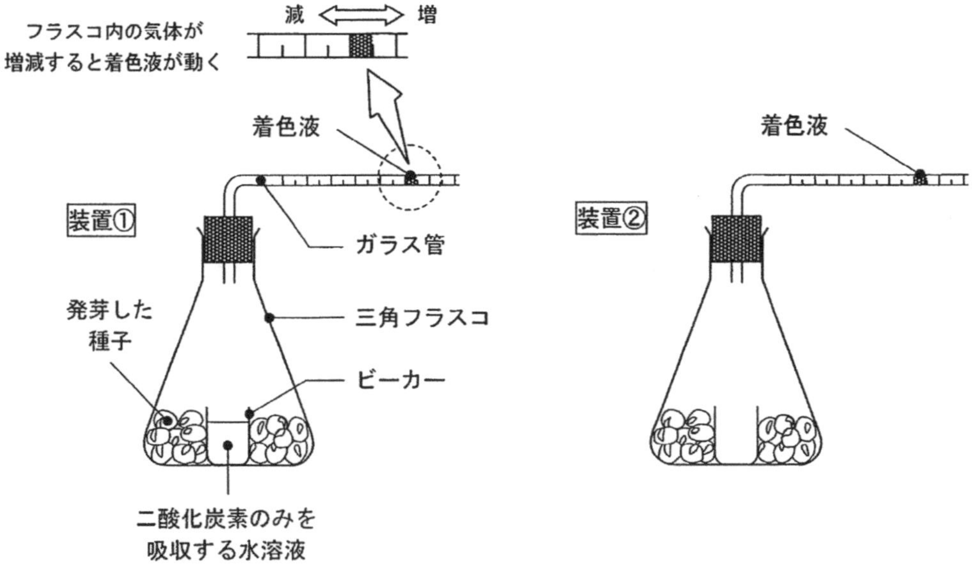

図：実験装置

表：実験結果

発芽した種子の種類	装置	はじめの位置からの着色液の移動の様子
ムギ	①	左に 10 目盛り分移動した
	②	移動しなかった
ヒマワリ	①	左に 10 目盛り分移動した
	②	左に 3 目盛り分移動した

問 4　実験で，発芽したムギの種子が吸収した酸素の体積は何目盛り分か答えなさい。

問 5　呼吸について，次の式で求められる値を「呼吸商《こきゅうしょう》」といいます。

「呼吸商」　＝　（放出された二酸化炭素の体積）÷（吸収された酸素の体積）

種子は，養分として，デンプン，タンパク質，脂肪《しぼう》をたくわえており，そのうち最も多いものを，おもに呼吸に利用しています。呼吸商は，どの養分を呼吸に利用しているかで決まります。デンプンを利用したときは 1.0，タンパク質を利用したときは 0.8，脂肪を利用したときは 0.7 となります。あとの問いに答えなさい。

（1）実験結果から，発芽したヒマワリの種子の呼吸商を求めなさい。

（2）（1）の呼吸商をもとに，発芽したヒマワリの種子が呼吸に利用している養分と同じ養分が，種子に多くたくわえられている植物を，次の（ア）～（オ）のうちからすべて選び，記号で答えなさい。

（ア）イネ　　（イ）ゴマ　　（ウ）ココヤシ
（エ）インゲンマメ　　（オ）トウモロコシ

2　次の文章Ⅰ，Ⅱを読み，あとの問いに答えなさい。

Ⅰ　３種類の物質（食塩，ホウ酸，塩化アンモニウム）が，それぞれ水 100g に最大で何 g とけるかを水の温度を変えながら調べ，結果を表にまとめました。

表：水の温度と３種類の物質のとける量

水の温度[℃]	10	20	30	40	50	60
食塩[g]	35.7	35.8	36.1	36.3	36.7	37.2
ホウ酸[g]	3.6	4.8	6.8	8.8	11.4	14.8
塩化アンモニウム[g]	33.2	37.2	41.4	45.8	50.4	55.0

問１　40℃の水 200g に，塩化アンモニウムを 30g とかして水溶液《すいようえき》を作りました。この水溶液を 40℃に保った状態で，あと何 g の塩化アンモニウムをとかすことができますか。答えは小数第１位を四捨五入して求めなさい。

問２　60℃の水 50g が入った３つのビーカーを用意し，３種類の物質をそれぞれ別のビーカーに 20g ずつ加えてとかしました。とけ残った物質がある場合は，60℃に保ちながらろ過しました。その後，20℃まで冷やしました。

（１）20℃まで冷やしたあと，３種類の物質のうち，とけきれずに出てくる物質の重さが最も重いものはどれか答えなさい。

（２）（１）の重さは何 g か答えなさい。

問３　20℃に保った水で，食塩をとけるだけとかした水溶液 100g をつくるには，食塩は何 g 必要ですか。答えは小数第１位を四捨五入して求めなさい。

Ⅱ　水を氷にすると重さは変わらず，体積が大きくなるので，図１のように氷を水に入れると大きくなった分だけが水面の上に出て浮《う》かびます。

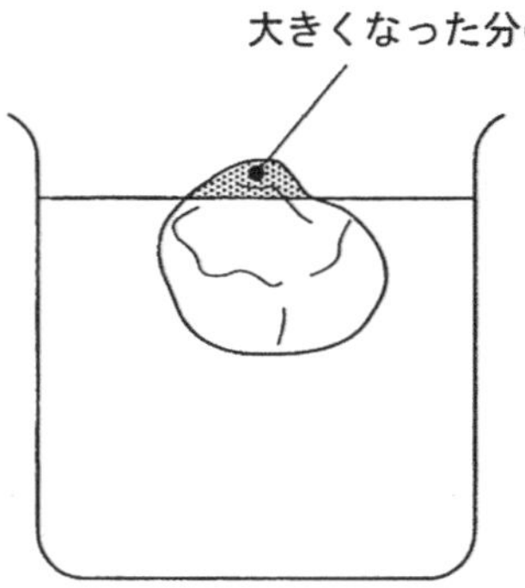

図１

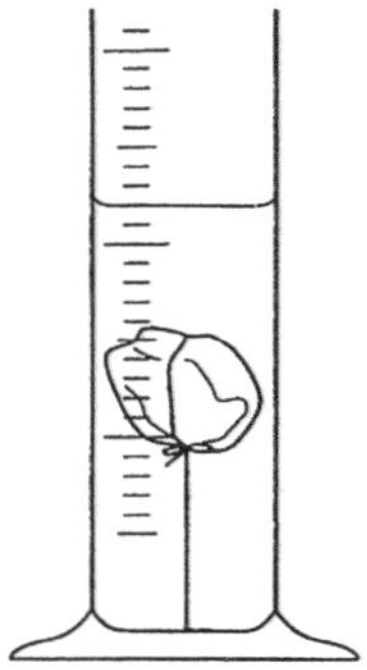
図２

問４　図２のように，メスシリンダーに水を入れ，氷に糸をつけて完全に沈《しず》めました。これをしばらく置いて，氷をすべてとかしました。このとき，水面の高さは，氷をとかす前と比べてどのようになりますか。最も適当なものを，次の（ア）～（ウ）のうちから１つ選び，記号で答えなさい。

（ア）上がる　　（イ）下がる　　（ウ）変わらない

問５　次の文は，地球温暖化による海面上昇《かいめんじょうしょう》について書かれたものです。文中の ① ～ ③ にあてはまる語句の組み合わせとして正しいものを，下の（ア）～（エ）のうちから１つ選び，記号で答えなさい。

> 海面上昇は，海水温度の上昇により海水の ① が増加していることや， ② や山の上の氷がとけて海水の量が増えることが主な原因だとされている。 ③ では，氷が図１のような状態なので，とけても大きな海面上昇にはつながらないと考えられている。

	①	②	③
（ア）	重さ	北極	南極
（イ）	重さ	南極	北極
（ウ）	体積	北極	南極
（エ）	体積	南極	北極

3 次の文章Ⅰ，Ⅱ，Ⅲを読み，あとの問いに答えなさい。ただし，この問題の図では，太陽や地球，月の大きさ，およびそれらの距離《きょり》，位置の関係が，実際のものとは異なってえがかれています。

Ⅰ 月は，日によって形が変わって見えます。これを月の満ち欠けといいます。月の満ち欠けには，太陽と月，地球のおたがいの位置の変化と，月が太陽の光を反射してかがやいていることが関係しています。

問1 ある日の岡山市の空には，南西の方角に西側が明るい細い形の月が見えていました。

（1）このときの月の形の名前を，次の（ア）～（オ）のうちから1つ選び，記号で答えなさい。

（ア）新月　（イ）三日月　（ウ）上弦《じょうげん》の月　（エ）満月　（オ）下弦《かげん》の月

（2）このときの時刻として最も適当なものを，次の（ア）～（オ）のうちから1つ選び，記号で答えなさい。

（ア）午後6時　（イ）午後9時　（ウ）午前0時
（エ）午前3時　（オ）午前6時

（3）このとき，逆に月の北極から地球を見ると，どのように見えますか。最も適当なものを，次の（ア）～（ク）のうちから1つ選び，記号で答えなさい。ただし，（ア）～（ク）の図では，参考図のように地球の向きを表しており，影《かげ》となっている部分を黒くぬりつぶしています。また，月の北極と地球の北極は同じ向きにあります。

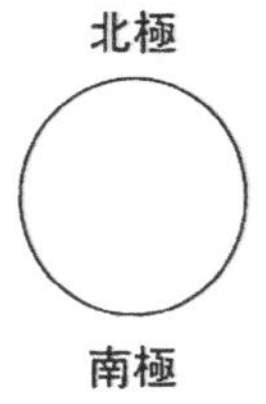

《参考図》

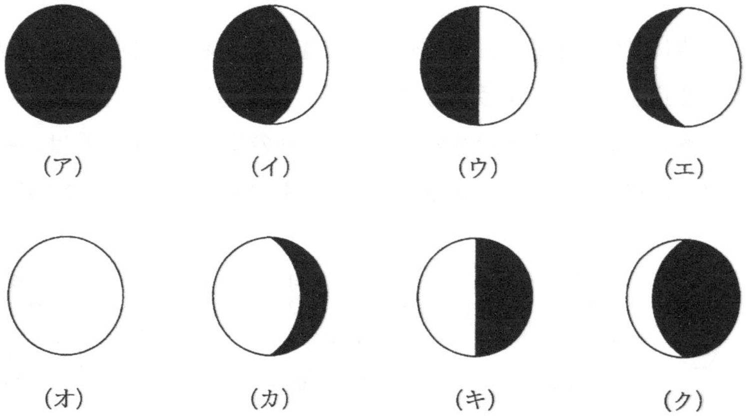

Ⅱ　地球の動きを北極星の方向から見ると，地球は太陽を中心とした円をえがくように，時計の針の動く向きと逆向きに１年かけて１周分動いています。このことを，「地球は太陽の周りを公転している」といいます。同じように，月は地球の周りを，時計の針の動く向きと逆向きに約１か月かけて１周分公転しています。

問２　太陽に対する地球と月の運動の様子を，北極星の方向から見たとき，月が１か月の間に運動する道すじはどのようになりますか。最も適当なものを，次の（ア）～（エ）のうちから１つ選び，記号で答えなさい。ただし，月の運動する道すじは，――― 線でかかれているものとし，地球が公転する速さは，月が公転する速さより十分に速いとします。

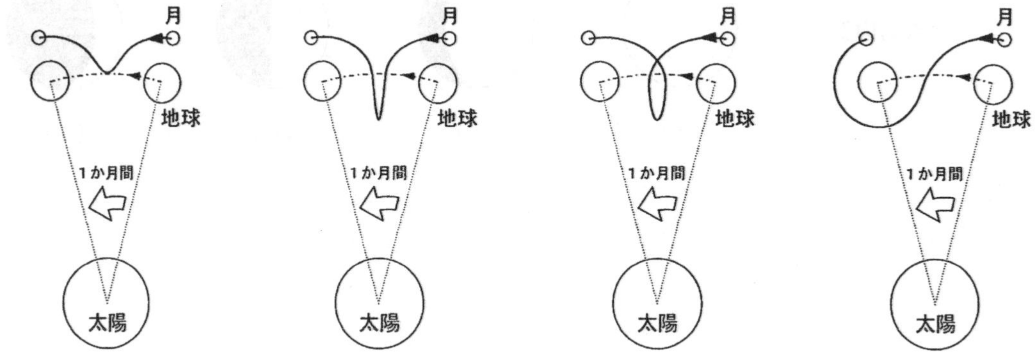

（ア）　（イ）　（ウ）　（エ）

《 このページに問題はありません 》

Ⅲ　太陽・地球・月が一直線に並んだときには，日食や月食が起こります。しかし，毎月のように，日食や月食は起こりません。これは，地球の公転する道すじと，月の公転する道すじが約5度傾《かたむ》いているためです。

日食を例にとると，図１のＡでは，太陽・月・地球が一直線に並んでいるため日食が起こります。しかし，Ｂでは，太陽・月・地球が一直線に並んでいるように見えても，真横から見た図２では，一直線に並ばず，地球に月の影が落ちないことから，日食は起こりません。

地球と月が公転をくり返すうちに，地球に月の影が落ちれば日食が起こり，地球の影の中を月が通過すれば月食が起こります。

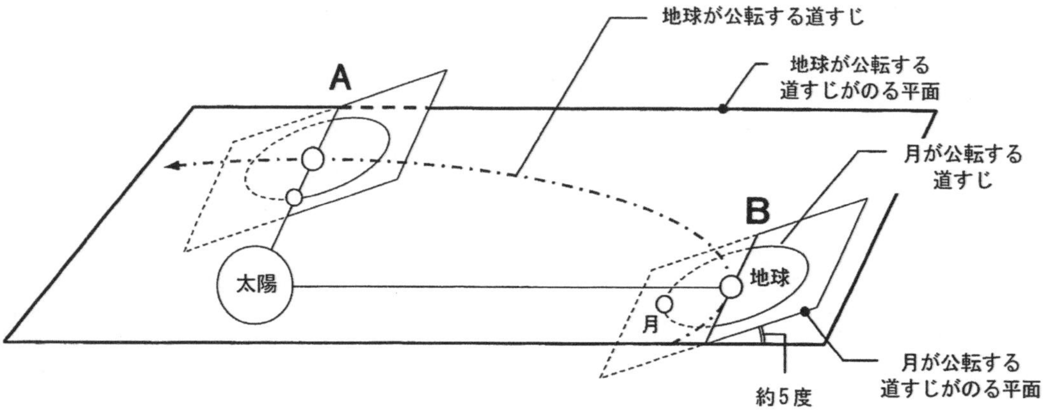

図１：地球と月の運動の様子

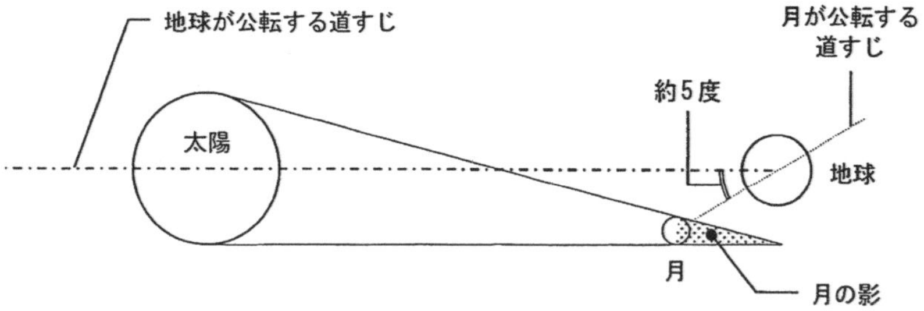

図２：図１のＢを真横から見た様子

問３　月食が起こるのは，地球から見た月の形がどのようになっているときですか。月の形の名前を，次の（ア）～（オ）のうちから１つ選び，記号で答えなさい。

（ア）新月　　（イ）三日月　　（ウ）上弦の月　　（エ）満月　　（オ）下弦の月

問４　図１，図２，および下の図３を参考にして，長い期間観測したときに，地球全体でよく起こるのは，日食と月食のどちらであるかを答えなさい。

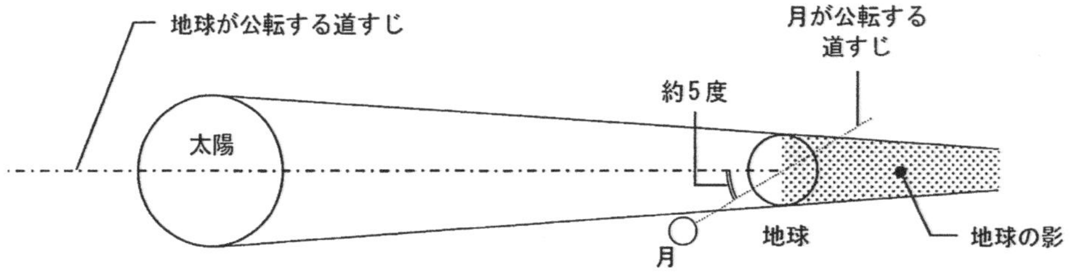

図3

4　次の先生と生徒の会話文を読んで，あとの問いに答えなさい。

：夏休みはどこに行きましたか。

：私は，家族と新幹線で，名古屋のおばあちゃんに会いに行きました。

：そうですか。ところで，新幹線が①分速 3.8km で走り続けたとして，岡山駅から名古屋駅までの乗車時間を 96 分間とすると，岡山駅ー名古屋駅間の道のりは何 km ですか。

：そんなの簡単です。［　②　］km ですね。

：その通り。どういう計算をしたか教えてくれますか。

：はい。算数の時間に習った（道のり）＝（速さ）×（時間）を使いました。

：そうだね。では，今のように同じ速さで走り続けた場合を考えるのではなく，新幹線の発車後のだんだん速くなる運動や停車前のだんだん遅《おそ》くなる運動を，きちんと考えた場合の道のりは，どのように計算すればよいかな。

：えっと・・・。わかりません。難しそうですね。

：そうでもないですよ。次のように考えてみよう。

まずは，同じ速さで走り続けた場合を，たて軸《じく》に新幹線の速さ，よこ軸に経過時間をとったグラフに表してみよう。

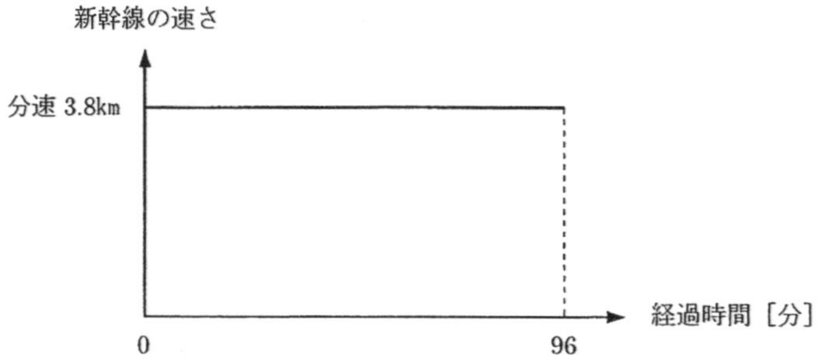

：何か気づかないかな。

：求めた値は，『(速さ) × (時間)』で・・・，グラフの『(たて軸の値) × (よこ軸の値)』だから・・・。あっ，なるほど。道のりは，グラフの斜線《しゃせん》部分の面積と同じ値を表しています。

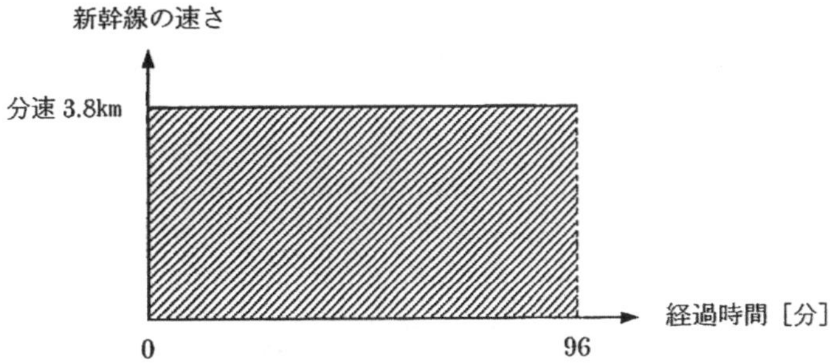

：そうだね。よく気が付きました。たて軸に速さ，よこ軸に経過時間をとったグラフの面積は，道のりを表します。

：では先生，速さが変化する運動でも同じでしょうか。

：では，一定の割合でだんだん速くなる運動について考えてみよう。

新幹線が駅を出発して，その速さが一定の割合で増し，1 分後に分速 2.6km の速さになったとします。この運動の様子を，たて軸に新幹線の速さ，よこ軸に経過時間をとったグラフに表すと，次のようになります。

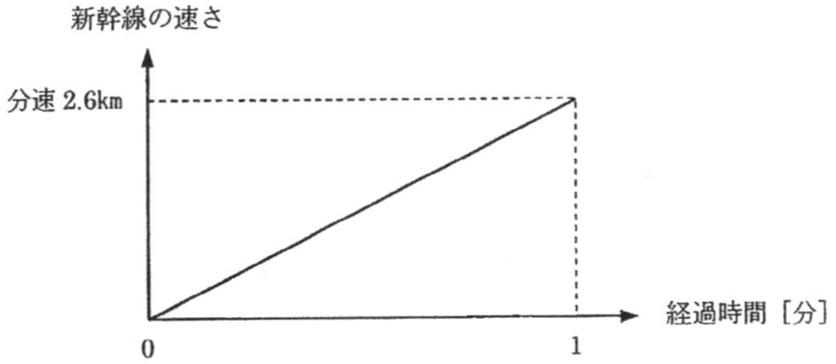

: そして，下のグラフのように，経過時間を等しい間隔《かんかく》の短い時間に分割すると，それぞれの短い時間では，速さはほぼ同じとみなせるので，この短い時間の道のりは『(速さ) × (短い時間)』で，細長い長方形の面積に等しくなるよね。つまり，速さが分速 1.3km となる 0.5 分後の，短い時間の道のりは，下のグラフの斜線で示された細長い長方形の面積となるのです。

ですから，動きだしてから 1 分経過するまでの道のりは，細長い長方形の面積の合計にほぼ等しくなりますね。

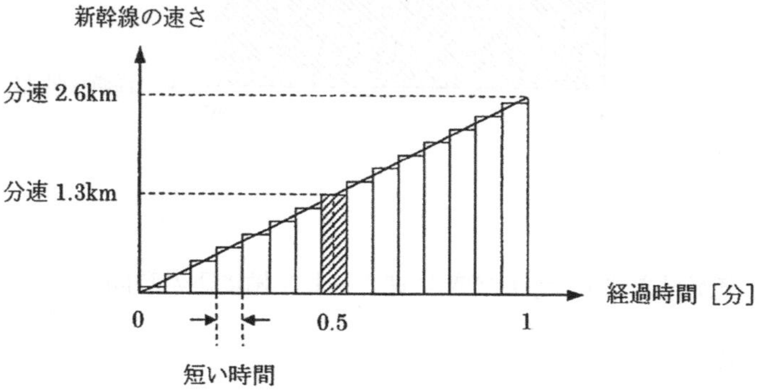

: なるほど。

: さらに経過時間の分割の仕方をどんどん細かくすると，より正確な道のりに近づきます。だから，速さが変化する場合でも，道のりは，たて軸に速さ，よこ軸に経過時間をとったグラフの面積に等しいといえますね。

: では，グラフで示された 1 分間の道のりを計算すると ③ km となりますね。

: その通り。

: とても勉強になりました。ありがとうございました。

問１　下線部①の値は，時速何 km か答えなさい。

問２　文中の ② ， ③ に入る数値を答えなさい。

問３　次のグラフは，新幹線が京都駅と名古屋駅の間を走行するときの速さの変化の様子を表しています。ただし，新幹線が一定の速さで走行しているときのグラフは，一部省略して表しています。

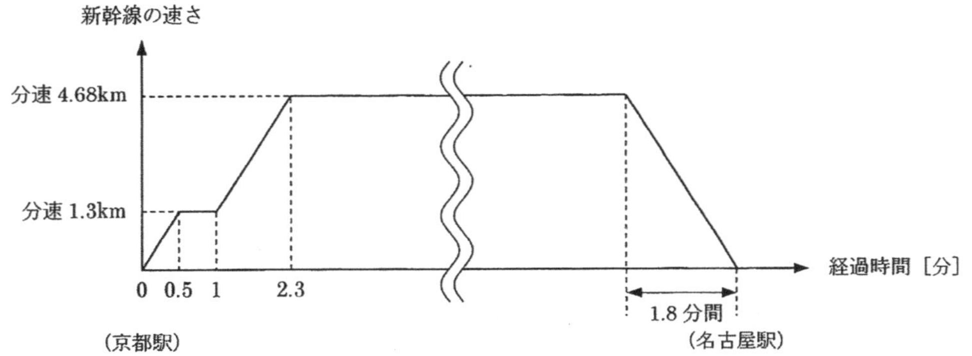

（１）新幹線が京都駅を出発して，2.3 分が経過するまでの間に走行した道のりは何 km か答えなさい。ただし，答えは小数第２位を四捨五入して求めなさい。

（２）京都駅と名古屋駅の道のりは 147.6km です。新幹線が分速 4.68km の一定の速さで走行した時間は何分か答えなさい。ただし，答えは小数第２位を四捨五入して求めなさい。

問４　新幹線の線路と車道が長い区間で一直線に並んで通っています。新幹線が駅を出発したと同時に，自動車が新幹線の先端《せんたん》と同じ位置を分速 1.2km で通過しました。その後，自動車は同じ速さで走行を続け，新幹線は一定の割合で速さを増しました。1.2 分後に新幹線の後端《こうたん》が自動車を追《お》い抜《ぬ》きました。下のグラフは，駅を出発した時刻を０分として，２分後までの新幹線のみの速さの変化の様子を表しています。

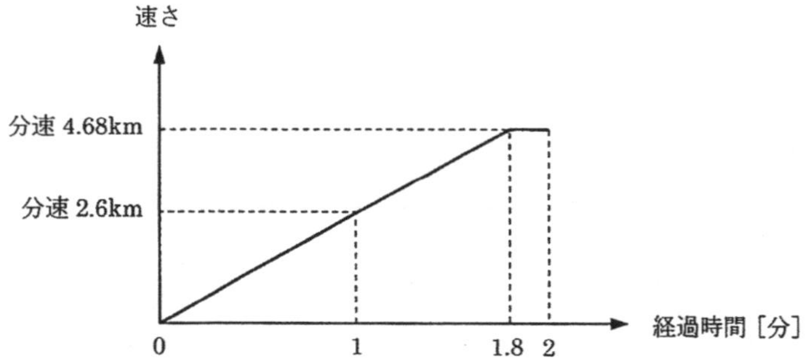

（１）時刻０分から２分までの，自動車の速さと経過時間の関係を，解答用紙のグラフに書き込《こ》みなさい。

（２）自動車の長さは考えなくてよいものとして，この新幹線の全長は何 m か答えなさい。ただし，答えが小数となる場合は，小数第１位を四捨五入して答えなさい。

令和５年度

岡山白陵中学校入学試験問題

社　　　会

受験番号	

注　意　１．時間は４０分で８０点満点です。

２．問題用紙と解答用紙の両方に受験番号を記入しなさい。

３．開始の合図があったら，まず問題が１ページから２２ページまで，順になっているかどうかを確かめなさい。

４．解答は解答用紙の決められたところに書きなさい。

５．字数制限のあるものについては，句読点も１字に数えます。

1　日本の地理に関して，あとの問いに答えなさい。

問１　次の図１は，海岸に流れ着いたごみのうち，ペットボトルやキャップなどに印字《いんじ》された文字が確認できるものから，そのごみがどこの国から流れてきたのかを調べたものです。図１の円グラフ中のA～Cには日本周辺の中国，韓国《かんこく》，ロシアのいずれかが当てはまります。A～Cに当てはまる国名の組み合わせとして正しいものを，下の（ア）～（カ）から１つ選び，記号で答えなさい。

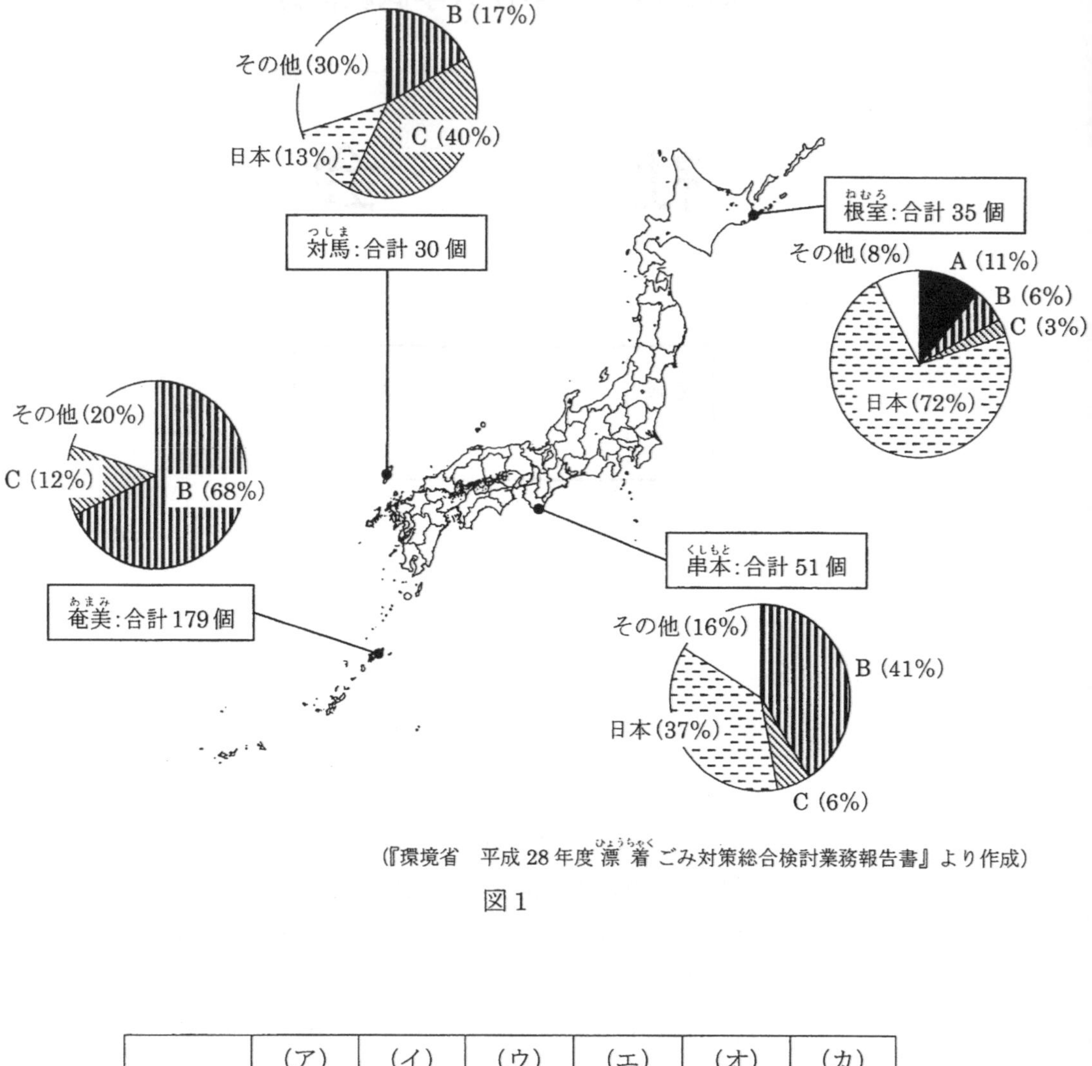

(『環境省　平成 28 年度 漂着《ひょうちゃく》 ごみ対策総合検討業務報告書』より作成)

図１

	（ア）	（イ）	（ウ）	（エ）	（オ）	（カ）
A	中国	中国	韓国	韓国	ロシア	ロシア
B	韓国	ロシア	中国	ロシア	中国	韓国
C	ロシア	韓国	ロシア	中国	韓国	中国

問2　次の図2は，2019年から採用された地図記号で，自然災害伝承碑《しぜんさいがいでんしょうひ》を示しています。自然災害伝承碑は，過去に発生した自然災害にかかわることがらが記されている石碑《せきひ》やモニュメントです。それらは当時の被災《ひさい》場所に建てられていることが多く，地図を通してその位置を伝えることにより，地域住民の防災意識の向上に役立つものと期待されています。下の図3のA～Cは洪水《こうずい》，高潮《たかしお》，津波《つなみ》のいずれかの種類の自然災害伝承碑の分布を示したものです。種類と分布の組み合わせとして正しいものを，下の（ア）～（カ）から1つ選び，記号で答えなさい。

図2　自然災害伝承碑

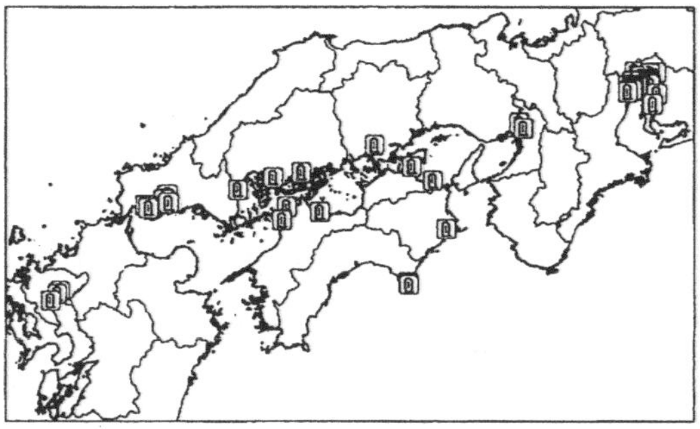

A

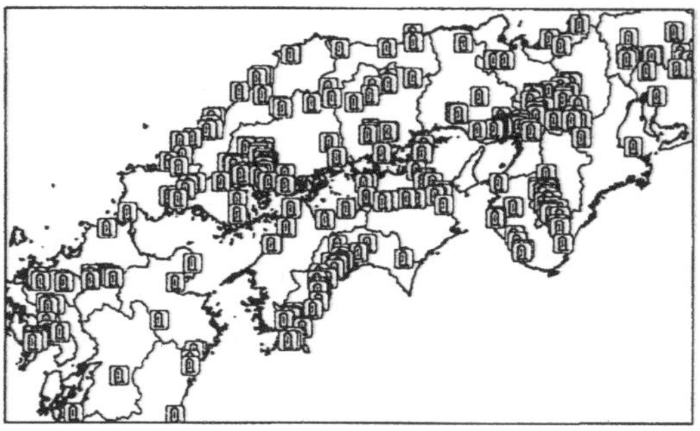

B

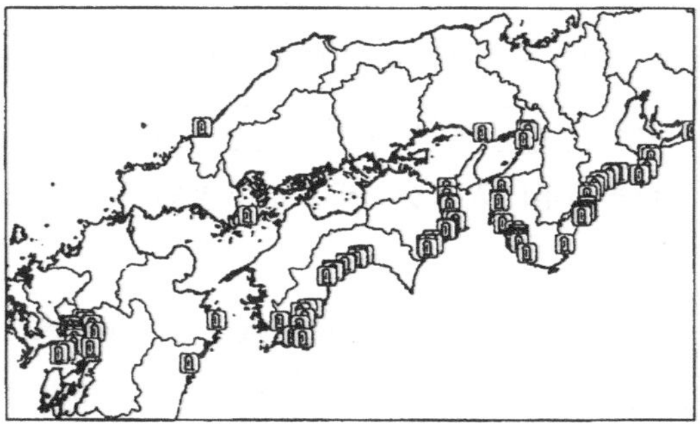

C

（「国土地理院 地理院地図/GSI Maps」より作成）

図3

	（ア）	（イ）	（ウ）	（エ）	（オ）	（カ）
A	洪水	洪水	高潮	高潮	津波	津波
B	高潮	津波	洪水	津波	洪水	高潮
C	津波	高潮	津波	洪水	高潮	洪水

問3　次の記事は，たまねぎの価格について書かれたものです。また，次ページの図4はたまねぎの生産量（2020年）について上位5位までの都道府県と主な出荷時期を，図5はたまねぎの東京都中央卸売市場《おろしうりしじょう》の月別入荷実績（2020年）を表したものです。これらを見て，あとの問いに答えなさい。なお，記事中の空欄《くうらん》[A]～[C]は，図5中のA～Cの都道府県にそれぞれ対応しています。

たまねぎの価格，平年比2倍のなぜ　天候不順，「産地リレー」不発

天候不順で食卓《しょくたく》に欠かせないたまねぎの価格高騰《こうとう》が続いている。農林水産省が24日発表した全国平均小売価格は過去5年の平均値の2．2倍となった。

（中略《ちゅうりゃく》）

なぜ，たまねぎの価格がこれほどまでにつり上がっているのか。背景には天候不順による不作に加え，国内のたまねぎ需要《じゅよう》を支えてきた「産地リレー」がうまく働かなかったことがある。

国内のたまねぎ生産は約7割を[A]が占《し》めている。例年は夏ごろから[A]産のたまねぎの収穫《しゅうかく》が始まり，翌年5月ごろまで市場に供給される。春先からは入れ替《か》わるように全国2位の産地である[B]産や，3位の[C]産の出荷が増え，年間を通じて手ごろな価格で国産たまねぎが手に入るシステムができあがっていた。

しかし，昨年夏の干ばつで[A]産の収量が減少し，昨年末から市場価格が上昇《じょうしょう》し始めた。[B]でも気温低下の影響《えいきょう》で生育が遅《おく》れたうえ，春先の雨などで収穫作業が進まず，市場に出回る時期が大幅《おおはば》に遅れた。この結果，全国でたまねぎ不足が深刻となり，市場価格が跳《は》ね上がったというわけだ。

（後略《こうりゃく》）

『毎日新聞』（2022年5月24日付）

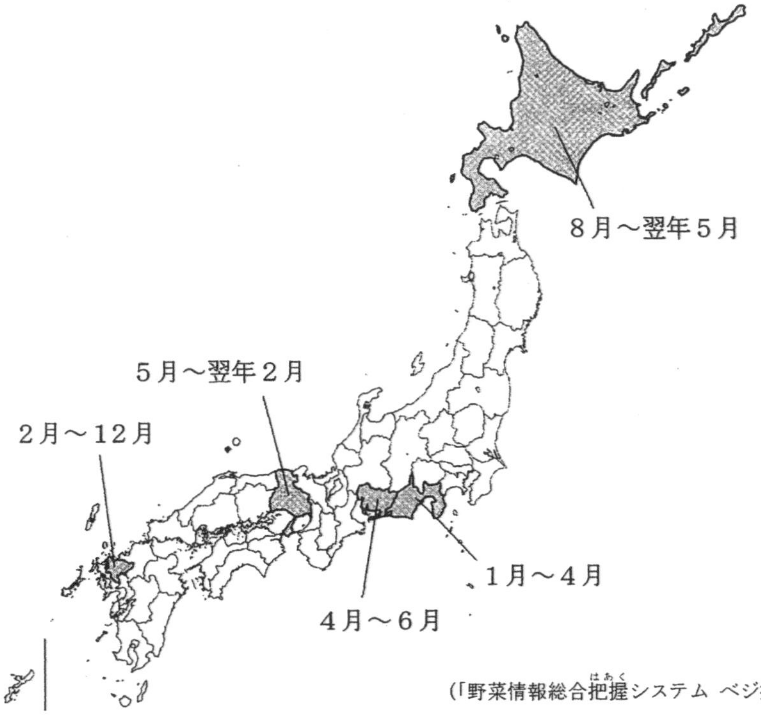

(「野菜情報総合把握《はあく》システム ベジ探」より作成)

図4　たまねぎの生産量（2020年）上位の5都道府県と主な出荷時期

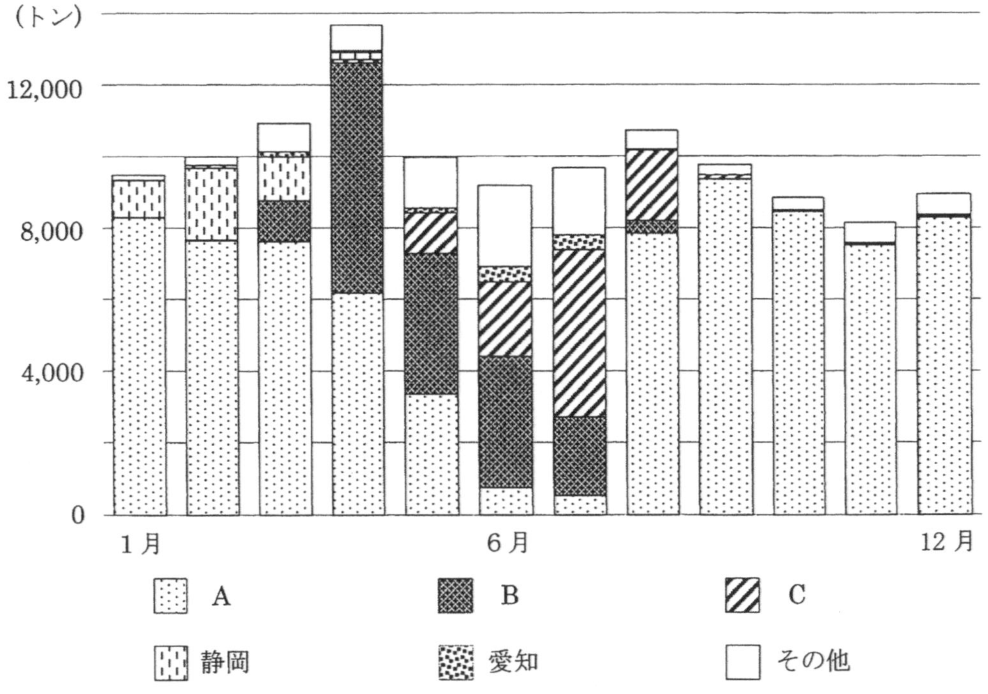

(「東京都中央卸売市場 年報」より作成)

図5　東京都中央卸売市場の月別入荷実績（2020年）

（1） 図４・図５を参考にしながら，記事中の空欄 A ～ C に当てはまる都道府県名を，**漢字で**答えなさい。

（2） 記事中の下線部の「産地リレー」という考え方は，たまねぎ以外でもみられます。国内の生産地で「産地リレー」がみられる農作物として最もふさわしいものを，次の（ア）～（エ）から１つ選び，記号で答えなさい。

（ア）レタス　（イ）茶　（ウ）米　（エ）みかん

2　アメリカ合衆国に関して，あとの問いに答えなさい。

問1　次の図1は，アメリカ合衆国の本土とその周辺を示したものです。国際連合の本部の所在地であり，アメリカ合衆国で人口が最も多い都市の位置を，図1中の（ア）～（オ）から1つ選び，記号で答えなさい。また，その都市の名前を答えなさい。

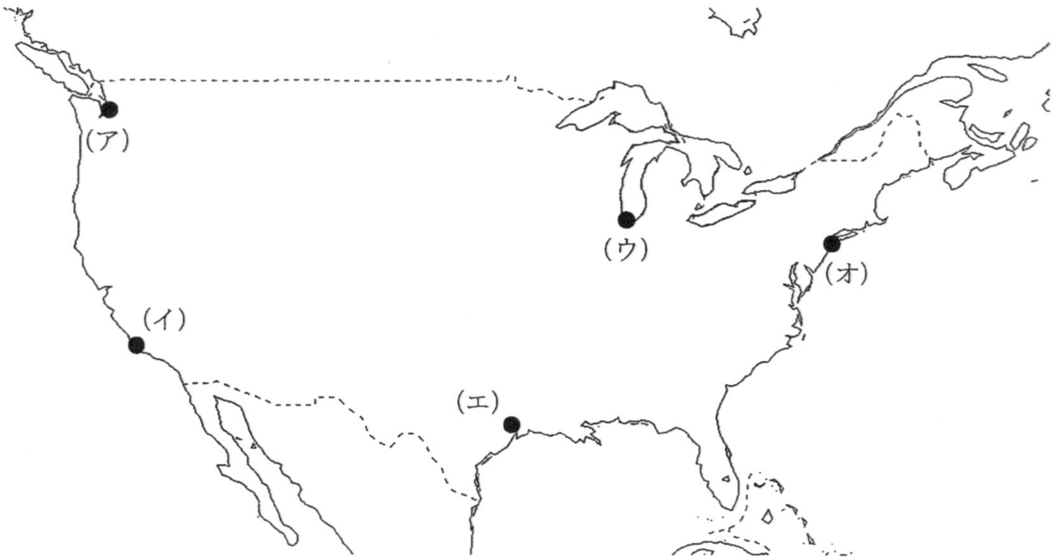

図1

問2　アメリカ合衆国の産業に関して述べた次の文X・Yの正誤の組み合わせとして正しいものを，下の（ア）～（エ）から1つ選び，記号で答えなさい。

X　大型機械を使った大規模農業が行われ，小麦や大豆は世界中に輸出されている。

Y　宇宙開発の分野では世界をリードしており，最先端《さいせんたん》の研究や開発が進んでいる。

	(ア)	(イ)	(ウ)	(エ)
X	正	正	誤	誤
Y	正	誤	正	誤

問３　アメリカ合衆国では情報通信技術の分野が発達していますが，同国との関係性を活《い》かして，インドでも情報通信業が成長しています。次の図２を見て，両国の関係性について述べた下の文章中の空欄《くうらん》（　A　）に当てはまる語句を答え，空欄［　B　］を10字程度で補いなさい。なお，図２の縦線は経線，横線は赤道を示しています。

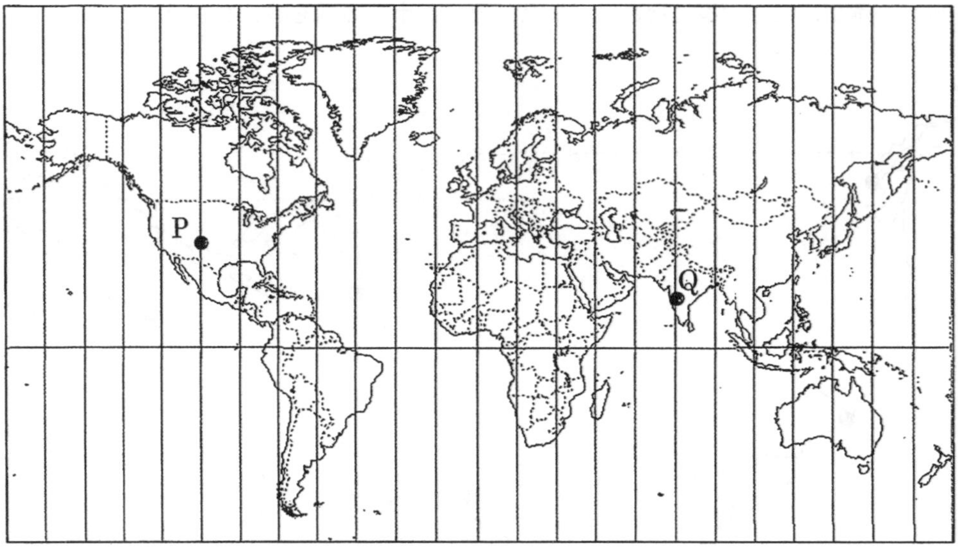

図２

インドは植民地時代の影響《えいきょう》もあり，（　A　）を準公用語※としているために，アメリカ合衆国の企業《きぎょう》との連携《れんけい》が取りやすいです。さらに地図を見ると，アメリカ合衆国の都市Ｐとインドの都市Ｑでは［　B　］ため，アメリカ合衆国の都市Ｐの企業が終業時にインドの都市Ｑの企業に仕事を引き継《つ》ぐことで，効率的に作業ができます。

※準公用語…公用語に次いで使われる言語

問4　次の表中の（ア）～（ウ）は，アメリカ合衆国とその隣国《りんごく》であるカナダ・メキシコのいずれかの国の2020年の人口と人口密度を示しています。また，下の図3の（カ）～（ク）は，アメリカ合衆国・カナダ・メキシコのいずれかの国の首都の気温と降水量を示しています。各国の首都の位置に関する文を参考にしながら，アメリカ合衆国に当てはまるものを，表中の（ア）～（ウ），図3の（カ）～（ク）からそれぞれ1つずつ選び，記号で答えなさい。

表

	（ア）	（イ）	（ウ）
人口（千人）	37,742	128,933	331,003
人口密度（人／㎢）	4	66	34

（『データブック 2022』より作成）

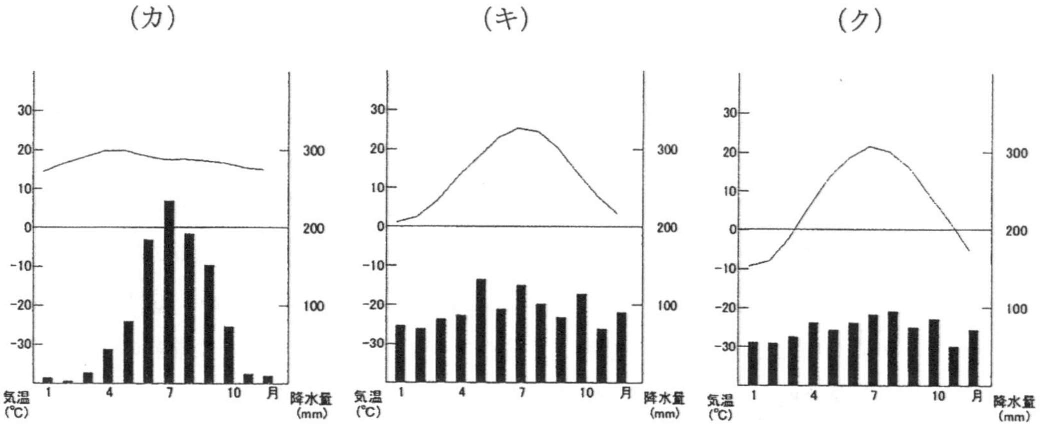

（「気象庁ホームページ」より作成）

図3

<各国の首都の位置>

アメリカ合衆国：北緯《ほくい》39度，西経77度に位置し，標高は約125mである。

カナダ　　　　：北緯45度，西経76度に位置し，標高は約70mである。

メキシコ　　　：北緯19度，西経99度に位置し，標高は約2,240mである。

3 岡山県内の学校に通うイズミさんが，県外に住んでいる友達のハヤトさんに，学校の授業で行われた岡山県の郷土《きょうど》学習について話しています。次の会話文を読んで，あとの問いに答えなさい。

イズミ：この前学校の授業で，郷土学習として岡山県の伝統《でんとう》や歴史について学習したよ。

ハヤト：具体的には何について学習したの？

イズミ：まず備前焼《びぜんやき》について学んで，校外学習で土ひねり体験をしてきたよ。

ハヤト：備前焼の名前は聞いたことがあるけど，どんなものかはあまり知らないな。

イズミ：備前焼は，岡山県備前市伊部《いんべ》を中心に作られている，とても長い歴史を持つ陶器《とうき》だよ。今でも①愛知県《あいち》の瀬戸焼《せとやき》や，滋賀《しが》県の信楽焼《しがらきやき》などとともに，日本を代表する六《ろっ》古窯《こよう》の１つに数えられているの。

ハヤト：備前焼は，いつ頃誕生《たんじょう》したの？

イズミ：諸説《しょせつ》あるけど，その起源《きげん》は②古墳《こふん》時代に用いられた土器にあって，より実用的で耐久性《たいきゅう》をもつ陶器として，③平安《へいあん》時代末期から鎌倉《かまくら》時代にかけて本格的《ほんかくてき》に作られるようになったみたい。備前焼は，絵巻《えまき》『一遍上人《いっぺんしょうにん》絵伝《えでん》』の備前福岡市《びぜんふくおかのいち》の場面の中でも描かれているよ。実は九州の福岡という地名は，この備前の福岡を由来《ゆらい》としているんだ。④豊臣秀吉らに仕えた黒田官兵衛《くろだかんべえ》の息子長政《ながまさ》が，⑤関ヶ原《せきがはら》の戦いの功績《こうせき》で与えられた筑前《ちくぜん》の城を，自分たちがもともと住んでいた備前の福岡にちなんで，福岡城と名付けたのがそのはじまりとされているんだよ。

ハヤト：そのようなつながりがあったんだ。

イズミ：日本の地名をくわしく調べてみると，これまでの歴史が深く関係しているものがたくさんあって，とてもおもしろいよ。

ハヤト：備前焼以外には，どんなことを学習したの？

イズミ：岡山県出身の人物についても学習したよ。そのうちの１人が，現在の総社《そうじゃ》市に生まれた⑥雪舟《せっしゅう》で，彼は当時の室町《むろまち》文化に大きな影響《えいきょう》を与えたみたい。

ハヤト：僕も自分の住んでいる地域について，また調べてみようかな。

問１　下線部①について，尾張《おわり》（愛知県）出身の織田信長《おだのぶなが》は，室町幕府をほろぼした後，当時の交通の要所《ようしょ》を，天下統一に向けての本拠地《ほんきょち》としました。これについて，あとの問いに答えなさい。

（１）　本拠地の地名を**漢字で**答えなさい。

（２）　（１）の位置として正しいものを次の地図中の（ア）～（エ）から１つ選び，記号で答えなさい。ただし，地図中の境界線は，現在の都道府県の境界をあらわしています。

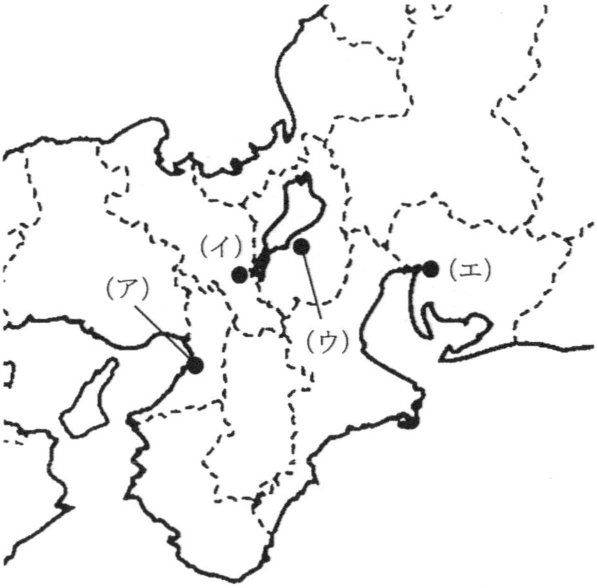

問２　下線部②について，当時作られた前方後円墳《ぜんほうこうえんふん》の代表例として，稲荷山《いなりやま》古墳と江田船山《えたふなやま》古墳があげられます。これらの古墳の位置や，出土品に関する次の資料Ａ～Ｃから読み取れることにふれながら，５世紀頃の大和政権の勢力範囲について50字以内で説明しなさい。

資料Ａ　稲荷山古墳と江田船山古墳の位置

資料Ｂ　江田船山古墳から出土した鉄刀

資料Ｃ　稲荷山古墳から出土した鉄剣

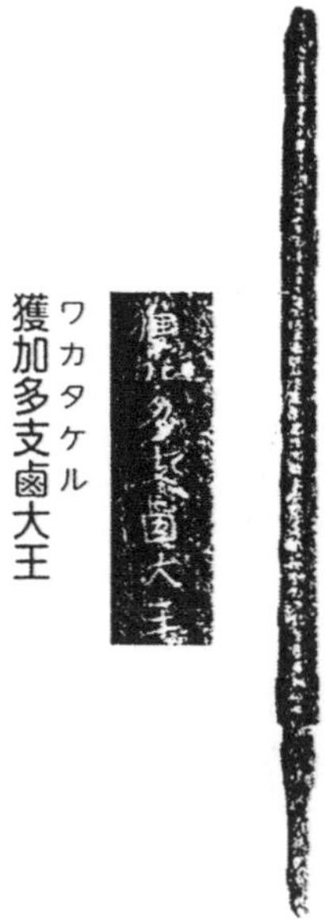

問３　下線部③について，この時代に関して述べた次の文Ｘ・Ｙの正誤の組み合わせとして正しいものを，下の（ア）～（エ）から１つ選び，記号で答えなさい。

Ｘ　藤原《ふじわら》氏は，自身のむすめを天皇《てんのう》のきさきとし，天皇とのつながりを強くすることで，朝廷《ちょうてい》の政治を動かすようになった。

Ｙ　古くからの日本人の考え方を明らかにする国学《こくがく》がさかんとなり，本居宣長《もとおりのりなが》の『古事記伝』などの書物が生まれた。

	（ア）	（イ）	（ウ）	（エ）
Ｘ	正	正	誤	誤
Ｙ	正	誤	正	誤

問４　下線部④について，豊臣秀吉に関する次の文章の空欄《くうらん》に当てはまる語句を**漢字で**答えなさい。

> 豊臣秀吉は，（　　　　）に２度も軍隊を送りこみました。その結果，そこでは多くの人が犠牲《ぎせい》となったり，日本に連れ去られたりしました。そのなかには陶工《とうこう》もおり，彼らによって，日本で有田焼《ありたやき》や萩《はぎ》焼などのすぐれた焼き物がつくられるようになりました。

問５　下線部⑤について，関ヶ原の戦い以降に成立した江戸幕府《えどばくふ》に関して述べた文として正しいものを，次の（ア）～（エ）から１つ選び，記号で答えなさい。

（ア）朝廷の力を借り，天皇中心の国づくりを目指した。
（イ）幕府内の対立により，応仁《おうにん》の乱がおこり，幕府の権力《けんりょく》が衰《おとろ》えた。
（ウ）幕府は，成立した当初，商人たちに朱印状《しゅいんじょう》をあたえ，外国との貿易を保護した。
（エ）武士の裁判《さいばん》の基準となる法律《ほうりつ》として，御成敗式目《ごせいばいしきもく》を定めた。

問６　下線部⑥について，雪舟の作品として正しいものを次の（ア）～（エ）から１つ選び，記号で答えなさい。

（ア）

（イ）

（ウ）

（エ）

《このページには問題はありません》

4 次の資料は「明治時代の国家形成」についてまとめたノートです。これに関するあとの問いに答えなさい。

明治時代の国家形成

＊新政府の改革の特徴《とくちょう》：中央集権化と西欧化《せいおうか》

- 江戸《えど》時代までの身分制度を改め，法の下での平等を実現しようとした
- ［　①　］　【内容】日本全国に政府が任命した役人を派遣《はけん》し，地方が政府の方針に従うようにした
- ②地租《ちそ》改正　【目的】殖産《しょくさん》興業や徴兵《ちょうへい》令に基づく近代的軍隊の創設を支える財政基盤《きばん》をつくりあげるため
- ③学制の公布
- ④大日本帝国《ていこく》憲法の発布と国会の開設

＊外交方針：国際的地位の向上と条約改正の実現

（主な出来事）

- 岩倉使節団を派遣《はけん》する　【結果】条約改正交渉《こうしょう》は成功せず
- 鹿鳴館《ろくめいかん》を建設する　【目的】日本の積極的な西欧化を海外に示すため
- ノルマントン号事件が起きる　【結果】条約改正を望む声が高まった
- 日英同盟を結ぶ　【目的】ロシアに対抗するため
- ⑤日清戦争，⑥日露《にちろ》戦争が起こる　【結果】日本の勝利→日本の国際的地位が向上した
- 条約改正が実現する　【結果】欧米《おうべい》諸国と完全に対等な国家となった

問１　空欄《くうらん》［　①　］に当てはまる明治新政府の改革を**漢字４字で**答えなさい。

問２　下線部②について，次の文章は地租改正以前と地租改正以降の税収のあり方についてまとめたものです。文章中の空欄に当てはまる内容を５字以内で補いなさい。

> 地租改正以前は，その年の収穫高《しゅうかくだか》に基づいて課税されたため，天候など自然条件によって収穫高が左右され，政府の収入は不安定だった。それに対して，地租改正以降は，［　　　　］に基づいて課税されたため，収穫高によらず，政府は安定した収入を得られるようになった。

問３　下線部③について，次のグラフは学制公布後の１年ごとの就学率の変化を示したものです。このグラフから読み取れることを述べた文として正しいものを，次の（ア）～（エ）から１つ選び，記号で答えなさい。

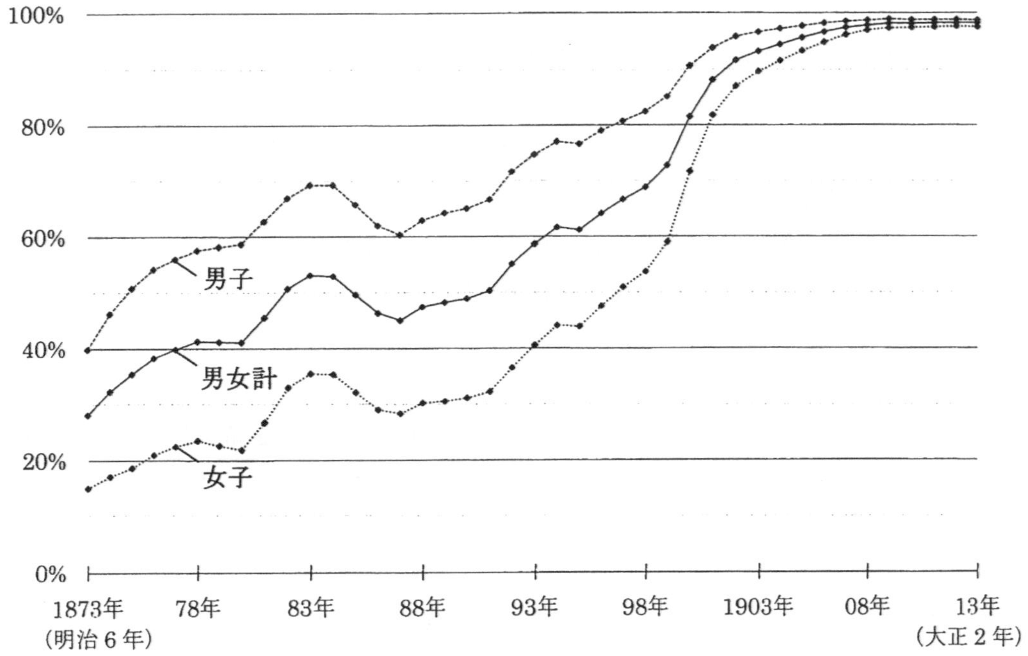

（文部科学省「学制百年史」より作成）

（ア）西南戦争が起こった年の就学率は，男子で 70%を超《こ》えている。

（イ）大日本帝国憲法が発布された年の就学率は，女子で 20%未満である。

（ウ）日清戦争が始まった年の就学率は，男女計で 50%を超えている。

（エ）日露戦争が始まった年の就学率は，男子，女子ともに 90%未満である。

問４　下線部④について，大日本帝国憲法や国会の開催《かいさい》などに関連して述べた文として正しいものを，次の（ア）～（エ）から１つ選び，記号で答えなさい。

（ア）大日本帝国憲法では，天皇が国を治める主権をもち，軍隊の指揮や統率をおこなうなど，のちの日本国憲法に比べて天皇の権限が強かった。
（イ）大日本帝国憲法では，言論や思想の自由は，おかすことのできない永久の権利として保障されていた。
（ウ）自由民権運動が進展していく中で，国会の開設に備え，板垣退助《いたがきたいすけ》は立憲改進党を，大隈《おおくま》重信《しげのぶ》は自由党をそれぞれ創設した。
（エ）第１回衆議院議員選挙の有権者は，国税を一定以上納めている満25歳《さい》以上の男性に限られており，全人口の約20%にしか参政権が与《あた》えられなかった。

問５　下線部⑤について，日清戦争の講和条約の名称《めいしょう》とその条約を結ぶ際に活躍《かつやく》した外務大臣の組み合わせとして正しいものを，次の（ア）～（エ）から１つ選び，記号で答えなさい。

（ア）講和条約：ポーツマス条約	外務大臣：陸奥宗光《むつむねみつ》
（イ）講和条約：ポーツマス条約	外務大臣：小村寿太郎《こむらじゅたろう》
（ウ）講和条約：下関条約	外務大臣：陸奥宗光
（エ）講和条約：下関条約	外務大臣：小村寿太郎

問6　下線部⑥について，日露戦争の講和条約が結ばれた時点での日本の領域を示した地図として正しいものを，次の（ア）～（エ）から1つ選び，記号で答えなさい。なお，地図中のぬりつぶされた部分が，日本の領域を示しています。

（ア）

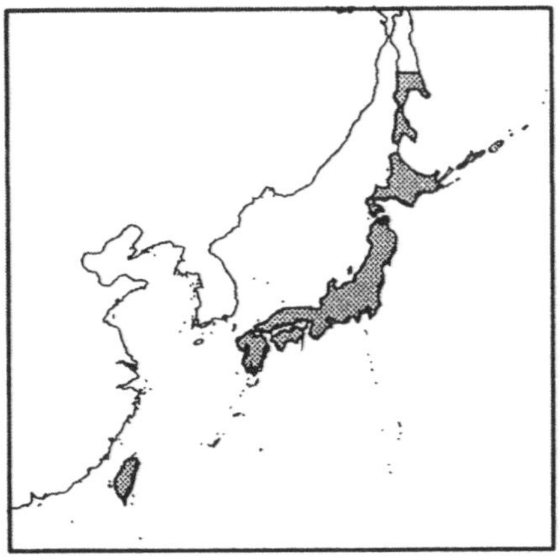

（イ）

（ウ）

（エ）

5　次の文章を読んで，あとの問いに答えなさい。

①2022年6月22日に第26回参議院議員選挙が公示《こうじ》され，7月10日に投開票が行われました。選挙権は，国民にとって政治に対する意見を表明《ひょうめい》する大切な権利として憲法で守られています。今回の選挙は，自由民主党などの憲法改正に前向きな政党が議席数を伸《の》ばしました。

②日本国憲法は（　A　）年11月3日に公布されて以来《いらい》，一度もその内容は改正されていません。しかし，時代の流れに合わせて，憲法の内容を変えようという意見も出ています。例えば，三大原則の１つである（　B　）について示した第９条の内容を見直すべきだ，というものです。この条文では，日本が戦争を起こすことや，そのための武力を所持することを禁止することが定められています。しかし，他国との外交関係を考えた上で，憲法解釈《かいしゃく》の枠内《わくない》で法律の整備がなされることもありました。例えば，③国際連合が取り組んでいる紛争《ふんそう》発生地域への支援《しえん》について，日本はもともと経済的な支援しか行っていませんでしたが，1992年には自衛隊を現地に派遣《はけん》できるよう，法律をつくりました。

このように，政治の決定は私たちを取り巻く社会を左右します。そのため，私たちは選挙を通して政治について考え，選択《せんたく》をする必要があります。しかし，④最近は選挙の投票率が低迷《ていめい》していることが問題視されており，その解決を迫《せま》られています。

問１　文中の空欄《くうらん》（　A　）に当てはまる数字を答えなさい。また，空欄（　B　）に当てはまる語句を**漢字で**答えなさい。

問２　下線部①について，この年はアメリカから日本のある地域が返還《へんかん》されて50周年にあたります。返還された地域は現在の何県にあたるか，**漢字で**答えなさい。

問３　下線部②について，あとの問いに答えなさい。

（１）　日本国憲法で定められている国会の役割や三権分立に関して述べた文として正しいものを，次の（ア）～（エ）から１つ選び，記号で答えなさい。

（ア）国会議員によって提出された法律案は，衆議院と参議院の両方で可決された後，内閣総理大臣によって公布される。

（イ）国会には，法律を制定すること以外にも，外国と結んだ条約を承認することや市町村ごとに適用する条例を制定するなどの役割がある。

（ウ）国会は，内閣総理大臣を指名することや内閣不信任を決議することができる一方で，内閣総理大臣は衆議院を解散させることができる。

（エ）国会は，最高裁判所の長官を指名することができる一方で，裁判所は国会の制定する法律が憲法に違反《いはん》していないかを審査《しんさ》することができる。

（２）　次の文章は，国民に保障される基本的人権に含《ふく》まれる権利について定められた第**25**条の条文を示しています。資料中の空欄に当てはまる語句を６字で答えなさい。

１　すべて国民は，（　　　　　　　　）な最低限度の生活を営《いとな》む権利を有《ゆう》する。 ２　国は，すべての生活部面について，社会福祉《しゃかいふくし》，社会保障，及《およ》び公衆衛生《こうしゅうえいせい》の向上及《およ》び増進《ぞうしん》に努めなければならない。

問４　下線部③について，あとの問いに答えなさい。

（１）次の文章は，国際連合が結成される際に採択《さいたく》された国連憲章の第 24 条の一部です。文章中の空欄には，国際連合のある組織が当てはまります。この組織の正式名称《せいしきめいしょう》を**漢字で**答えなさい。

（前略《ぜんりゃく》）国際連合加盟国は，国際の平和及び安全の維持《いじ》に関する主要な責任を（　　　　　）に負わせるものとし，・・・（以下略）

（２）次の資料は，国際連合によって採択されたある条約の要点《ようてん》をまとめたものです。資料が示す条約の内容の実現を目指して活動している国際連合の組織を答えなさい。

子どもに認められる権利	内容
生きる権利	住む場所や食べ物があり，医療《いりょう》が受けられるなど，命が守られること。
育つ権利	教育を受けられ，自分の考えや信念が守られて，自分らしく育つことができること。
守られる権利	虐待《ぎゃくたい》や搾取《さくしゅ》から守られ，障がいのある子どもや少数民族の子どもなどは特別に守られること。
参加する権利	自由に意見を表したり，団体を作ったり，自由な活動を行ったりできること。

問５　下線部④について，次の表は 1993 年から 2021 年までに行われた衆議院議員選挙の投票率の変化を年代別にまとめたものです。これをもとに述べた文として**誤っているもの**を，下の（ア）～（エ）から１つ選び，記号で答えなさい。

表

年	1993	1996	2000	2003	2005	2009	2012	2014	2017	2021
回	40	41	42	43	44	45	46	47	48	49
10 代	－	－	－	－	－	－	－	－	40.4	43.2
20 代	47.4	36.4	38.3	35.6	46.2	49.4	37.8	32.5	33.8	36.5
30 代	68.4	57.4	56.8	50.7	59.7	63.8	50.1	42.0	44.7	47.1
40 代	74.4	65.4	68.1	64.7	71.9	72.6	59.3	49.9	53.5	55.5
50 代	79.3	70.6	71.9	70.0	77.8	79.6	68.0	60.0	63.3	62.9
60 代	83.3	77.2	79.2	77.8	83.0	84.1	74.9	68.2	72.0	71.4
70 代以上	71.6	66.8	69.2	67.7	69.4	71.0	63.3	59.4	60.9	61.9
全体	67.2	67.5	62.4	59.8	67.5	69.2	59.3	52.6	53.6	55.9

数値の単位はパーセント（%）

（総務《そうむ》省「国政選挙における投票率の推移《すいい》」より作成）

（ア）2017 年以降の選挙では，18 歳以上の男女に選挙で投票する権利が与《あた》えられた。

（イ）1993 年から 2021 年にかけて，20 代の投票率が最も大きく下がった。

（ウ）阪神淡路大震災が起きた翌年の選挙では，全体の投票率は前回より上がった。

（エ）東日本大震災が起きた翌年の選挙では，40 代の投票率は６割を下回った。

令和五年度　岡山白陵中学校入学試験

国語解答用紙

受験番号	

得点

※100点満点

一

問1

①

②

③

④

⑤

⑥

⑦

⑧

⑨ （ける）

⑩

問2

ⓐ

ⓑ

ⓒ

問3

小計

18点

二

問1

A

B

C

問2

問3

問4

問5

42点

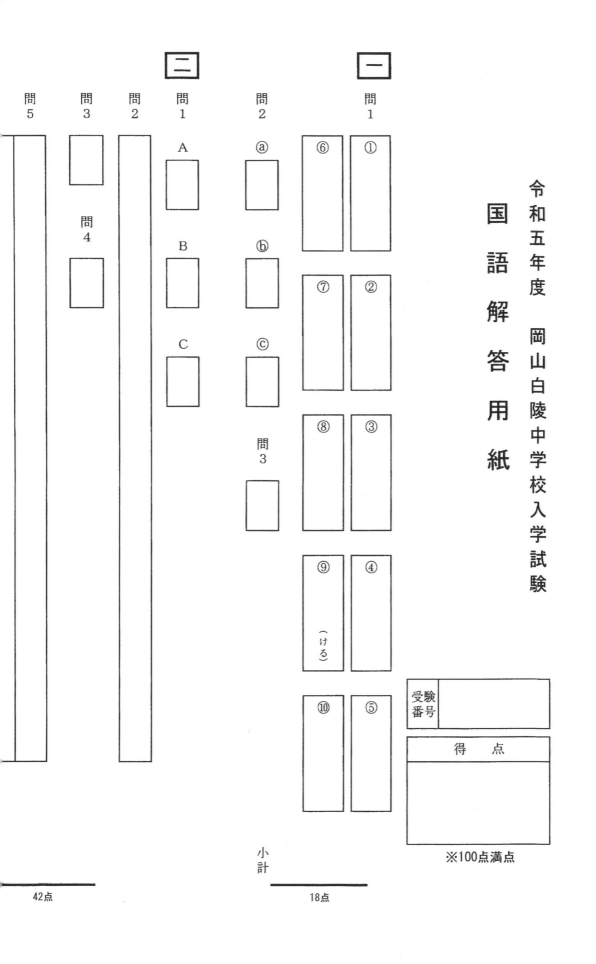

国語解答用紙

令和五年度　岡山白陵中学校入学試験

受験番号

得点

4 20点

(1)	通り	
(2)	(ア)	
	(イ)	通り
	(ウ)	通り

5 15点

(1)

分　　秒

(2)

分後

受験番号		得点	

※100点満点

4

問1	時速　　　　km	問2	②		③

問3	(1)	km	(2)	分

問4

(1)

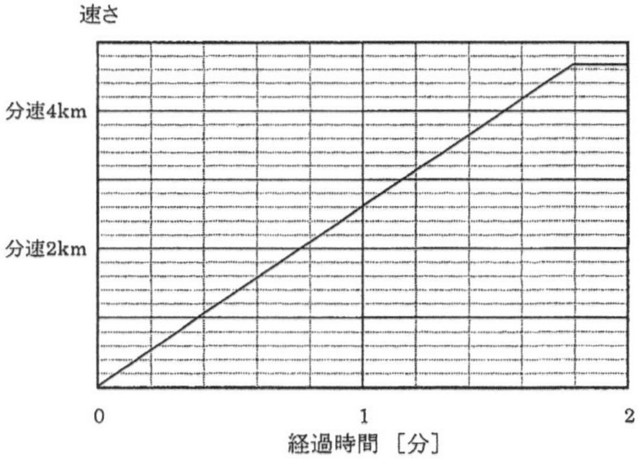

(2)　　　　m

小計	

23点

受験番号	

得点	

※80点満点

問3		問4		問5		問6	

小計	

18点

4

問1				
問2				

問3		問4		問5		問6	

小計	

12点

5

問1	A		B		問2

問3	(1)		(2)						

問4	(1)		(2)		問5	

小計	

20点

受験番号		得点	

※80点満点

令和５年度　岡山白陵中学校入学試験　　社　会　解　答　用　紙

1

問1		問2	

問3	(1)	A		B		C		(2)	

小計	

15点

2

問1	位置		名前		問2

問3	A															
	B										10					

問4	表		図	

小計	

15点

3

問1	(1)		(2)	

															15

【解答用

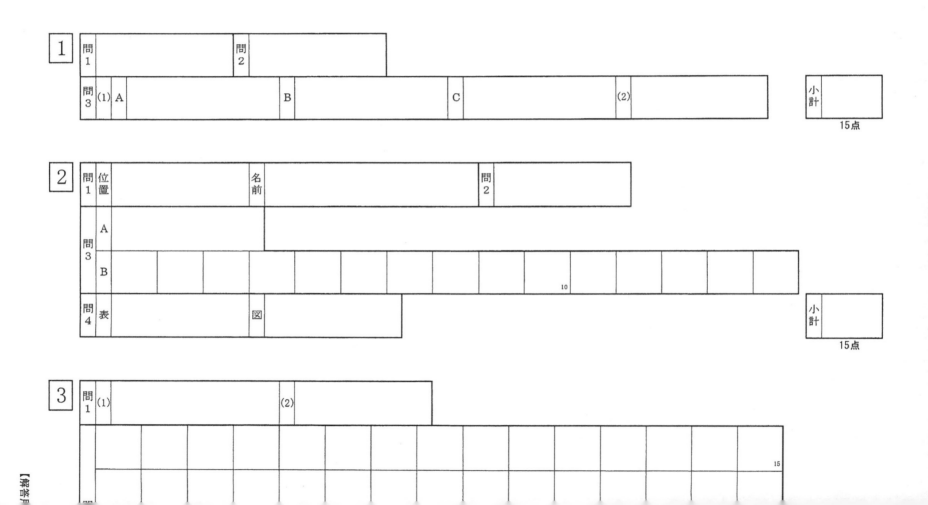

令和5年度　岡山白陵中学校入学試験　　**理　科　解　答　用　紙**

1

問1		問2		問3		問4	目盛り分
問5	(1)		(2)				

小計	

19点

2

問1	g	問2	(1)		(2)	g	問3	g
問4		問5						

小計	

19点

3

問1	(1)		(2)		(3)		問2	
問3		問4						

小計	

【解答

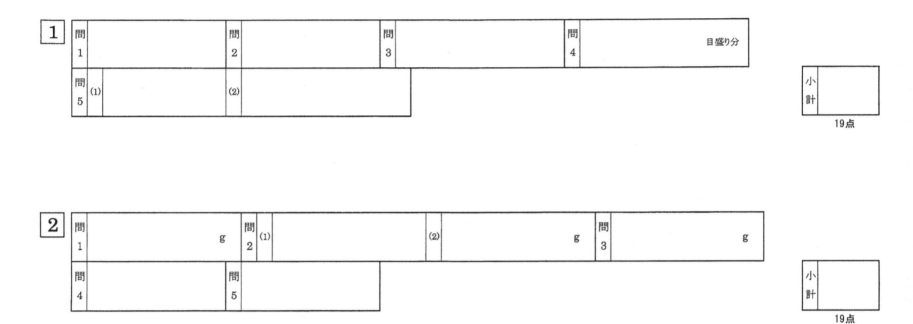

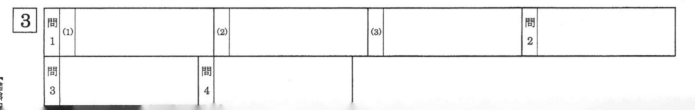

令和５年度　岡山白陵中学校入学試験

算数解答用紙

1　30点

(1)		(2)		(3)	ページ
(4)	通り	(5)	cm^2	(6)	cm^3

2　15点

[Ⅰ]	(1)	cm^2	(2)	cm^2
[Ⅱ]	A　個，B　個，C　個，D　個，E　個			

3　20点

(1)

毎分　m

(2)

分後

(3)

分後，　地点

三

問1

A

B

C

問2

問3

a

b

c

d

問4

問5

問6

a

b

c

d

小計

40点

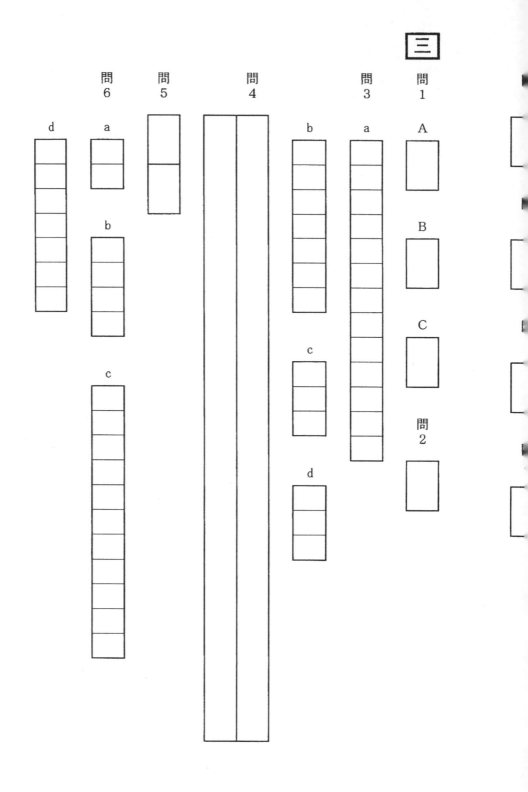

令和四年度

岡山白陵中学校入学試験問題

国語

受験番号	

注意

一、時間は五〇分で一〇〇点満点です。

二、問題用紙と解答用紙の両方に受験番号を記入しなさい。

三、開始の合図があったら、まず問題が一ページから二一ページまで、順になっているかどうかを確かめなさい。

四、解答は解答用紙の決められたところに書きなさい。

五、字数制限のあるものについては、句読点も一字に数えます。

一

次の各問いに答えなさい。

問1　次の①～⑩にある――線部のカタカナを漢字に直しなさい。

① コライ、桜は日本人にとって特別な花である。

② オリンピックはスポーツを通じた平和のサイテンだ。

③ モンシロチョウは世界中に広くブンプしている。

④ 夏にヒデりが続くと、稲《いね》の生育に悪影響《あくえいきょう》を与《あた》える。

⑤ ヒジョウなまでの厳しい罰則《ばっそく》は設けるべきでない。

⑥ 体の大きな動物が小さな動物に対していつもユウイだとは限らない。

⑦ 昨年は岡山県にも緊急《きんきゅう》ジタイ宣言が出された。

⑧ その汚職《おしょく》事件によって彼《かれ》の支払《しはら》ったダイカは余りにも大きい。

⑨ 歩行者の安全のため、自動車に歩行者検知機能がヒョウジュン装備された。

⑩ あの研究者は独自の視点にシンコッチョウがある。

問2　次の(1)～(4)の文章の後にあるア～エは、――線部ア～エの改め方を示しています。そのうち、不適切な表現を改善している選択肢《せんたくし》をそれぞれ選び、記号で答えなさい。

(1)　この度《たび》は当サイトをアご利用くださり、ありがとうございます。ご注文の品は、申し訳ありませんが現在入荷《にゅうか》待ちです。お届けは二週間後をイ予定していますので、今しばらくウお待ちしてください。なお配送の日程が決まりましたら、改めてエお知らせします。

ア　ご利用くださり　→　ご利用申し上げ
イ　予定しています　→　予定しております
ウ　お待ちしてください　→　お待ちください
エ　お知らせします　→　お知らせになります

(2)　発表から何年たっても少しもア色あせない作品がある。もしドイツの児童文学でイあげるとしたら、おそらくその一つはミヒャエル＝エンデのウ『はてしない物語』だろう。まるで自分も本の中にエ入りこんで、主人公と一緒《いっしょ》に冒険《ぼうけん》できる。全ての子どもたちにぜひ読んでほしい作品である。

ア　色あせない　→　色あせる
イ　あげるとしたら　→　あげるとき
ウ　『はてしない物語』だろう　→　『はてしない物語』だ
エ　入りこんで　→　入りこんだように

(3) 周囲の状況《じょうきょう》を見て身勝手な行為《こうい》をつつしむことは確かに必要だ。ア例えば「人の振《ふ》り見てわが振り直せ」もそれに関係することわざである。イしかしそのことは自分で考えることをやめることにもつながりかねない。ウところで自分の意志を持つことをためらうことにもなるだろう。エだから、人の振りを見てばかりではいけない。

ア　例えば　→　ただし
イ　しかし　→　ところが
ウ　ところで　→　あるいは
エ　だから　→　それから

(4) 漢帝国《かんていこく》の創始者劉邦《りゅうほう》は、おもしろい人物だ。一介《いっかい》の農民として生まれ、秦《しん》の国に対する反乱軍の将とア仕立て上げ、楚《そ》の国の大将軍項羽《こうう》の怒《いか》りをかわしながら着々と力をイたくわえて、最後はその項羽をウ打ち破り、覇者《はしゃ》となった。酒を愛する一見普通《ふつう》の男を皇帝《こうてい》にエ押《お》し上《あ》げたのは、彼を慕《した》う周囲の人々だった。

ア　仕立て上げ　→　仕立て上げられ
イ　たくわえて　→　たくわえさせて
ウ　打ち破り　→　打ち破らせ
エ　押し上げ　→　押し上げられ

（このページに問題はありません）

二　次の文章を読んで、後の問いに答えなさい。

中学校一年生の「ぼく(雅也《まさや》)」は、「おじさん」の知り合いの「志保子《しほこ》さん」が運営する「北の太陽」という「家」でひと夏を過ごすことになる。「北の太陽」には、さまざまな事情で親と生活できない五人の子どもたち(中学校一年生の「海鳴《かいなる》」、小学校五年生の「杏奈《あんな》」、三年生の「ゆず」、一年生の「瑛介《えいすけ》」、最年少の「麻央《まお》ちゃん」)が暮らしている。ある日の午後、志保子さんが食堂にみんなを集めて話を始める。

「さてみなさん。きょうの午前中、杏奈、ゆず、麻央ちゃんの三人は、ピアノ(注1)を教えてもらいに行きました。そこで先生に、秋の発表会に出てみませんかと、さそっていただきました。それだけ、一生懸命《いっしょうけんめい》に、練習をしているということです」

「わあー。よかったね」

声を上げたのは、瑛介だった。なのに女の子たちは瑛介の声に、むしろうつむいてしまった。

いやな予感がする。

志保子さんは「ところが」と、ひと呼吸おく。

「困ったことに、その発表会に、ドレスを着たいと、杏奈とゆずが言い出しました」

「だって、みんなドレスを着て演奏するって言ってた」

「みんな？　本当ですか、杏奈？」

「そうよ。みんな、ドレスを着るって。ね、ゆず」

「う、うん」

「先生も、なるべくドレスがいいって」

語気を強めて、杏奈が主張するということは、志保子さんから、反対されたってことか。

「それはへんですね。わたしが先生に電話をして聞いたら、制服やふだん着で参加する子もいると、おっしゃっていました」
「ズルいよ。電話するとか！」
杏奈がどなる。
ゆずはチラッと、志保子さんを横目でにらむ。
「でも、制服で出るのは、男子だし。ふだん着の子は、ふだんから一生懸命に練習してない」
杏奈は折れる気はないみたいだ。
ぼくたち男子三人は、なんとなく、ぽかんと聞いていた。どうしてもめているのか、かんじんなところがわからない。
「志保子さん。ドレスだと、どうしてだめなんですか？」
①これくらいなら、口をはさんでもかまわないだろうと、ぼくは聞いた。
「いくらかかるのかは、わかりませんが、そういった予算はここにはないということです」
「よさんって、なに？」
瑛介がきょとんとした目を海鳴に向けた。
「お金だよ。瑛介がほしいおもちゃがあっても、お金がなきゃ買えないだろ」
「そういうことです」
志保子さんが、うなずきながら、女の子たちを見る。
「買うんじゃない、借りるの」
「どちらにしても、そういうわがままを言われると困ります」
「こんなのが、わがままですか？」
「ここではそうです」
「じゃあ、もう発表会に出るのあきらめる」
杏奈がふてくされる。
②ちょっとかわいそうに思えた。発表会にドレスを着るなんて、普通《ふつう》にやってる家庭はたくさんあるのに。やっぱりここは、普通の家とは呼べない。

「いいですか。発表会に出るなとは言ってません。ドレスも用意していただけないか、福祉《ふくし》協議会や、ボランティアセンターに問い合わせてみます」

「そんなのいや。ちゃんとしたのがいい」

「杏奈。ちゃんとしたのとは、どういう意味ですか」

「だから、お店に並んでる中から自分で選びたい。ピアノ教室に、パンフレットもあったよ。段ボールに入った服はもういや」

「ちゃんと新しい服も買っているでしょ」

「でも、みんなそんなふうに思ってない。ずっとどこかの倉庫の奥《おく》に、何年も眠《ねむ》ってたやつで、安い洗剤《せんざい》とほこりのにおいしかしないって、そう思ってる」

「なんですか。多くの善意を、踏《ふ》みにじるような言い方をして」

「わたしが言ってるんじゃない！」

志保子さんにたしなめられたとたん、③杏奈が鋭利《えいり》な刃物《はもの》のような目つきになった。

「学校で言われてるよ。くんくんくんくん、安い洗剤のにおいがするって。いままで志保子さんや(注2)栄《さかえ》さんに悪いと思って、だまっていたけど」

よほどがまんしていたんだろう。杏奈のひとみから、涙《なみだ》があふれた。

志保子さんもだまってしまった。

重い空気が立ちこめる。

「ねえ、杏奈、知ってる？」

海鳴は、ここは年長の自分が、どうにかしなきゃと思ったのだろう、やさしい声で話しかけた。

「(注3)みつばちマーヤの冒険《ぼうけん》の中に、こんなのがある。――運命がひきはなしたものを、またいっしょにしてはならないよ、という、ばらこがねのクルトのセリフ。

どういうことだと思う？　ぼくはこう思う。ぼくたちは、ぜいたくとはけっしていっしょになれない運命なんだ。

だからぜいたくを知ってしまうと、いつか身をほろぼすことになる。もちろん将来、自分の力でぜいたくできる境遇《きょうぐう》になれたら、それはいいと思うけど」
「ドレスを着るって、ぜいたくなの？」
目を真っ赤にして杏奈はうったえる。
「いまのぼくたちにはね」
海鳴は、きぜんと答える。ぼくは胸が苦しくなった。
海鳴がぼくを見て言った。
「雅也はどう思う？」
「えっ、ぼくの意見？」
「だって、北の太陽の一員だもん」
海鳴は平然と言うけど、ぼくには答える準備もなければ、経験もなかった。
杏奈やゆずが、ドレスを着たい気持ちは理解できる。でもお金の問題となると、話はちがってくる。
海鳴は志保子さんにも気をつかっているのだろう。そう考えると、④ここで自分の考えを主張するなんて、こっけいな気がする。
「もしかして、自分の気持ちがないの？」
「いや、そんなことないけど」
「自分の意見に、自信がないとか？」
「それは……あるかも」
ぼくの意見は、よくクラスの和を乱した。
「話しても、だれかを不快にしてしまうかも。そう考えると、話すことに意味があるのかなって、そう思う」
「それでも、わかりあうためには、言葉にするしかないと思う。ここではみんなが自由に発言できる。みんな同じ太陽の下にいる。だから、もしなにか思っているなら、話して」
ぼくはとてもうれしかった。いままで自分の言葉を、こんなにていねいにあつかってくれたのは、両親とおじさんだけだ。

「それなら言わせてもらうけど、ドレスは着せてあげたい。それはあたりまえの感情だし、かなえてあげるのは、大人の責任だと思う。たとえドレスが似合わないとしても」

ぷっと、海鳴が吹《ふ》き出《だ》した。

「えっ、なにかおかしい？」

「あ、いや。⑤それでいいよ」

応援《おうえん》したつもりが、杏奈もゆずも、ぼくをいやそうな目で見る。

「ねえ、志保子さん。お金なら借りればいいじゃないですか」

ぼくなりに考えて言った。

「そういうくせを、いまからつけてほしくありません」

志保子さんはがんとして、意志を曲げる気はないみたいだ。

「瑛介はどう思う？」

海鳴が聞くと、

⑥「ぼくもドレス、きてみたい」

と、的外れなことを言って笑わせた。

（村上《むらかみ》しいこ『みつばちと少年』による）

（注１）ピアノを教えてもらいに行きました――「杏奈」たち女の子は、ピアノを無料で教えてもらっている。

（注２）栄さん――志保子さんの娘《むすめ》で、「北の太陽」には、子どもたちの世話をする手伝いに来ている。

（注３）みつばちマーヤの冒険――ドイツの作家、ワルデマル・ボンゼルスの児童文学作品。物語のなかで、主人公の「マーヤ」はさまざまな虫たちと出会い、成長していく。

問1 ――線部①「これくらいなら、口をはさんでもかまわないだろう」とありますが、このときの「ぼく」の気持ちとして最も適当なものを次のア～オから選び、記号で答えなさい。

ア 志保子さんと杏奈が言い争いになったいきさつくらいなら、「北の太陽」で今後もずっと世話になるわけではない自分が聞いても、志保子さんはていねいに答えてくれるだろう。

イ 志保子さんが杏奈たちにドレスを着させない理由くらいなら、「北の太陽」のなかでも年長の自分が志保子さんの代わりに教えてあげても、だれも不自然には思わないだろう。

ウ 杏奈たちが発表会でドレスを着ていいかどうかくらいなら、「北の太陽」で世話になっている自分が杏奈たちの代わりに聞いてあげても、だれもお節介《せっかい》だとは思わないだろう。

エ 志保子さんと杏奈がこのまま仲たがいするくらいなら、「北の太陽」で生活して間もない自分が和解させようとしても、海鳴や瑛介は余計なお世話だとは思わないだろう。

オ 杏奈たちが発表会でドレスを着られない理由くらいなら、「北の太陽」に来たばかりの自分が志保子さんにたずねても、だれも差し出がましいとは思わないだろう。

問2 ――線部②「ちょっとかわいそうに思えた」とありますが、「ぼく」には、どのようなことがそのように思えたのですか。わかりやすく説明しなさい。

問3　――線部③「杏奈が鋭利な刃物のような目つきになった」とありますが、「杏奈」がどのような様子に見えたことをたとえているのですか。その説明として最も適当なものを次のア～オから選び、記号で答えなさい。

ア　志保子さんの真意を見抜いて、冷ややかに相手を見下している様子。
イ　志保子さんに疑念をもって、ひそかに反論の機会をうかがっている様子。
ウ　志保子さんに非難されて、理性を失いけんかごしになっている様子。
エ　志保子さんの思いを理解して、すがすがしい気持ちになっている様子。
オ　志保子さんに言い負かされて、自分の落ち度を必死に隠《かく》そうとする様子。

問４　——線部④「ここで自分の考えを主張するなんて、こっけいな気がする」とありますが、このときの「ぼく」の気持ちを説明した次の文章を読んで、後の⑴～⑶の問いに答えなさい。

杏奈やゆずの気持ちは理解できるが、志保子さんが言うように、［　　A　　］がないとなると、ここで杏奈を［B］ような考えを主張したところで、どうにもならないことはわかりきっている。そのうえ、海鳴は自分の考えを主張しながら、杏奈やゆずにだけでなく、［　　C　　］のに、それも台無しにしてしまうかもしれない。

⑴　［A］にあてはまることばを十五字以内で考えて答えなさい。

⑵　［B］にあてはまることばとして最も適当なものを次のア～オから選び、記号で答えなさい。

ア　かばう
イ　さとす
ウ　あざむく
エ　いざなう
オ　いさめる

⑶　［C］にあてはまることばを本文中から十五字以内で抜《ぬ》き出《だ》して答えなさい。

問5 ——線部⑤「それでいいよ」とありますが、「海鳴」はどのようなことに対して「それでいい」と言っているのですか。最も適当なものを次のア〜オから選び、記号で答えなさい。

ア だれも不快な思いをしてほしくないから自分の考えは言わないほうがましだと考えていた「ぼく」が、海鳴にうながされるままに話をしているものの、皮肉をまじえた本音を打ち明けたこと。

イ だれかを不快にするくらいなら自分の考えなど話す価値がないと思っていた「ぼく」が、言わなくてもいい余計なことまで言ってはいるものの、自分の考えを自分のことばで表明したこと。

ウ 今まで人の和を乱すような発言ばかりしてきた「ぼく」が、言い方にまずいところはあるものの、ぎすぎすしたその場の雰囲気《ふんいき》をなごませるために自分の意見を言う努力をしたこと。

エ 杏奈たちを心の中で応援しているようにみえた「ぼく」が、少々口がすべったところはあるものの、本心では志保子さんの考えに同調していることをほのめかす意見を言ったこと。

オ 自分の意見をはっきりと言える自信のなかった「ぼく」が、お世辞にも上手な言い回しだとは言えないものの、ユーモアをまじえた独創的な考えをみんなの前で発表したこと。

問6　――線部⑥「『ぼくもドレス、きてみたい』と、的外れなことを言って笑わせた」とありますが、本文全体の内容をふまえて、ここから読み取れることとして最も適当なものを次のア～オから選び、記号で答えなさい。

ア　「北の太陽」の仲間たちは、どんなに対立してもすぐに笑って許し合う、やさしくて思いやりのある人たちばかりだということ。

イ　「北の太陽」の子どもたちは、自らが背負っている不幸な運命に負けまいと、意識して明るくふるまいながら生きているということ。

ウ　年齢《ねんれい》や立場のちがいをこえて、たがいに思ったことを気がねなく発言できる人間関係を、「北の太陽」で暮らす人たちは培《つちか》っているということ。

エ　対立や失敗をおそれず、自分の意見をみんなの前で言えたときにはじめて、「北の太陽」の一員として認めてもらえるということ。

オ　どのような苦難も、明るく笑ってさえいれば乗りこえられるという信念を、「北の太陽」で暮らすだれもが持っているということ。

三　次の文章を読んで、後の問いに答えなさい。

インゴルド(注1)は自著『ラインズ』のなかで、「線」には、あらかじめ決まった始点と終点とを定規で結ぶような直線と、どこに行くか定まっていないフリーハンドの曲線との二種類がある、と言っています。

最初の直線は、目的を決めて、それに向かってまっすぐ進むような生き方に重なります。おそらく結果を重視する受験勉強やビジネスの世界などにあてはまるでしょう。試験に受からないと意味がない。ものが売れなければ仕方がない。受かるためには、売れるためにはどうしたらいいか。何があっても、その目標を効率的に達成したい。日々、そういう思いで生きている人は少なくないと思います。でもインゴルドに言わせれば、①そこには落とし穴がある。まず定められた目標以外のことを考えなくなる。ある種の思考停止に陥《おちい》る危険性があります。何かを成《な》し遂《と》げるにはどうしたらいいか、という問いの立て方からは、なぜ私たちはそうしようとしているのか、というそもそもの問いが排除《はいじょ》されています。でも、たとえ大学に合格できても、大学で何を学ぶのか、大学に行ったうえでどう生きていくのか、という大きな問いは残されたままです。

ビジネスの現場でも、そもそも何のために働いているのか、なぜそれを売りたいのか、その原点を問うことが重要なブレークスルー(注2)をもたらすことがあります。でも、その大切な問いはスルーされてしまう。

もうひとつの落とし穴は、目標に到達《とうたつ》することだけを考えた場合、その過程でどのように動くかとか、どんな手段を使って目標を達成するのかなどが問われなくなる点です。できれば最小限の努力やコストで、最短の時間で目標を達成したい。そうなると、その過程に起きるすべてが余計なことになります。

インゴルドの言葉を借りれば、それは出発前からすでに決まった経路をたどるだけの旅のようなものです。旅のおもしろさは、予定どおり目的地にたどりつくことより、その過程でどんなおもしろい出来事と出会えるかにかかっているのに、直線の旅は、そのプロセスを全部、余計なものにしてしまう。

それに対して、フリーハンドの曲線はどうでしょうか？　インゴルドは、それを徒歩旅行にたとえています。歩いている人は、進むにつれて変化し続ける眺望《ちょうぼう》や、それと連動して動いていく道の行き先に注意を払《はら》う。その途中《とちゅう》で起きることをちゃんと観察しながら進んでいる。だから偶然《ぐうぜん》の出来事に出会っても、それを楽しむ余裕《よゆう》がある。

その道すがらに出会う予想外の出来事は、とりあえず時刻表どおりに電車に乗って、計画どおりの日程をこなすことばかり考えている人にとって、旅の邪魔《じゃま》だと感じられるでしょう。しかしインゴルドは、フリーハンドの線にこそ、人は生き生きとした生命の動きを感じられるはずだと言います。

とはいえ、私たちは日々、時間に追われ、与《あた》えられた仕事や予定をこなすことで精一杯《せいいっぱい》です。ひとつの仕事を片付けたら、また別の仕事にとりかかる。そのあいだに周りをじっくり観察しながら進む余裕はありません。インゴルドの言葉は、そんな慌《あわ》ただしい日常を過ごす私たちにも②大切なことを思い出させてくれます。

私は毎朝、娘《むすめ》を幼稚園《ようちえん》のバス乗り場まで連れていくのですが、時間が決まっているので、いつも慌てて家を出ます。

「はい、急いで！」と娘に声をかけて急がせることもしょっちゅうです。

そのバス停の近くの生《い》け垣《がき》に二匹《ひき》の大きな蜘蛛《くも》が巣を張っていて、蜘蛛が大好きな娘はいつも「蜘蛛さん見る！」と言ってききません。そこでバスが来ないかひやひやしながら、二匹の蜘蛛にあいさつに行きます。毎日観察していると、お腹《なか》がふくれていたり、逆に少し細くなっていたり、蜘蛛の巣の張り方が変わっていたり、ちょうど巣にかかった虫に噛《か》みついていることもあります。そんなとき、私まで「おお！　すごい！」と、思わず写メを撮《と》ったりしています。

ほんとうにささいなことですが、インゴルドの言葉を読むと、もしかしたら限られた人生、娘を無事に幼稚園のバスに乗せることより、毎日、蜘蛛の様子を二人で観察して驚《おどろ》きや発見に満ちた瞬間《しゅんかん》を味わうことのほうが大切かもしれない、と思えてきます（バスに乗《の》り遅《おく》れると、あとがたいへんなのですが……）。

たぶん私たちの日常には、そんなふだんは気づかないところに「生きる喜び」が潜《ひそ》んでいる。なのに、たいていは気づかずに通り過ぎてしまう。でもそのささいな喜びを人生からすべて取り去ったら、あとに何が残るのか。そう考えさせられます。

私たちは小さいときから好きなことを我慢《がまん》してがんばりなさい、そうすればよりよい人生が送れる。そう言われ続けて大きくなりました。でも目標を達成したらそこで人生が終わるわけではない。目標の達成は通過点でしかありません。またそこで歩み続けなければならない。

大きな目標を達成することだけを目指して、それまでのあいだずっと周囲の変化や他者の姿に目をつぶって耳をふさぐ。そうやって「わたし」の変化を拒《こば》みながら足早に通り過ぎていくうちに、私たちは確実に「死」へと近づいています。

インゴルドも、フリーハンドの曲線のような人生だけがよりよく生きることだと言っているわけではありません。線には直線と曲線の二つがあるのに、私たちは知らないうちに直線的な歩みをしてしまいがち。だからこそ二つの歩み方があることを自覚できるかどうか。それが「よりよく生きる」ことにとって意味がある。たぶんそう考えているのではないかと思います。

周囲の変化に身体を開き、その外側に広がる差異に満ちた世界と交わりながら、みずからが変化することを楽しむ。いきあたりばったりの歩みのなかで「わたし」に起きる変化を[X]的にとらえる。そういう姿勢は、まさにさまざまに異なる他者とともに生きる方法です。そして、それは変化がいっそう激しくなるこれからの時代にこそ必要とされるのだと思います。

すべてが自動化され、先進技術に頼《たよ》らないと生きていけなくなる時代には、私たちの歩みは、最小限の努力で最大の効果をあげるようますます急《せ》かされるかもしれません。

そんな「効率」だけを求める志向性を私たちはすでに[Y]化しています。ナビやスマホの経路検索《けんさく》で「ここに行くにはこれが最短ルートです」と示される。ネット書店では「いまのあなたにオススメの本はこれです」と提案される。その指示に従うのが最適解で、それ以外は不正解のように感じられる。

そのとき、ふらふらと町を歩きながらたまたますてきな店を発見したり、本屋さんの本棚《ほんだな》を眺《なが》めているうちに人生を変える本と出会ったりする機会が失われる。人生は、往々にしてそんな偶然の出会いから「喜び」が得られるにもかかわらず。

もちろん人生には困難な出会いもあります。それはどんな生き方をしていても避《さ》けられない。でも苦しみを乗《の》り越《こ》えるためのヒントも、その変化に開かれた姿勢のなかにあるような気がします。

インゴルドの二つの線は、他者との二つのつながり方とも重なります。他者との境界に沿って、その差異を強調する「共感のつながり」は、「わたし」の存在の確かな手ごたえを与えてくれる大切な承認《しょうにん》の機会です。がんばって目標を達成すると満足感が得られる。それを人からほめられると、うれしくなる。そんなポジティブな感情をもたらします。でも、そこには同時に異質なものや変化を拒む力も潜んでいる。異質なものは大切な「わたし」を脅《おびや》かす存在であり、「わたし」が変えられてしまってはいけない、と。

これはあたかも最初に掲《かか》げた目標を達成することだけが重要であって、途中で目標が変わったり、目標とは関係ない出来事に出会ったりすることは邪魔なことでしかない、という直線的な生き方のようです。

一方、「わたし」が他者との交わりのなかで変わる「③共鳴のつながり」は、予想外の出来事や偶然の出会いで変化が生まれることを、みずからの糧《かて》にします。自分の生まれ育った世界とは違《ちが》う世界を生きる人や違う価値観の人との出会いをみずからの「喜び」に変える姿勢でもあります。

違いを拒まず、その違いとの交わりをみずからの可能性を広げるものとしてとらえる。するとひとつの固定したゴールを定めていないので、その違いを楽しむ余裕が生まれます。目標を達成できないと、ふつう「失敗」と見なされますが、人生の価値をはかるひとつの指標を定めない曲がりくねった線の上では、それは「失敗」ではなく、興味深い「変化」になります。困難や苦しみも人生の味わいになるかもしれません。

「わたし」や「わたしたち」が変化するからこそ、周囲の人や環境《かんきょう》も、自分自身もあらたな目でとらえなおすことができる。脅威《きょうい》に感じられた差異が可能性としての差異に変わる。それこそが、さまざまな差異に囲まれ、差異への憎悪《ぞうお》があふれるこの世界で、④他者とともに生きていく方法なのではないか。それが、私が文化人類学を学ぶなかで手にした実感だったように思います。

（松《まつ》村《むら》圭《けい》一《いち》郎《ろう》『はみだしの人類学』による）

（注１）インゴルド――イギリスの文化人類学者。文化人類学とは、様々な文化・社会を比較《ひかく》研究する学問のこと。

（注２）ブレークスルー――難関を突破《とっぱ》すること。

問1 ――線部①「そこには落とし穴がある」とありますが、それを説明した次の文章を読んで、後の(1)〜(3)の問いに答えなさい。

[A] には、目標に向かうにあたっての [B] のみに意識が向き、自分の行動の [C] は考えないという思考停止に陥る危険性がある。さらに [A] には、目標到達への効率ばかりが重視され、その [D] に意味を見《み》出《いだ》すという視点を一切《いっさい》もてなくなる危険性もあるということ。

(1) [A] にあてはまる表現を本文中から二十六字で抜《ぬ》き出《だ》して答えなさい。

(2) [B]・[C] にあてはまることばとして最も適当なものを次のア〜オからそれぞれ選び、記号で答えなさい。

ア 利得　イ 意義　ウ 順位　エ 方法　オ 短所

(3) [D] にあてはまることばを本文中から四字で抜き出して答えなさい。

問2　——線部②「大切なこと」とは、どのようなことですか。わかりやすく説明しなさい。

問3　本文中の X ・ Y にあてはまることばとして最も適当なものを次のア～オからそれぞれ選び、記号で答えなさい。

X ……〔ア　国際　イ　分析《ぶんせき》　ウ　肯定《こうてい》　エ　一元　オ　批判〕

Y ……〔ア　機械　イ　有料　ウ　形式　エ　問題　オ　内面〕

問4　——線部③「共鳴のつながり」とありますが、その具体例として最も適当なものを次のア～オから選び、記号で答えなさい。

ア　イスラム文化における宗教と生活の関係をインターネットで調べ、その文化独特の生活習慣を確認《かくにん》した。

イ　アフリカからの留学生と交流をする中で、むしろ自国文化についての気づきがあり新鮮な驚きを覚えた。

ウ　オリンピックで自国の選手の活躍《かつやく》している姿を見ると、自分の事のように感じられ誇《ほこ》らしい気分になった。

エ　中学校で他県出身の友人ができたが、同じ言葉でもアクセントが自分とは異なっており違和感《いわかん》を抱《いだ》いた。

オ　ＳＮＳの自分の投稿《とうこう》に支持が多く集まったとき、自分が認められたようで安心感を得ることができた。

問5 ――線部④「他者とともに生きていく方法」とありますが、それはどのような生き方のことを言っているのですか。わかりやすく説明しなさい。

問6 本文の表現や内容について説明した次のア～オから**適当でないもの**を一つ選び、記号で答えなさい。

ア 筆者と同じ研究分野における考え方を引用することで、自分の主張の説得性を高めようとしている。

イ 「落とし穴」や「旅」のような比喩《ひゆ》表現を入れることで、説明を具体的にイメージしやすくしている。

ウ 筆者の娘の話題といった身近な具体例により、専門家以外の読者でも理解できる書き方に努めている。

エ 「スマホ」「ネット書店」などの話題をからめ、文化人類学の知見を日常へつなげようとしている。

オ インゴルドの考え方と比べて違いを示すことで、筆者の主張の独自性を明確にしようとしている。

令和４年度

岡山白陵中学校入学試験問題

算　　数

受験番号	

注　意　１．時間は５０分で１００点満点です。

２．問題用紙と解答用紙の両方に受験番号を記入しなさい。

３．開始の合図があったら，まず問題が１ページから９ページまで，順になっているかどうかを確かめなさい。

４．解答は解答用紙の決められたところに書きなさい。

５．特に指示のない問いは，考え方や途中の式も書きなさい。

1 次の各問いに答えなさい。ただし，円周率は3.14とします。**(解答用紙には，答えのみを書きなさい。)**

（1） 次の計算をしなさい。

$17\times23+34\times19+51\times13$

（2） AはBの$\frac{7}{4}$倍であり，Cの0.7倍です。B:Cをもっとも簡単な整数の比で表しなさい。

（3） 3000円の商品を，3割値上げしたのち，その値から3割引いて売りました。売値はいくらですか。

（4） A，B，C，Dの4人がテストを受けました。4人の平均点は72点，BとDの平均点は71点で，CはAより12点高くなりました。Cの点数を求めなさい。

（5） 1，1，2，3を並べて4桁《けた》の整数を作ります。全部で何通りありますか。

(6)　下の図の斜線《しゃせん》部分の面積を求めなさい。ただし，太線の部分はそれぞれ A, B を中心とする円の一部です。

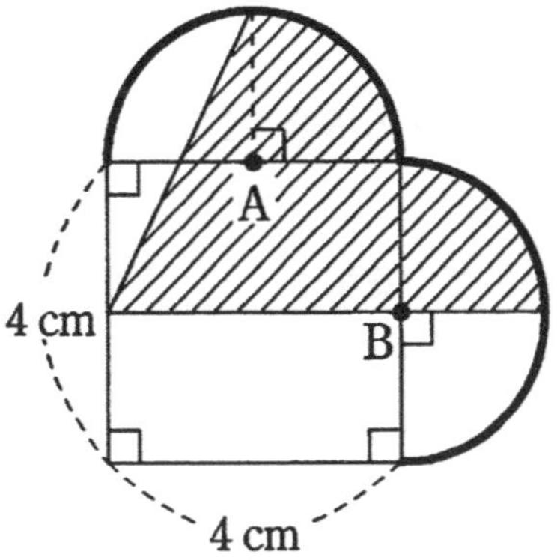

(7)　下の図形を，直線 ℓ を軸《じく》として 1 回転させてできる立体の体積を求めなさい。

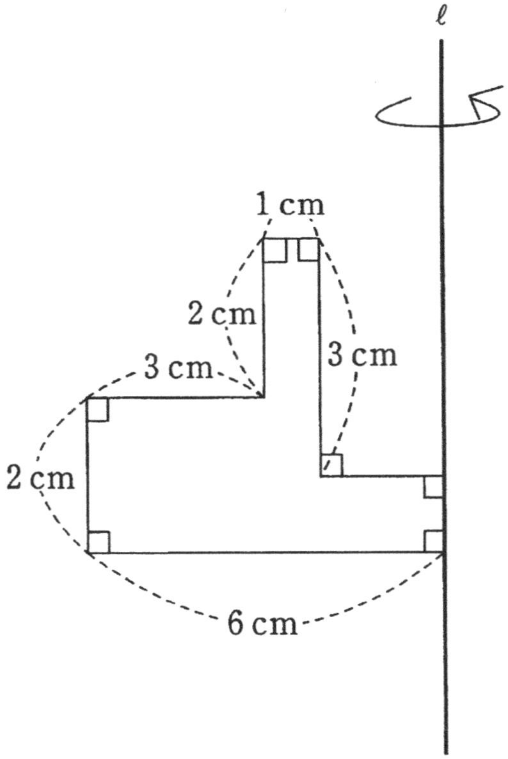

2 次の［Ⅰ］，［Ⅱ］の各問いに答えなさい。**(解答用紙には，答えのみを書きなさい。)**

［Ⅰ］あるクラスに 12 人の生徒がいます。この学校は 1 学期から 3 学期まであり，このクラスでは学期ごとに 6 つある係の生徒を決めます。3 学期までの間に誰《だれ》かが 2 回以上係をしなければなりませんが，同じ生徒が同じ学期中に複数の係をすることはできません。また，1 学期から 3 学期までの間に，全員 1 回は係をすることとします。このとき，次の問いに答えなさい。

（1） 1 人 2 回まで係ができる場合，2 回係をするのは何人ですか。

（2） 1 人 3 回まで係ができる場合，3 回係をする生徒の人数とちょうど 2 回係をする生徒の人数をそれぞれ ア 人， イ 人とするとき，ア と イ にあてはまる数の組み合わせをすべて求めなさい。ただし，例えば，ア が 0 人，イ が 5 人のときは，(0,5)と答えなさい。

［Ⅱ］ 1辺の長さが 12 cm の正方形の内部に図のように正方形を作ります。斜線部分の正方形 ABCD の面積を求めなさい。

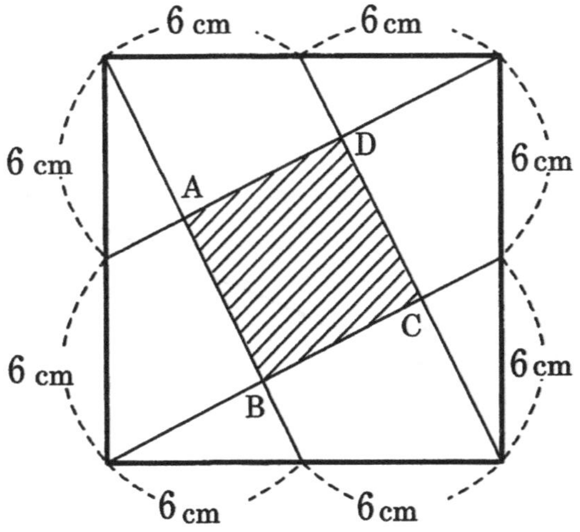

3　下の図のように，坂道に地点 A，B があり，A から B の方向に 300 m 上ったところに地点 C があります。S さんはこの坂道を上りは分速 60 m で歩き，下りはそれよりも速く歩くとします。S さんは，A から B に上り C まで下るとき 19 分 24 秒かかり，C から B に上り A まで下るときよりも 2 分多くかかりました。このとき，次の問いに答えなさい。

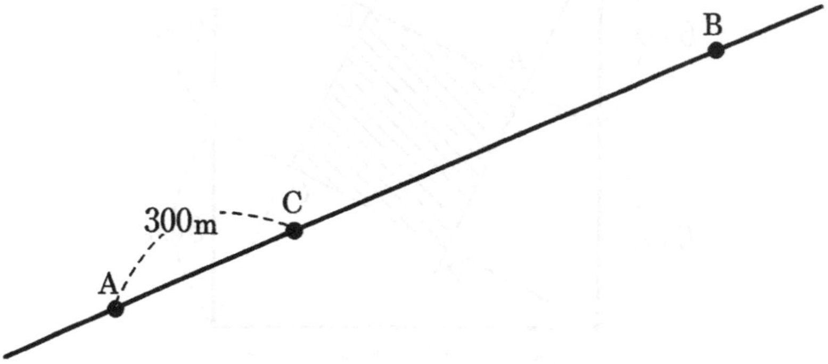

（1） S さんがこの坂道を下るときの速さを求めなさい。

（2） A から B までの道のりを求めなさい。

[このページに問題はありません。]

4　次のルールにしたがって，次の各図のマス目に数字を入れます。

ルール：　1つのマス目に1つの数字を入れます。
左右に隣《とな》り合うマス目に入る 2 つの数字は右側の数字の方が大きい。
上下に隣り合うマス目に入る 2 つの数字は下側の数字の方が大きい。

このとき，次の問いに答えなさい。**(解答用紙には，答えのみを書きなさい。)**

(1)　次の(図 1)，(図 2)の 5 つのマス目にルールにしたがって 1 から 5 の数字を 1 つずつ入れるとき，数字の並べ方はそれぞれ何通りありますか。

(図 1)

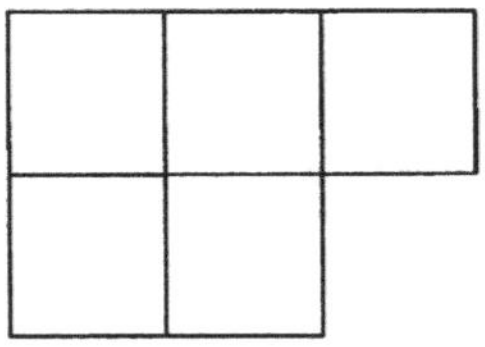

(図 2)

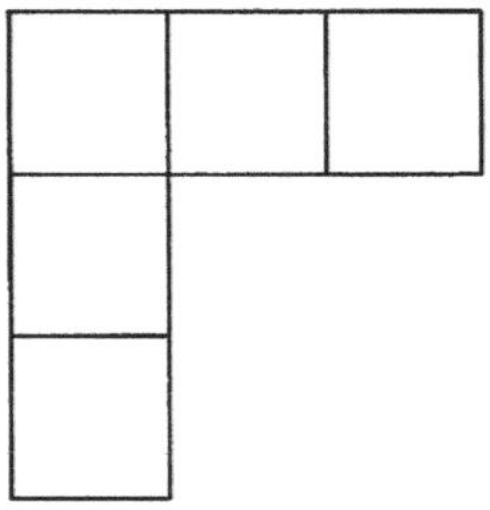

(2)　次の(図 3)，(図 4)の 6 つのマス目にルールにしたがって 1 から 6 の数字を 1 つずつ入れるとき，(図 3)において 1 番右下のマス目には 6 が入るので，数字の並べ方の総数は(1)の(図 1)の数字の並べ方の総数と等しいです。(図 4)の数字の並べ方は何通りありますか。

(図 3)

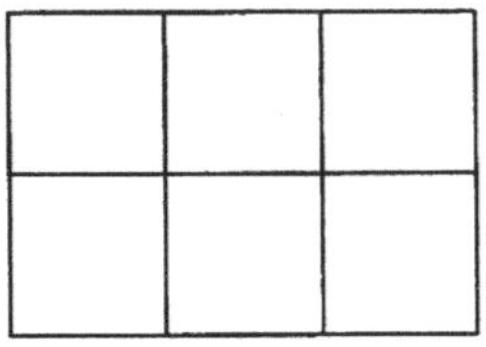

(図 4)

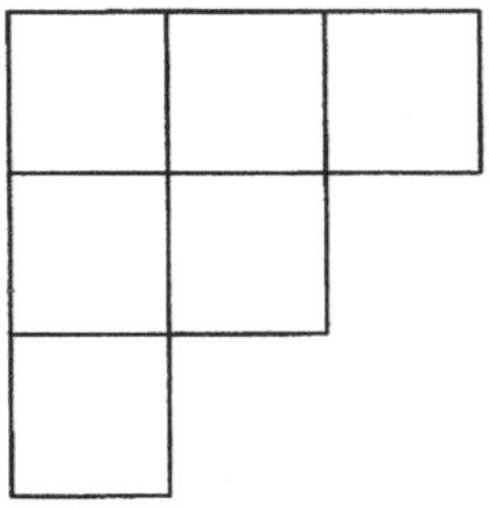

(3) 次の(図 5)の 9 つのマス目にルールにしたがって 1 から 9 の数字を 1 つずつ入れるとき，数字の並べ方は何通りありますか。

(図 5)

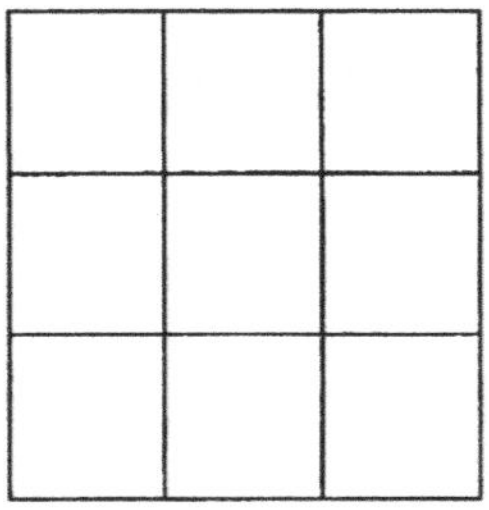

5 底面積が 3140 cm^2，高さが 46 cm の円筒《えんとう》形の容器(ふたはない)に毎秒 471 cm^3 ずつ水を注いでいきます。水を注ぎ始めるのと同時に，底面の半径 10 cm，高さが 10 cm の円柱形の鉄のかたまりをひもでつり下げて，鉄のかたまりの下の面が容器の高さと同じ高さにある位置から，毎秒 1 cm の速さで容器の底にくっつくまで下ろしていき，底にくっついたら同じ速さでもとの位置まで引き上げていきます。そして，もとの位置までもどったら再び容器の底にくっつくまで下ろしていきます。このとき，次の問いに答えなさい。ただし，円周率は 3.14 とします。

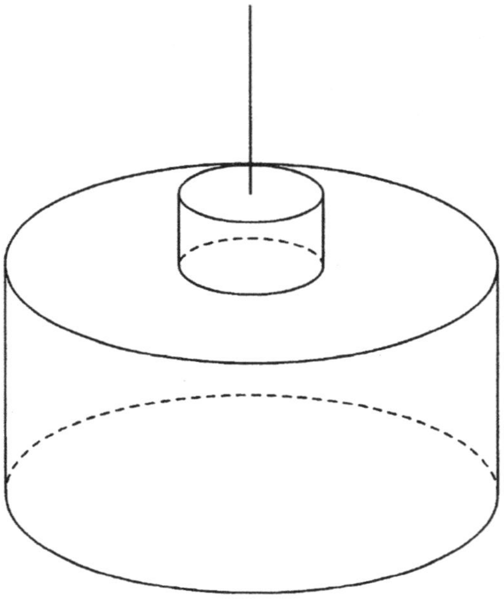

(1)　初めて鉄のかたまりの下の面が水面と同じ高さになるのは，水を注ぎ始めてから(鉄のかたまりを下ろし始めてから)何秒後ですか。

(2)　初めて鉄のかたまりの上の面が水面と同じ高さになるのは，水を注ぎ始めてから何秒後ですか。

令和４年度

岡山白陵中学校入学試験問題

理　　　　　科

受験番号	

注　意　１．時間は５０分で１００点満点です。

２．問題用紙と解答用紙の両方に受験番号を記入しなさい。

３．開始の合図があったら，まず問題が１ページから１７ページまで，順になっているかどうかを確かめなさい。

４．解答は解答用紙の決められたところに書きなさい。

1 次の文章Ⅰ，Ⅱ，Ⅲを読み，あとの問いに答えなさい。

Ⅰ　人の体には，さまざまなはたらきをもつ臓器が存在します。それらの臓器がはたらくことで，生きていくために必要なものを取り入れたり出したりしています。

問１　次の（ア）～（ク）の図は，人の体の臓器をそれぞれ同じ程度の大きさの図にしてあらわしたものです。口から入った食べ物がこう門から出るまでに通る臓器を，（ア）～（ク）のうちからすべて選び，正しい順番に並びかえて記号で答えなさい。ただし，図の中には通らない臓器もあります。

（ア）

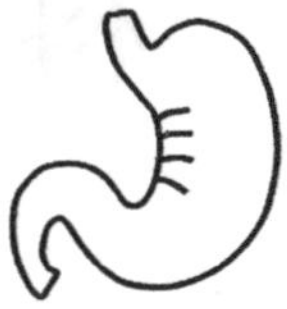
（イ）

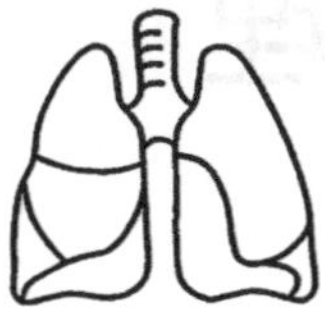
（ウ）

（エ）

（オ）

（カ）

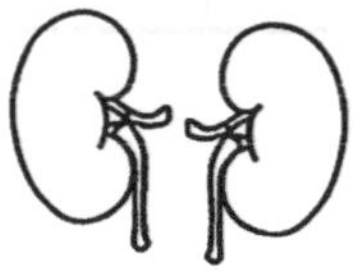
（キ）

（ク）

問２　次の（１）～（５）は，臓器のはたらきを説明したものです。それぞれの説明にあてはまる臓器を，問１の（ア）～（ク）のうちから１つずつ選び，記号で答えなさい。ただし，同じ記号をくりかえし用いてもかまいません。

（１）水分とともに主に養分を吸収する
（２）体の中の有害なものを無害なものに変える
（３）血液を送り出す
（４）血液中の不要なものをこしとる
（５）養分をたくわえたり，養分を全身に送り出したりする

《このページには問題はありません》

Ⅱ　だ液に含《ふく》まれる物質の，温度と塩酸による影響《えいきょう》を調べるために，以下の実験を行いました。ただし，すべての実験は室温で行ったものとし，用いたごはんつぶの大きさは同じであるとします。

【実験１】

図１のように，ジッパーつきのふくろに，ごはんつぶを入れて，ふくろの上から指でつぶしたものを３つ用意し，以下の操作①～③を，それぞれ別のふくろで行いました。各操作をしたあと，ふくろの上から指でよくもみ，うすいヨウ素液を加えて色の変化を調べたところ，あとの表１の結果が得られました。

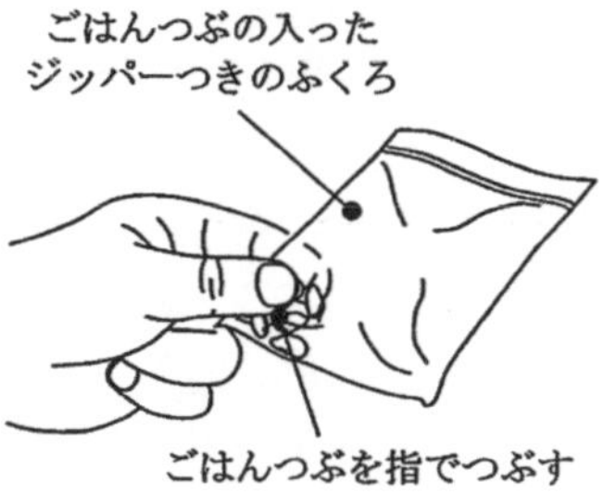

図１

操作①：だ液を 2cm³入れ，95℃にたもった水に約 10 分間つける。

操作②：だ液を 2cm³入れ，40℃にたもった水に約 10 分間つける。

操作③：だ液を 2cm³入れ，5℃にたもった水に約 10 分間つける。

表１

操作	うすいヨウ素液を加えたときの様子
操作①	青むらさき色に変化した
操作②	青むらさき色に変化しなかった
操作③	青むらさき色に変化した

【実験２】

何も入っていない別のジッパーつきのふくろに，だ液 2cm³とうすい塩酸 0.1cm³を入れ，40℃にたもった水に約 10 分間つけました。そのあと，うすいヨウ素液を加えて色の変化を調べたところ，ヨウ素液は青むらさき色に変化しませんでした。

【実験３】

実験１と同様に，ジッパーつきのふくろに，ごはんつぶを入れて，ふくろの上から指でつぶしたものを３つ用意し，以下の操作④～⑥を，それぞれ別のふくろで行いました。各操作をしたあと，ふくろの上から指でよくもみ，うすいヨウ素液を加えて色の変化を調べたところ，あとの表２の結果が得られました。

操作④：水 2cm^3にうすい塩酸 0.1cm^3を加えた溶液《ようえき》を入れ，40℃にたもった水に約 10 分間つける。

操作⑤：だ液 2cm^3にうすい塩酸 0.1cm^3を加えた溶液を入れ，40℃にたもった水に約 10 分間つける。

操作⑥：だ液 2cm^3に水 0.1cm^3を加えた溶液を入れ，40℃にたもった水に約 10 分間つける。

表２

操作	うすいヨウ素液を加えたときの様子
操作④	青むらさき色に変化した
操作⑤	青むらさき色に変化した
操作⑥	青むらさき色に変化しなかった

問３　うすいヨウ素液を加えて青むらさき色に変化するのは，どのような成分が含まれるからですか。

問４　実験１，実験２，実験３からわかることを，次の（ア）～（キ）のうちからすべて選び，記号で答えなさい。

（ア）だ液のはたらきには温度は関係ない
（イ）だ液は 95℃近くでよくはたらく
（ウ）だ液は 40℃近くでよくはたらく
（エ）だ液は 5℃近くでよくはたらく
（オ）塩酸はだ液のはたらきを助ける
（カ）塩酸はだ液のはたらきをさまたげる
（キ）塩酸とだ液のはたらきは関係ない

Ⅲ　私たちの体に必要な養分の１つにタンパク質があります。タンパク質は，アミノ酸とよばれる物質のうち20種類が，さまざまな組み合わせで，さまざまな数がつながってできたものです。図２は，アミノ酸の種類を○や△，☆などの記号で表し，あるタンパク質をつくるアミノ酸のつながりを簡単な図で示したものです。

タンパク質Ａ：　○−△−◆−□−◎−●−☆−※−★−★−※−●−▽−▲

タンパク質Ｂ：　□−●−△−●−◆−☆−★−●−◆−▽−▲

タンパク質Ｃ：　★−□−◇−□−※−☆−※−★−○

図２

口から入ったタンパク質は，消化液に含まれる物質（以下，“こう素”という）によって，特定のアミノ酸どうしのつながりが切断されて，細かくなり，体に吸収されやすくなります。図３では，図２で示されたあるタンパク質Ｂが，アミノ酸の ●−◆ というつながりを切断するこう素によって，細かくされる様子を簡単な図で示したものです。

タンパク質Ｂ ：　□−●−△−●−◆−☆−★−●−◆−▽−▲

細かくされた
タンパク質Ｂ ：　□−●−△−●　　◆−☆−★−●　　◆−▽−▲

図３

次の表３は，アミノ酸15個（同じ種類のアミノ酸も含まれる）がつながってできたあるタンパク質Ｘに，こう素Ｐ，こう素Ｑをそれぞれはたらかせたときにできる，細かくされたタンパク質を示したものです。

表３

こう素Ｐ	こう素Ｑ
▲−□−★−▲−● ☆−■−▲−◆−△ ◇−○−● ☆−◎	▲−◆−△−▲−□−★ ◇−○−●−☆−■ ▲−●−☆−◎

問５　表３から，こう素Ｐ，こう素Ｑは，どのアミノ酸どうしのつながりを切断すると考えられますか。次の例にならって，（ア）～（サ）で示したアミノ酸の種類の組み合わせとして答えなさい。ただし，こう素Ｐ，こう素Ｑは，それぞれ異なる２組のアミノ酸のつながりを切断することがわかっています。

（例）　●ー◆　というつながりを切断すると解答する場合　⇒　イ　と　サ

（ア）○　（イ）●　（ウ）◎　（エ）△　（オ）▲　（カ）□
（キ）■　（ク）☆　（ケ）★　（コ）◇　（サ）◆

2　次の文章Ⅰ，Ⅱを読み，あとの問いに答えなさい。

Ⅰ　図１は，たい積物（れき・砂・泥《どろ》）の粒《つぶ》の大きさと川の流れの速さの関係を理解するのにとても有効なもので，ユルストロームダイアグラムと呼ばれています。

曲線A−A′は，少しずつ流れる速さを大きくしていったときに，川底で静止しているたい積物がけずられ動き出す流れの速さを示しています。また曲線B−B′は，少しずつ流れる速さを小さくしていったときに，動いているたい積物が川底で静止する流れの速さを示しています。

ただし，川の流れの速さは，１秒あたりに水が進む道のり（cm）で表すものとします。

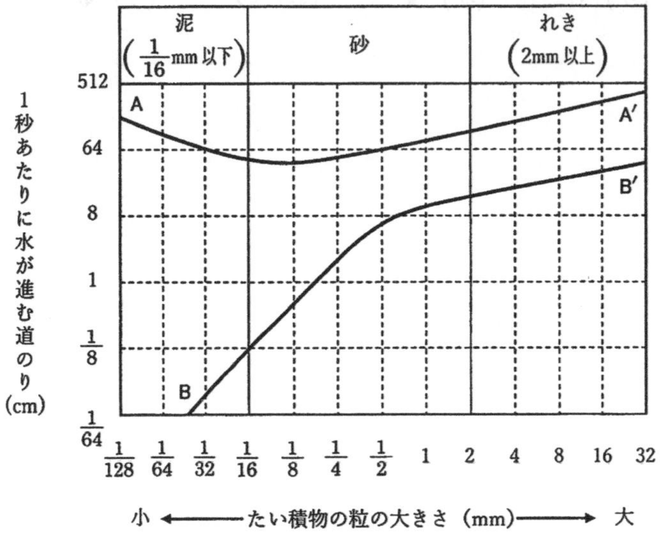

図１　ユルストロームダイアグラム

問１　流れる水のはたらきについて，次の（１），（２）をそれぞれ何というか答えなさい。

（１）流れる水のはたらきによって，川底で静止しているたい積物がけずられ動き出す。

（２）流れる水のはたらきによって，たい積物がおし流され続ける。

問２　水路に粒の大きさが0.03mmの泥，0.12mmの砂，4mmのれきを別々に平らに敷《し》きました。次に，水の流れを静止させた状態（流れの速さが１秒あたり0cm）から，少しずつ大きくしていったとき，泥，砂，れきはどのような順序で動きだすと考えられますか。図１を参考に，水路に敷いた泥，砂，れきが動き出す順序として最も適当なものを，次の（ア）～（カ）のうちから１つ選び，記号で答えなさい。

（ア）泥 ⇒ 砂 ⇒ れき　（イ）泥 ⇒ れき ⇒ 砂　（ウ）砂 ⇒ 泥 ⇒ れき

（エ）砂 ⇒ れき ⇒ 泥　（オ）れき ⇒ 泥 ⇒ 砂　（カ）れき ⇒ 砂 ⇒ 泥

問３　図１からわかることについて，次の文章中の［あ］，［い］に入る文として，最も適当なものを，あとの（ア）～（キ）のうちからそれぞれ選び，記号で答えなさい。

図１に示された粒の大きさのたい積物について，川の流れの速さが１秒あたり 512cm であるとき，［あ］。その後，流れの速さがしだいに低下して１秒あたり 0.125cm になったとき，［い］。

（ア）泥だけが川底で静止する
（イ）砂だけが川底で静止する
（ウ）すべての大きさの粒が川底で静止する
（エ）すべての大きさの粒が流され続ける
（オ）れきと泥は川底で静止するが，砂だけが流され続ける
（カ）れきは川底で静止するが，砂と泥は流され続ける
（キ）れきと砂は川底で静止するが，泥だけが流され続ける

Ⅱ　図２は，たがいに離れた３つの地域Ｘ，Ｙ，Ｚの①地下の岩石をほり取った試料から作成されたものです。各地域には②火山灰からできた層T1～T3があり，それぞれが同じ時代につくられたことがわかっています。また，図２の中にはそれぞれの地域の各層から発見された化石Ａ～Ｄの産出状況《じょうきょう》をまとめました。

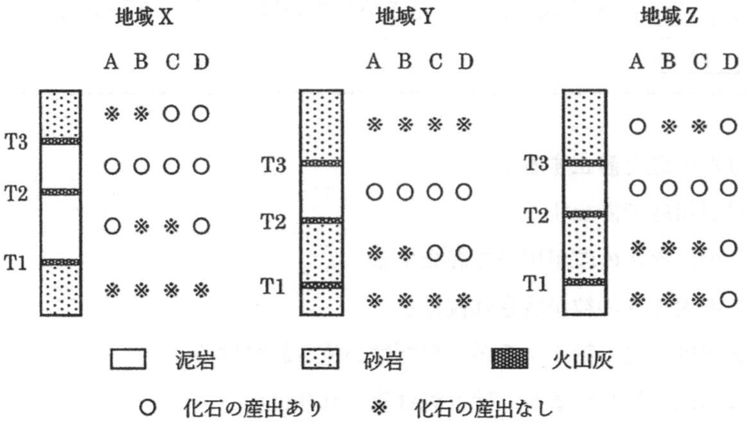

図２　地域Ｘ，Ｙ，Ｚの地下の岩石のようす

問４　下線部①について，このような試料のことを何というか答えなさい。

問５　下線部②について，火山灰の層は，過去の地層がつくられた時期を比較《ひかく》するうえで，とても重要な層で，かぎ層と呼ばれています。火山灰の層がかぎ層として有効である理由として，**適当でない**ものを，次の（ア）～（エ）のうちから１つ選び，記号で答えなさい。

（ア）火山灰は，風に乗って広い範囲《はんい》に広がるため
（イ）短期間に，降り積もるため
（ウ）ほかの地層と区別しやすいため
（エ）火山の形や噴火《ふんか》のようすを知ることができるため

問６　地層がつくられた時代を決めることのできる化石を，示準《しじゅん》化石といいます。示準化石となる生き物の条件として，**適当でない**ものを，次の（ア）～（エ）のうちから１つ選び，記号で答えなさい。

（ア）絶滅《ぜつめつ》までの期間が短い　　（イ）広い範囲の地層から産出する
（ウ）生息した数が多い　　（エ）特定の環境《かんきょう》で生息できる

問７　図２中の化石Ａ〜Ｄのうち，示準化石に最も適している化石はどれですか。Ａ〜Ｄのうちから１つ選び，記号で答えなさい。

3 塩酸と水酸化ナトリウム水溶液《すいようえき》の性質や，それを用いた実験について，あとの問いに答えなさい。

【実験】

ある濃《こ》さの塩酸（水溶液 a とする）とある濃さの水酸化ナトリウム水溶液（水溶液 b とする）を用意しました。

８つのビーカーA～H を用意し，ビーカーA には水溶液 a のみを 500 cm³はかりとって入れました。ビーカーB～G には，水溶液 a を 500cm³ずつはかりとり，さまざまな量の水溶液 b を混ぜ合わせました。水溶液 b 100cm³をビーカーB に，水溶液 b 200cm³をビーカーC に入れ，以下水溶液 b を 100 cm³ずつ増やしながらビーカーD，E，F，G に入れました。また，ビーカーH には水溶液 b のみを 500 cm³はかりとって入れました。

ビーカーA～H の水溶液について，以下の操作①～④をそれぞれ行い，結果を表にまとめました。

操作①：水溶液をリトマス紙につけて，色の変化を調べました。

操作②：小さく丸めたスチールウールを加えて，変化を調べました。

操作③：水溶液を加熱して水をすべて蒸発させ，残った固体の重さを調べました。

操作④：操作③で残った固体を再び水に溶《と》かして 500 cm³とし，その水溶液をリトマス紙につけて，色の変化を調べました。

表

ビーカー	A	B	C	D	E	F	G	H
水溶液 a の体積［cm³］	500	500	500	500	500	500	500	0
水溶液 b の体積［cm³］	0	100	200	300	400	500	600	500
操作①の結果	（ ア ）			変化なし	（ イ ）			
操作②の結果	泡《あわ》を出しながら溶けた			変化しなかった				
操作③の結果［g］	0	(ウ)	2.4	3.6	4.4	(エ)	6.0	4.0
操作④の結果	(オ)	(カ)	(キ)	(ク)	(ケ)	(コ)	(サ)	(シ)

問１　表中の（　ア　），（　イ　）には，リトマス紙の色の変化が入ります。（　イ　）にあてはまるリトマス紙の色の変化を，例にならって漢字１字で答えなさい。

（例）　青 → 緑

問２　表中の（　ウ　），（　エ　）にあてはまる値を求めなさい。

問３　表中の（　オ　）～（　シ　）のうち，リトマス紙の色が変化するものはどれですか。（　オ　）～（　シ　）のうちからすべて選び，記号で答えなさい。

問４　ビーカーBの水溶液から120 cm^3はかりとったものを，完全に中和する（混ぜた液を中性にする）には，ビーカーFの水溶液を何cm^3混ぜればよいですか。

問５　問４の中和した水溶液を加熱して水をすべて蒸発させると，固体は何g残りますか。

問６　ビーカーDの水溶液の濃さは何％ですか。ただし，ビーカーDの水溶液800 cm^3の重さは800gであるものとします。

問７　ビーカーAの水溶液には，スチールウールが最大1.68 g溶けました。ビーカーCの水溶液には，最大で何gのスチールウールが溶けますか。

問８　水溶液b 150cm^3にさまざまな体積の水溶液aを混ぜ合わせ，その水溶液を加熱して水をすべて蒸発させました。このとき，混ぜ合わせた水溶液aの体積（cm^3）を横軸《よこじく》に，残った固体の重さ（g）を縦軸《たてじく》にとったグラフをかきなさい。

4　次の先生と生徒の会話文を読んで，あとの問いに答えなさい。

：先生，長さの基準1m（メートル）が，今と昔ではちがうって本当ですか。

：本当だよ。昔は，メートル原器と呼ばれる金属に記された目盛《めもり》間の距離《きょり》として決められていたけれども，1983年の国際度量衡《どりょうこう》委員会によって<u>①1mは1秒の299792458分の1の間に光が真空中を進む距離</u>と決められたのだよ。

：そうなのですね。でも，なぜ新しい基準に変更《へんこう》する必要があったのですか。

：なぜだか，自分で考えてみてよ。

：えっと・・・。[A]からですか。

：その通り。長さに限らず，2018年の国際度量衡委員会では，重さの基準1kg（キログラム）や電流の大きさの基準1A（アンペア）も新たな基準に変更されたのだよ。

：本当ですか。知りませんでした。

：また調べてみてよ。

：ところで先生，1mの基準になっている光の速さはどのようにして測るのですか。

：それはとても難しい話で，そもそも光に速さがあると分かったのも，今からわずか400年ほど前のことなのだよ。そして，はじめて光の速さの測定を試みたのが，[B]と言われているんだ。彼《かれ》の著書『新天文対話』にはその方法が書かれていて，光があまりにも速すぎたために成功しなかったのだよ。

：測定には成功しなかったけれども，光には有限の速さがあると考えた点はとてもすごいことですよね。

：そうなのだよ。その後，天文学者のレーマーが，1676 年に木星とその周りをまわる衛星イオの運動から，光の速さを初めて計算したのだよ。

：先生，今タブレットで調べたのですが，レーマーが計算した光の速さは，本当の光の速さと比べると 30％も小さい不正確な値だったのですね。

：そうなのだよ。しかし，このレーマーの計算は，光に速さがあることを証明したという意味で非常に画期的なことだったのだよ。

：すごいことだったのですね。

：そして，地上の実験で光の速さをはじめて測定したのがフィゾーなのだ。1849 年，彼は 8.6km 離れた鏡まで光が往復する時間を測定して，光の速さを求めたのだよ。

：光の速さがとても速いので，とても長い距離を使って実験したのですね。

：そうだね。さらにフィゾーは，光の速さを測るためのアイデアとして，歯車を使ったのだよ。

：具体的にどのようなことをしたのですか。

：フィゾーは，光の経路（ライトと鏡の間）に歯車を置いて，歯車を回すことによって，非常に短い時間をつくったのだよ。

：もう少しくわしく教えてください。

：歯車が止まっているとき，ライトから出た光は，歯車のすき間を通過して鏡で反射し，そのまま同じすき間を通った反射光を観測することができるよね。

：はい。わかります。

：では，歯車を回転させるとどうなるか，考えてみよう。②**回転がゆっくりのうちは，ライトから出て歯車のすき間を通った光は，反射して同じすき間を通過して観測できるよね。**

：はい。わかります。

：歯車の回転を速くすると，光が反射してもどってくるまでの間に歯車が動くため，光がさえぎられ，反射光が観測されなくなるよね。

：なるほど。

：歯車の回転をさらに速くすると，再び反射光が観測されるようになるよね。

：つまり，光が往復する間に歯車が次のすき間まで回転したわけですね。

：その通り。この実験でわかった光の速さは現在の値にかなり近かったのだ。

：すごいですね。

：その後も，光の速さを精密に測定する試みが続き，20 世紀半ばになると，電磁波やレーザーの技術を応用した装置を使って，さらに高精度の測定が行われ，現在使用している値とほとんど差がない値が得られるようになったのだよ。

：そうですか。とても勉強になりました。ありがとうございます。

問１　下線部①について，光の速さは１秒あたり何 **km** ですか。ただし，答えは，小数第１位を四捨五入して，整数値として求めなさい。

問２　文中の【　A　】に入る文として，**適当でない**ものを，次の（ア）～（エ）のうちから１つ選び，記号で答えなさい。

（ア）人工的につくられたメートル原器では，高度な科学技術の分野で，長さの測定に限界が生じる

（イ）メートル原器にたよることなく，技術さえあればだれでも長さの基準をもつことができるようになる

（ウ）メートル原器では，国際的に長さの基準を統一することが困難である

（エ）何らかの事情でメートル原器が失われたときに，再び原器を再現するのが困難である

問３　文中の【　B　】には，次に記された功績を残した人物が入ります。その人物を，あとの（ア）～（エ）のうちから１つ選び，記号で答えなさい。

○ 木星のまわりをまわる天体を４つ発見した。

○ ピサ大聖堂のシャンデリアをみて，ふりこが往復するのにかかる時間が同じであることを発見した。

○ 重さによって物の落下の速さが変わらないことを発見した。

（ア）アイザック・ニュートン　　（イ）ガリレオ・ガリレイ

（ウ）ヨハネス・ケプラー　　（エ）ニコラウス・コペルニクス

問４　下線部②について，このときに観測される光の見え方について，正しく説明しているものを，次の（ア）～（エ）のうちから１つ選び，記号で答えなさい。

（ア）光は常に点灯しているように見える

（イ）光が点滅《てんめつ》しているように見える

（ウ）光がだんだんと弱くなるように見える

（エ）光がだんだんと強くなるように見える

問５　次の図１は，フィゾーの実験装置を簡単な図で示したものです。図１と会話文を参考にして，あとの問いに答えなさい。

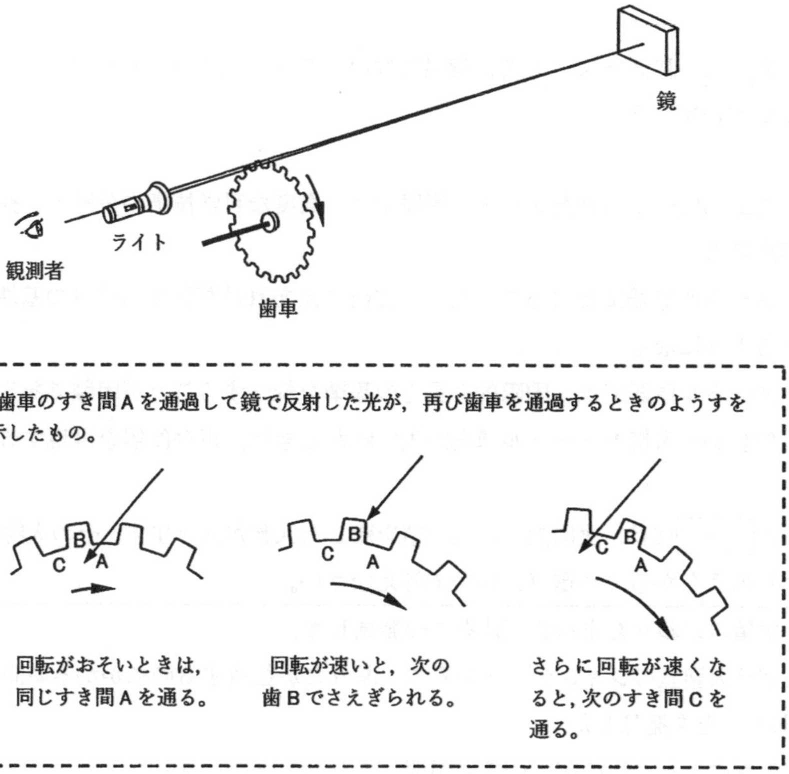
鏡
ライト
観測者
歯車
※ 歯車のすき間Ａを通過して鏡で反射した光が，再び歯車を通過するときのようすを示したもの。
B
C
A
回転がおそいときは，同じすき間Ａを通る。
回転が速いと，次の歯Ｂでさえぎられる。
さらに回転が速くなると，次のすき間Ｃを通る。

図１　フィゾーの実験装置

（１） 歯車が１秒あたり 10 回転するとすれば，歯車が１回転するのにかかる時間は何秒ですか。

（２） （１）のとき，歯車の歯（凸《とつ》部分）の数を 20 枚として，歯車の歯１枚分が回転するのにかかる時間は何秒ですか。ただし，歯車には歯の部分とすき間の部分が同数あることに注意して計算しなさい。

（３） 実際のフィゾーの実験では，歯車から反射鏡までの距離が 8.6km，歯車の歯の数は 720 枚，１秒間に 12.6 回の回転をさせたときに，はじめて反射光が観測されなくなりました。このことから，光の速さは１秒あたり何 km であると計算できますか。ただし，答えは百の位を四捨五入して，千の位までの値として求めなさい。

令和四年度　岡山白陵中学校入学試験

国語解答用紙

受験番号	

得点

※100点満点

一

問1

①

②

③

④ （り）

⑤

⑥

⑦

⑧

⑨

⑩

問2

(1)

(2)

(3)

(4)

小計

18点

二

問1

問2

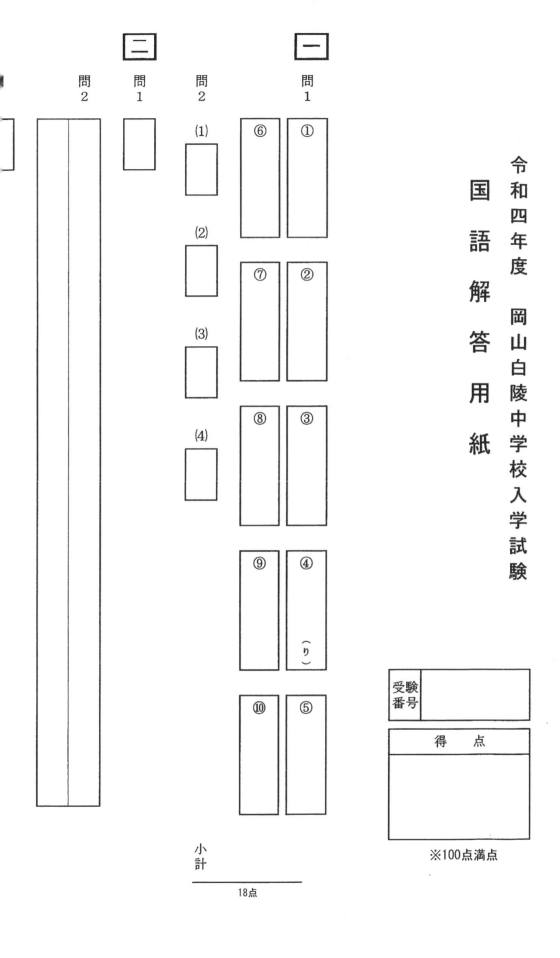

4
6点

(1)	(図1)　　　　　通り	(図2)　　　　　通り	(2)	通り
(3)	通り			

5
4点

(1)	秒後
(2)	秒後

受験番号		得点	

※100点満点

3

問1	→		
問2	(ウ)	(エ)	
問3			
問4	cm³	問5	g
問6	%	問7	g

問8

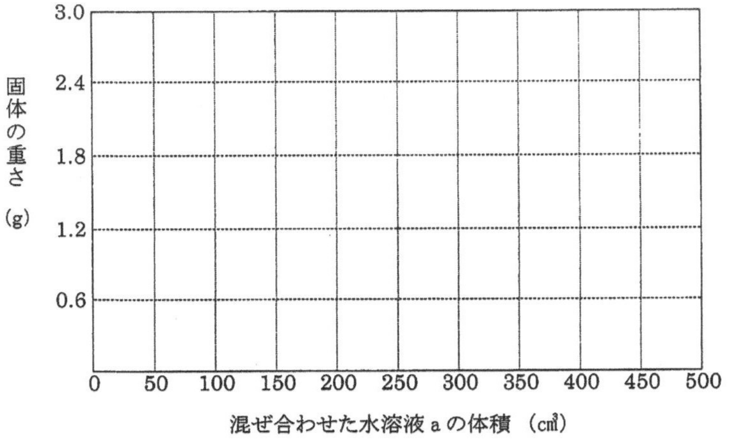

25点

小計	

4

問1	1秒あたり km	問2		問3		問4	
問5	(1) 秒	(2) 秒	(3) 1秒あたり km				

19点

小計	

受験番号		得点	

※100点満点

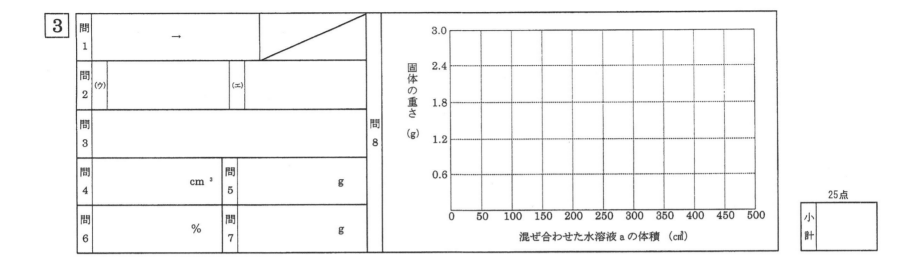

令和４年度　岡山白陵中学校入学試験　理 科 解 答 用 紙

1

問1	口　→	→	こう門

（通る臓器の記号を順に書くこと。矢印は書かなくてもよい。）

問2	(1)		(2)		(3)		(4)		(5)	

問3		問4	

問5	こう素P	と	と	こう素Q	と	と

31点

小計	

2

問1	(1)		(2)		問2	

問3	あ		い		問4	試料	問5	

問6		問7	

25点

小計	

【解答用

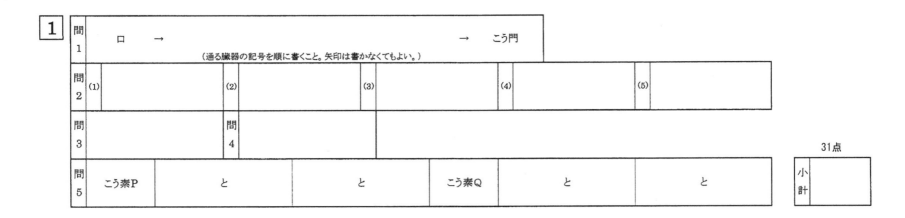

令 和 4 年 度　岡 山 白 陵 中 学 校 入 学 試 験

算 数 解 答 用 紙

1
35点

(1)		(2)		(3)	円
(4)	点	(5)	通り	(6)	cm^2
(7)	cm^3				

2
15点

[Ⅰ]	(1)	人	(2)	
[Ⅱ]	cm^2			

3
20点

(1)

分速　　　m

(2)

m

問4

(1)

(2)

(3)

問5

問6

小計

39点

三

問1

(1)

(2)

B

C

(3)

問2

問3

X

Y

問4

問5

問6

小計

43点

令和三年度

岡山白陵中学校入学試験問題

国語

受験番号	

注意

一、時間は六〇分で一〇〇点満点です。
二、問題用紙と解答用紙の両方に受験番号を記入しなさい。
三、開始の合図があったら、まず問題が一ページから二一ページまで、順になっているかどうかを確かめなさい。
四、解答は解答用紙の決められたところに書きなさい。
五、字数制限のあるものについては、句読点も一字に数えます。

一

次の各問いに答えなさい。

問1　次の①〜⑩にある――線部のカタカナを漢字に直しなさい。

① 電子マネーでセイサンするメリットについて考える。

② 線状コウスイタイにより、経験したことのない激しい雨に見まわれた。

③ 『平家物語』は、平氏のコウボウを描《えが》いている。

④ せっかくの海外旅行の計画が、ダイナしになった。

⑤ 一般に、お金を払って入浴する施設《しせつ》をセントウという。

⑥ 学校生活最後の大会で入賞し、ユウシュウの美をかざることが出来た。

⑦ 住宅購入《こうにゅう》について、マンションにするかイッコ建てにするかで悩《なや》む。

⑧ 昨年はお盆《ぼん》にキセイするのをあきらめる人も多かった。

⑨ 激しい運動によって、半月板をソンショウしてしまった。

⑩ 今後のテレワークでの働き方をケントウする必要がある。

問２　次のⓐ～ⓓの文章を読んで、そこから読み取れることとして正しいものを後のア～エからそれぞれ一つ選び、記号で答えなさい。

ⓐ　重油流出事故のあったモーリシャスの国旗は、アフリカの多くの国々の国旗とは少し異なる。アフリカで最初に独立したエチオピアにならった、赤、黄、緑ではなく、それにインド洋の青を加えたデザインである。

ア　モーリシャスの国旗は、緑、赤、黄の三色旗である。
イ　アフリカ諸国の国旗は、青、黄、赤の三色旗が多い。
ウ　モーリシャスの国旗は、赤、青、緑、黄の四色旗である。
エ　アフリカ諸国の国旗は、黄、緑、青、赤の四色旗が多い。

ⓑ　「コオロギ」という語は、古くは秋に鳴く虫をひとまとめにして指す言葉であり、今で言うコオロギを指す語は「蟋蟀《きりぎりす》（キリギリス）」であった。また、「機織《はたおり》（ハタオリ）」は、古くはキリギリスを指した。

ア　古くはキリギリスがコオロギと呼ばれ、ハタオリがキリギリスと呼ばれた。
イ　古くはコオロギがキリギリスと呼ばれ、キリギリスがハタオリと呼ばれた。
ウ　古くはコオロギとキリギリスが同一視され、それらとハタオリは区別された。
エ　古くはコオロギもキリギリスもハタオリも、単にコオロギとだけ呼ばれた。

ⓒ イスラエルとパレスチナが、共にエルサレムを首都と宣言し、対立しているのは宗教の違《ちが》いを背景とするが、一方でイスラエルと、エジプト・ヨルダンの両国は、それを乗《の》り越《こ》え正式に国交を結んだ。

ア エルサレムとエジプトは対立している。
イ エジプトとヨルダンは宗教が異なる。
ウ パレスチナとヨルダンは対立している。
エ イスラエルとエジプトは宗教が異なる。

ⓓ タピオカの原料はキャッサバからとれるデンプンであり、小麦が原料のデュラムセモリナもデンプンの仲間であるが、水を混ぜるとグルテンになるものとならないものがあり、前者はグルテンにはならない。

ア タピオカの原料はグルテンにならないデンプンである。
イ デュラムセモリナはキャッサバの仲間である。
ウ 小麦からとれるデンプンはグルテンにならない。
エ どのデンプンも水を混ぜることでグルテンになる。

問３　次の⑴～⑶にあるア～エの漢字で、太く示しているところの筆順が何画目にあたるかについて考え、他と一つだけ異なるものをそれぞれ選び、記号で答えなさい。

⑴　ア　区　イ　式　ウ　好　エ　田

⑵　ア　初　イ　成　ウ　何　エ　若

⑶　ア　阪　イ　門　ウ　方　エ　回

二　次の文章を読んで、後の問いに答えなさい。なお、本文上部の番号は、行番号です。

「僕《ぼく》」は、「かわいそうだ」と思ったことを書き留めた、「かわいそうなことリスト」というノートを作っている。何がどうかわいそうなのかを、そのノートに詳《くわ》しく書くことでそれらを救ってあげられると考えているからである。大きいという言葉で片付けられてしまう「シロナガスクジラ」、近い種族がおらず図鑑《ずかん》の説明もほとんどない「ツチブタ」、名前すら紹介《しょうかい》されない「映画キャストの女性」などが「かわいそうなことリスト」に挙げられている。

新聞を広げればいくらでも残酷《ざんこく》な事件や信じられない事故は載《の》っているが、僕は決して世界中のすべてのかわいそうなことを一人で引き受けようとしているのではない。世界には僕以外の担当者もいて、各々《おのおの》が自分に任せられた範《はん》囲《い》で全力を尽《つ》くしているのだと承知している。それぞれノートによって、小部屋のインテリア(注1)にも違いがある。だからそのかわいそうなことにとって、最も居心地《いごこち》のいいソファーを勧《すす》めてあげなくてはならない。

豚《ぶた》の脂身《あぶらみ》をどうやって処分しようか考えあぐねている給食の時間、あるいは底に足をつけたまま、泳いでいる振《ふ》りをするため悪戦苦闘《あくせんくとう》しているプールの時間、時折、他の担当者について考える。皆《みな》がんばっているかなあ、と思う。一生懸命《いっしょうけんめい》かわいそうなことを見つけ出し、aせっせとノートに記録している様子を想像する。そうしながら脂身を飲《の》み込《こ》み、目をつぶって水を掻《か》く。

僕が一番心配なのは、自分の担当のかわいそうなことを見落としてしまう事態だ。彼《かれ》らは皆図々《ずうずう》しさとは無縁《むえん》だから、自ら無遠慮《ぶえんりょ》に押《お》しかけてきたりはしない。僕がうっかりしていると、彼らはいつまでも安住の地を見つけられず、この世をさまよい続けなければならない。今こうしている間にも、僕を待っている誰《だれ》かがいるかと思うと、居ても立ってもいられない気持になる。

いかなる時も僕は油断せず、神経を張《は》り詰《つ》めている。誰が僕に割《わ》り振《ふ》ったのかは不明だけれど、とにかく自分の担当を全《まっと》うすることに全力を尽くしている。

唾液腺《だえきせん》の実験のため、頬《ほお》に穴を開けられたパブロフ博士の犬。ギネス記録挑戦《ちょうせん》大会で、バスタブ二十六杯《はい》分のホットココアを製作中、巨大鍋《きょだいなべ》に落下して大火傷《おおやけど》を負った村長。牧場から脱走《だっそう》し、二年後、全身伸《の》び放題の毛に覆《おお》われた姿で発見され、新種の珍獣《ちんじゅう》に間違《まちが》われた羊。

僕に割り振られている担当は本の中なのだろうか。かわいそうなことに出会うのは、図書室で本を読んでいる時が多い。しかし、（注2）ライトの彼は違う。あの子には実際に会ったこともあるし、顔も名前も知っている。そういう人がリストに入るのは、①とても珍《めずら》しい。

彼はお兄《にい》ちゃんと同じ野球チームのメンバーだ。僕にそんなことを言う資格がないのはよく分かっているが、下級生を合わせても、チームの中で一番運動神経が鈍《にぶ》い。バットと同じくらい痩《や》せている彼は、打席に立てば、ふらふらせずにヘルメットを被《かぶ》っているだけで精一杯《せいいっぱい》という有様だったし、グローブをはめるとたちまち拷問《ごうもん》器具に拘束《こうそく》されたかのように動きがぎくしゃくして、とてもボールをキャッチするどころではなくなった。足は遅《おそ》く、声は小さく、ルールだってきちんと覚えているかどうか怪《あや》しかった。

我《わ》が家《や》では、試合のある日は必ず家族で応援《おうえん》に行くのが決まりだった。お兄ちゃんはたいてい二塁《るい》を守り、三番か五番を打っていた。エースで四番の子とともにチームの中心を担《にな》い、監督《かんとく》や仲間や保護者たちからも信頼《しんらい》されていた。

「あいつはセンスがいい」

パパはよくそう言ってお兄ちゃんを褒《ほ》めた。体力や技術は練習でいくらでも向上させられるが、センスは選ばれた者だけが手にできる特権らしかった。

パパとママはバックネット裏《うら》にある保護者席の最前列に陣取《じんど》る。どんなに試合が長引いても大丈夫《だいじょうぶ》なように、いつもたっぷりの軽食と柔《やわ》らかいクッションを用意している。パパはビデオを撮《と》り、ママは手作りの旗を振る。

②僕は二人とは離《はな》れ、外野とつながった斜面《しゃめん》の木陰《こかげ》に一人座《すわ》る。家族一緒《いっしょ》に試合を応援するのは決まりかもしれないけれど、同じ場所に座る約束はしていない、野球場はこんなに広いんだから、と自分で自分に言い訳している。

野球チームに入れる規定の学年になった時、学校の健康診断《しんだん》で腎臓《じんぞう》の値《あたい》に異常が発見され、A用心のために激しい運動は控《ひか》えた方がいいでしょうと言われてB僕がどれほどほっとしたか、パパもママも知らない。それは病気の苦痛を打ち消して十分に余りある安堵《あんど》だった。野球をさせられるくらいなら、スナック菓子《がし》を我慢《がまん》したり、膀胱《ぼうこう》に管を差《さ》し込《こ》まれたりする方がずっとましだった。

Cパパは最初のうち、自分の息子《むすこ》が野球ができない、という事態を受け入れるのに戸惑《とまど》っていた。野球を知らないままどうやって成長できるのか、見当がつかないといった様子だった。もしかすると、パパにとってはそのことの方が病気の心配よりも重大なのかもしれない。一瞬《いっしゅん》だけ僕はそういう疑いを持ち、すぐに自分で打ち消した。

ライトの彼には毎試合出会えるわけではない。彼が登場するのはさまざまな条件が整った場合に限られる。大量得点でリードしている、あるいは負けている試合、九回最後の守り、代打代走で選手を使い尽《つ》くし、残っているのは彼ただ一人、そのことに気づいたコーチが情け心から審判《しんぱん》に告げる。

「ライトの守備交代」

その頃《ころ》にはもう皆、大方決着のついた長々とした試合に疲《つか》れ、誰がライトを守るかなど気にもしていない。皆の頭にあるのはただ、早く試合を終わらせることだけだ。

誰にも見送られず、君はベンチからライトまで重い足取りで駆《か》けてゆく。ずっとベンチに座りっぱなしだったせいで、体はぎくしゃくしている。あまり使われる機会のないグローブは妙《みょう》にてかてかとし、革《かわ》の嫌《いや》なにおいがして、いくら指を曲げたり伸《の》ばしたりしても手に馴染《なじ》まない。

君は僕の前で立ち止まり、センターやベンチの方向を見やっては、落ち着きなくスパイクの先で地面を突《つ》く。守備位置はこのあたりでいいのかどうか、自信が持てないでいるのが分かる。でもどこからもオッケイの合図は送られてこない。仕方なく君は「よおし」とか「おう」とか、何かそれらしい掛《か》け声《ごえ》を上げる。僕だけがその声を耳にする。白すぎてだぶだぶしたユニフォームのせいで、君の体はいっそうか細く見える。

君はただひたすら、ライトにボールが飛んでこないことだけを祈《いの》っている。その祈りは、早く試合が終わってほしいという皆の願いよりもずっと切実で清らかだ。君が恐《おそ》れるのは、ライトフライを落球してあたふたする無様《ぶざま》な自分ではなく、試合時間を更《さら》に延ばして皆をうんざりさせてしまう自分なのだ。

チームのために果たせる唯一《ゆいいつ》の役割は何か、君はよく心得ている。ライトにボールが飛んでこないよう祈ること。ピッチャーがボールを投げ、野手がアウトを取り、捕手《ほしゅ》がホームを守るのと同じように、君も必死で戦っている。もしボールが外野を転々としたら、僕も一緒に追いかけるよ。君に負《ま》けず劣《おと》らず野球は下手だけど、多少の手助けにはなるだろう。どうせ審判からは遠く離れているんだ。少しくらいずるをしたってばれやしない。

いつだったか図書室の先生が風変わりな小説の話をしてくれたのを僕は思い出す。とある野球場のライトにだけ長雨が降って、右翼手《うよくしゅ》に黴《かび》が生えるのだ。題名もストーリーも忘れてしまったのに、そのエピソードだけが記憶《きおく》に残っている。君を見るとその選手を思い出す。君の心の中に降っている雨の音が聞こえてくる。もしライトにフライが上がったとしたら、もたついた足取りでボールを追い、左手をbおずおずと宙に差し上げる君の、乱れた息と一緒に黴の胞子《ほうし》が吐《は》き出《だ》される。

試合はまだ続いている。ボールがバットに当たる音が響《ひび》くたび、君はびくっとして後ずさりする。手を伸ばせばすぐ届きそうなところに、背番号がある。腎臓の検査の数字が少し違っていれば君だって、重すぎるヘルメットや言うことを聞かないグローブに難渋《なんじゅう》しながら、こんな野球場の片隅《かたすみ》でびくびくしている必要などなかった。息もできないほど黴に肺を侵食《しんしょく》されることもなかった。

君は③僕の身代わりなのだろうか。ずっと心に引《ひ》っ掛《か》かっていた言葉を、ようやく僕は口に出してみる。君は何も答えない。頭上をはるかに超《こ》えてゆくボールをなすすべもなく見送り、それでも気休めに見当はずれな方向へグローブを差し出し、失笑《しっしょう》と野次《やじ》を浴びながら、一人皆に背を向けてどこか遠くへ走り去る右翼手。それは君ではなく、僕でもよかったはずなのに、君は文句も言わず、僕の分まで重荷を背負って恐怖《きょうふ》に耐《た》えている。

（小川《おがわ》洋子《ようこ》『かわいそうなこと』より）

（注1）インテリア――ソファーやカーテンなどの、室内装飾品《そうしょくひん》のこと。

（注2）ライト――本塁《ほんるい》から見て右側を主な守備位置とする外野手、またはそのポジションのこと。右翼手《うよくしゅ》ともいう。

問1 ――線部a「せっせと」・b「おずおずと」とありますが、その意味として最も適当なものを次のア～オからそれぞれ選び、記号で答えなさい。

a「せっせと」
ア 素早《すばや》く正確に
イ 一見まじめに
ウ ていねいに心をこめて
エ つぶさに分かるように
オ たゆまず一途《いちず》に

b「おずおずと」
ア 少々控《ひか》えめな感じで
イ かなりいい加減に
ウ ためらい恐《おそ》れながら
エ 決してあきらめることなく
オ しっかりと勢いをつけて

問2　1行目～14行目にある記述の説明として**適当でないもの**を次のア～オから一つ選び、記号で答えなさい。

ア　「担当者」（2行目）とは、世の中にあふれている「かわいそうなこと」を救ってやる立場にある存在であるが、これは「僕」の想像上の存在であって、実在するわけではない。

イ　「最も居心地のいいソファーを勧めてあげ」る（4行目）とは、「かわいそうなこと」にとって、最も的確な言葉で「かわいそうなことリスト」に書き留めてあげるということである。

ウ　「皆がんばっているかなあ」（6行目）とは、自分がつらい目にあっていることを、自分の「担当者」にしっかりと理解してもらいたいという「僕」のひそかな願いの表れである。

エ　「安住の地」（10行目）とは、「かわいそうなこと」をあらゆる人からうらやましがられるような存在へと変えることができる「かわいそうなことリスト」のことである。

オ　「自分の担当」（13・14行目）とは、「僕」が救うべき「かわいそうなこと」を指すが、「僕」は「自分の担当」以外のことは、他の「担当者」が救うものだと考えている。

問3　——線部①「とても珍しい」とありますが、「珍しい」と言えるのはなぜですか。それを説明した次の文を読んで、[X]・[Y]にあてはまることばをそれぞれ考えて入れ、説明を完成させなさい。

かわいそうなことは[　X　]ことがほとんどだが、「ライトの彼」は[　Y　]人だから。

問4　——線部②「僕は二人とは離れ、外野とつながった斜面の木陰に一人座る」とありますが、「僕」がこのようにするのはなぜですか。最も適当なものを次のア～オから選び、記号で答えなさい。

ア　野球が下手でも頑張《がんば》っている「ライトの彼」を勇気づけ、実力以上に活躍《かつやく》させてあげたいから。
イ　兄の野球にあまりにも熱中している両親のそばにいると、気まずい思いがしてくるから。
ウ　日頃《ひごろ》から運動を制限されており、長時間炎天下《えんてんか》にいることに身体が耐《た》えられないから。
エ　自分の野球嫌《ぎら》いを知っているのに、試合の応援に連れ出す両親がにくくて仕方ないから。
オ　精神的に自立しており、いつまでも両親と一緒に行動することが恥《は》ずかしく感じられるから。

問5　——線部A「用心のために激しい運動は控えた方がいいでしょう」・B「僕がどれほどほっとしたか」・C「パパは最初のうち、自分の息子が野球ができない、という事態を受け入れるのに戸惑っていた」とありますが、B・Cは、Aについての「僕」と「パパ」の反応の違《ちが》いを示しています。次の問い⑴・⑵について答えなさい。

⑴　Bについて、「僕」が「ほっとした」のはなぜですか。わかりやすく説明しなさい。

⑵　Cについて、「パパ」が「戸惑って」しまったのは、野球をそもそもどういうものとして捉《とら》えているからですか。十五字以内で説明しなさい。

問6　――線部③「僕の身代わり」とありますが、どういうことですか。それを説明した次の文を読んで、□にあてはまることばを考えて入れ、説明を完成させなさい。

「僕」が野球チームに入らなかったせいで、□ということ。

問7　本文の表現や内容に関する説明として**適当でないもの**を次のア～オから一つ選び、記号で答えなさい。

ア　「君はベンチからライトまで重い足取りで駆けてゆく」（49行目）とあるが、「僕」が「ライトの彼」のことを「君」と呼び始めることは、「僕」が「ライトの彼」に、野球をしていたかもしれない自分自身を重ねていることの表れである。

イ　「白すぎてだぶだぶしたユニフォーム」（55行目）という描写《びょうしゃ》は、「ライトの彼」が野球に対して適性がないにも関わらず無理に野球をやらされていることや、試合にもほとんど出ていないことをほのめかしている。

ウ　「とある野球場のライトにだけ長雨が降って、右翼手に黴が生える」（63・64行目）という小説のエピソードを、「僕」はただ単に「風変わり」だとしか感じていなかったが、今回「ライトの彼」を見て、それは悲惨《ひさん》なことのたとえなのではないかという考えに至った。

エ　「乱れた息と一緒に黴の胞子が吐き出される」（66・67行目）は、チームメイトにいつもひどい目に合わされている「ライトの彼」が、自分と同じ苦しみをチームメイトに与えて、少しでも抵抗《ていこう》したいと内心思っていることを表現している。

オ　「手を伸ばせばすぐ届きそうなところに、背番号がある」（68・69行目）の記述から、「僕」は「ライトの彼」を後方から見ていると推測できるが、「ライトの彼」と同じ方向を向いていることで、自分自身の姿を「ライトの彼」に重ねやすくなっている。

このページに問題はありません。

三　次の文章を読んで、後の問いに答えなさい。

「雰囲気《ふんいき》を楽しむ」ということは、世界中どこの人間でもしていることと思われるかもしれません。事実あるいは現象としてはそれでまちがいないのですが、ゲルノート・ベーメ（１９３７―）というドイツの現代哲学者《てつがくしゃ》によると、雰囲気を美の対象として楽しむということを意識的に、しかも徹底《てってい》しておこなったのは東アジア人、とりわけ日本人なのだそうです。

西洋人も「雰囲気を楽しむ」ことをしないわけではありませんが、雰囲気を美的対象として意識することはありませんでした。西洋人が伝統的に意識的な美の対象としてきたのは、物体そのもの（たとえば花とか山）およびその属性（色、かたちなど）あるいは人間の心（喜び、悲しみなど）でした。西洋人にとって、雰囲気は物体そのものでも、その属性でもなく、物体のまわりに漠然《ばくぜん》と存在する副次的、２次的現象にすぎませんでした。ベーメによれば、19世紀までの西洋絵画は厳格な写実描写《びょうしゃ》かあるいは信仰《しんこう》など人間の内面の表現でした。雰囲気的なものはたとえたまたま描写されていても美的鑑賞《かんしょう》の中心ではなく、あくまでも付随的《ふずいてき》な「つけたし」にすぎませんでした。

こうした伝統に大きな衝撃《しょうげき》を与《あた》えたのは、東アジアの美術でした。東アジア人、なかでもとくに日本人は、朝もや、夕暮れなど漠然とした雰囲気を美的鑑賞の中心に据《す》え、それを楽しんでいました。

詩でも同じです。西洋の詩の焦点《しょうてん》は、やはり物体およびその属性や人間の感情でした。これに対して、①芭蕉《ばしょう》の俳句などは西洋人には驚《おどろ》きをもってむかえられました。

鐘《かね》消えて花の香《か》は撞《つ》く夕《ゆうべ》哉《かな》　　芭蕉

この句には、消えゆく鐘の音《ね》とそれに合わせるかのように地面から立ちのぼるほのかな花の香《かお》り、などが詠《うた》われていました。しかし、鐘の音の美しさがたたえられているわけではありません。その音は消えつつあるのです。「花の香」

と言いますが、どういう花なのかわからないし、どういう香りなのかもよくわかりません。また芭蕉は、うれしいとか悲しいといった自分の感情を表現しているわけでもありません。ただ「これが夕暮れの風景というものだ」と言うことによって、「夕暮れ」という漠然とした雰囲気全体の美しさをたたえているのです。

陶芸《とうげい》でも、鑑賞のしかたに西洋と東洋（とくに日本）とでは大きなちがいがあります。②西洋人は、自分が設計したとおりに陶芸作品ができあがらないと、「失敗作」だとして廃棄《はいき》してしまいます。しかし、日本人は歪《ゆが》みがあっても、灰をかぶったり、(注1)釉薬《ゆうやく》がたれて部分的に色がちがっていたりしても、「かえって趣《おもむき》がある」「渋《しぶ》みがある」「わび、さびを感じる」などと、ほとんどの西洋人には理解不能な評価をして楽しんできました。これもまた「雰囲気を楽しんでいる」のだと解釈《かいしゃく》できます。

（中略）

赤い色が暑さや暖かさと、青い色が寒さや冷たさと、それぞれ結びつけられることは、よく知られています。こうした色の連想を利用して、③室内装飾《そうしょく》デザイナーは「暖かい雰囲気」や「冷たい雰囲気」を演出し、照明デザイナーは照明器具を使って「やわらかい雰囲気」や「なめらかな雰囲気」を演出します。

これらの例のように、本来ある特定の感覚器官（たとえば視覚）で認識《にんしき》されているはずの現象が、連想などによってほかの感覚器官（たとえば触覚《しょっかく》）でも認識されるという現象を「共感覚（synesthetics）」と言います。

青い色のものを見て、自分にはこれが青とは思えない、と言っても通用しません。なぜなら、青いものが青いのは客観的事実だからです。しかし、青い色のものを見て、自分には冷たい感じがするとは思えない、と言うことは通用します。なぜなら、青い色に冷たい感じがするというのは、厳密な客観的事実ではなく、多くの人がそう感じるということにすぎず、そうは思わないという人がいても、その人がまちがっているとはいえないからです。

青いものを青いと認識することは客観的認識ですが、青いものを冷たいと認識することは、客観ではありませんが、そうかといって□人□色の純粋《じゅんすい》の主観でもなく、その中間の④「相互《そうご》主観的」あるいは「間《かん》主観的」認識といえます。

ベーメは「人と人とのあいだの雰囲気」についても語っています。ある種の雰囲気の中で、その中にいる人は何かに「呪縛《じゅばく》」され、「幻想《げんそう》のとりこ」となっていることがあります。そうした中でその雰囲気を持続させるためには、人はその「雰囲気に調子をあわさなければならない」と指摘《してき》しています。

しかし、こうした雰囲気の中にいる誰《だれ》かが「身を引《ひ》き離《はな》して理性的にふるまい」「雰囲気の妨害《ぼうがい》」をして「雰囲気に〃亀裂《きれつ》を入れること〃」も可能であると述べています。また「パーティーのほがらかな雰囲気も、また国家行事の厳粛《げんしゅく》な雰囲気も」、その中で誰かがヒステリック(注2)に泣きわめいたり、笑いたてたりすることによって、一瞬《いっしゅん》にして崩壊《ほうかい》するとも指摘しています。

雰囲気を本格的な美の対象とは考えなかったということは、⑤雰囲気を学問の対象としても考えてこなかったということに通じます。学問には多くの種類があるので、学問の対象にするということをかんたんにまとめることは難しいですが、わかりやすい例としては分析《ぶんせき》や説明の対象にする、あるいはそれを使って何か重要なことを説明するといったことです。因果関係の原因や結果として議論するということも含《ふく》まれます。

日常生活において西洋人が雰囲気を知覚できないわけはないのですが、西洋人が伝統的に学問の対象としてきたものは、彼らが「実在する」と考えたものだけでした。西洋の伝統的考え方では、「実在する」ということは、物体として客観的に存在するか、あるいは人間の心として、つまり主観として存在するかのどちらかでした。「雰囲気」というような現象は感覚的に知覚、認識はできても、ほんとうに存在するのかどうか疑わしいもので、そのようなものは学問の対象にはならなかったのです。

ベーメはこのことを、つぎのような例を使って説明しています。真っ暗な部屋の中で、「ブーン」という蚊《か》の羽音が聞こえる。そうした状況では西洋人でも「いやな雰囲気」を感じるのですが、西洋人にとって重要なのは蚊の行動がもたらす結果であって、蚊が飛びまわっている「いやな雰囲気」というのは副次的現象にすぎません。蚊が人を刺《さ》して人がかゆみを感じるという「実在するもの」(物理的客体や人間の心理や感覚)は学問の対象になりますが、そうした現象のまわりで発生する「いやな雰囲気」のような付随的・副次的な現象は、学問の対象にはなりえなかったのです。

（伊藤陽一《いとうよういち》『生命デザイン学入門』岩波ジュニア新書 第４章より）

（注１）釉薬――陶磁器《とうじき》の表面に塗《ぬ》ってつやをつけるもの。

（注２）ヒステリックに――異常に感情を高ぶらせて。

問１ 〰〰線部「□人□色」の□に共通する漢字一字を入れなさい。

問2　――線部①「芭蕉の俳句などは西洋人には驚きをもってむかえられました」とありますが、次の問い⑴・⑵について答えなさい。

⑴　「芭蕉」の俳句を次のア～オから一つ選び、記号で答えなさい。

ア　柿《かき》くへ《（え）》ば鐘が鳴るなり法隆寺《ほうりゅうじ》
イ　古池や蛙《かわず》飛びこむ水の音
ウ　菜の花や月は東に日は西に
エ　分け入っても分け入っても青い山
オ　雀《すずめ》の子そこのけそこのけ御馬《おうま》が通る

⑵　「鐘消えて」の俳句が、驚きをもってむかえられたのはなぜですか。それを説明した次の文を読んで、□にあてはまることばを三十字以内で抜《ぬ》き出《だ》して入れ、説明を完成させなさい。

「鐘消えて」の俳句は、西洋人の美しさのとらえ方と異なり、□から。

問3 ——線部②「西洋人は、自分が設計したとおりに陶芸作品ができあがらないと、『失敗作』だとして廃棄してしまいます」とありますが、それはなぜですか。最も適当なものを次のア～オから選び、記号で答えなさい。

ア 西洋人は、作品を構成しているかたちや色といった成分がじゅうぶんに整っていなければ、満足しないから。

イ 西洋人は、日本人が感じる「わび」「さび」までも設計しようと試みるが、納得《なっとく》できる作品が作れないから。

ウ 西洋人は、どんなでき具合でも受け入れる日本人と違い、あいまいなことを許さない厳しさを持っているから。

エ 西洋人は、物体そのものやその属性が一つになって全体の雰囲気を作っていない場合、作品を認めたくないから。

オ 西洋人は、できあがった作品の中に作者の内面を写し出していないような作品を、評価したいと思わないから。

問4 ——線部③「室内装飾デザイナーは『暖かい雰囲気』や『冷たい雰囲気』を演出し、照明デザイナーは照明器具を使って『やわらかい雰囲気』や『なめらかな雰囲気』を演出します」とありますが、「暖かい雰囲気」や「やわらかい雰囲気」のような表現ができるのはなぜですか。わかりやすく説明しなさい。

問5 ――線部④「『相互主観的』あるいは『間主観的』認識」とありますが、どういうことですか。それを説明した次の文を読んで、［　　］にあてはまることばを本文から十字で抜き出して入れ、説明を完成させなさい。

［　　　　　　　　　　］認識のこと。

問6 ――線部⑤「雰囲気を学問の対象としても考えてこなかった」とありますが、それはなぜですか。最も適当なものを次のア～オから選び、記号で答えなさい。

ア 「雰囲気」を事物のまわりで発生する「つけたし」の副次的な現象と見なし、気高い学問の世界に取りこむことを多くの人が嫌《いや》がったから。

イ 「雰囲気」をほんとうに存在するものと考えてはいたが、それを物体として客観的にとらえるには技術的に難しかったから。

ウ 「雰囲気」を事実あるいは現象として認めてはいたものの、多くの種類がある学問の中でどのように分類するか決められなかったから。

エ 「雰囲気」を実在しないものと位置づけ、日常生活の中で意識的に対象とする必要はないという考えが西洋にはもともとあったから。

オ 「雰囲気」を感じることができてもその存在を説明することは難しく、細かく分析することが主流である学問の対象とはならなかったから。

2021(R3) 岡山白陵中
K 教英出版

令和3年度

岡山白陵中学校入学試験問題

算　　数

受験番号	

注　意　1．　時間は60分で100点満点です。

2．　問題用紙と解答用紙の両方に受験番号を記入しなさい。

3．　開始の合図があったら，まず問題が1ページから11ページまで，順になっているかどうかを確かめなさい。

4．　解答は解答用紙の決められたところに書きなさい。

5．　特に指示のない問いは，考え方や途中の式も書きなさい。

1 次の各問いに答えなさい。**(解答用紙には，答えのみを書きなさい。)**

(1) 次の計算をしなさい。

$$1\times\frac{1}{2}+\frac{1}{2}\times\frac{1}{3}+\frac{1}{3}\times\frac{1}{4}+\frac{1}{4}\times\frac{1}{5}+\frac{1}{5}\times\frac{1}{6}$$

(2) 次の式の□に当てはまる数を求めなさい。

$$2.2\div1.5\times\frac{9}{8}-\frac{1}{8}\div\left(□-\frac{1}{3}\right)=\frac{3}{2}$$

(3) 下の図において3点A, B, Cを頂点とする三角形は直角三角形で，3点C, A, Dを頂点とする三角形はCA＝CDの二等辺三角形です。角アの大きさを求めなさい。

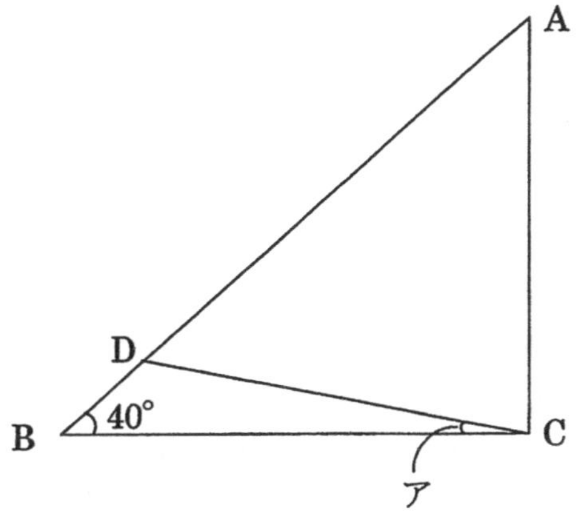

(4) 区別のつかない6個のあめ玉をAさん，Bさん，Cさんの3人に分けるとき，分け方は何通りありますか。ただし，どの人にも少なくとも1個は分けるものとします。

（5） 濃度《のうど》が 9%の食塩水 160g と濃度が 5%の食塩水 360g を混ぜた後に，ある量の水を加えると，濃度が 6%の食塩水ができました。加えた水の量は何 g ですか。

（6） 3 点 A，B，C を頂点とする三角形は，辺 AB の長さが 5cm，辺 BC の長さが 4cm，辺 CA の長さが 3cm の直角三角形です。この直角三角形を頂点 B を中心として時計の針の回転と反対向きに 18°だけ回転させたものが 3 点 A′，B，C′を頂点とする三角形です。また，A と A′の間の太線は三角形を回転させたときに点 A が動いた跡《あと》の線です。斜線部分の面積を求めなさい。ただし，円周率は 3.14 とします。

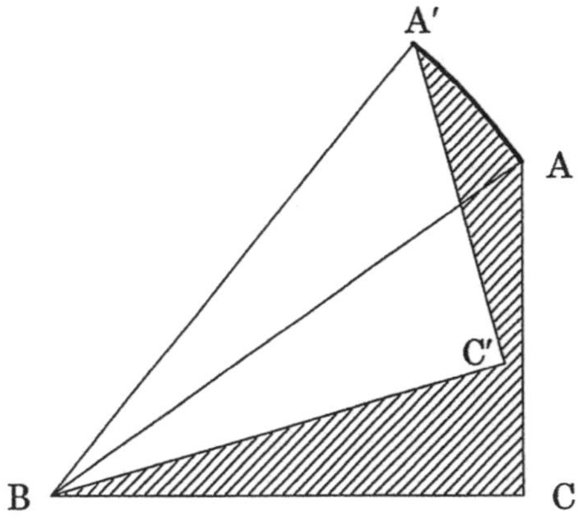

2 次の［Ⅰ］，［Ⅱ］の各問いに答えなさい。**(解答用紙には，答えのみを書きなさい。)**

［Ⅰ］「3で割ると2余る数」は「3の倍数より（　①　）だけ大きい数」で，「奇数《きすう》」は「2の倍数より（　②　）だけ大きい数」です。つまり「3で割ると2余る奇数」は「（　③　）の倍数より（　④　）だけ大きい数」と言え，また，「（　⑤　）の倍数より（　⑥　）だけ小さい数」とも言えます。

（1） 上の文中の①～⑥に適した数字を答えなさい。

（2） 3で割ると2余る2けたの奇数の中で最も大きい数を求めなさい。

［Ⅱ］図１のように底面が正方形の四角柱の中に，円柱が四角柱の各面にくっつくように入っています。四角柱の体積が $324cm^3$ であるとき，次の各問いに答えなさい。ただし，円周率は3.14とします。

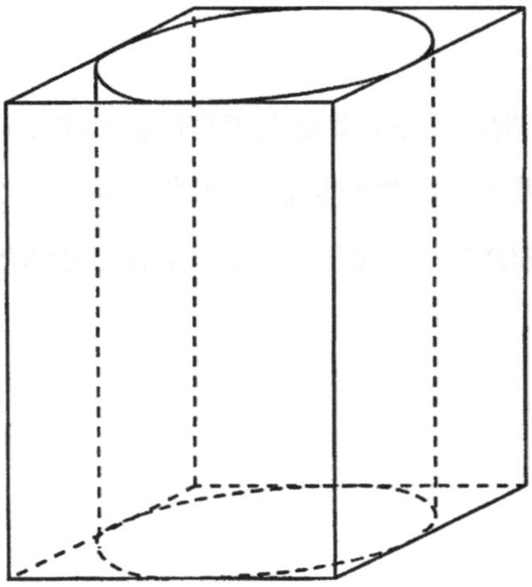

図１

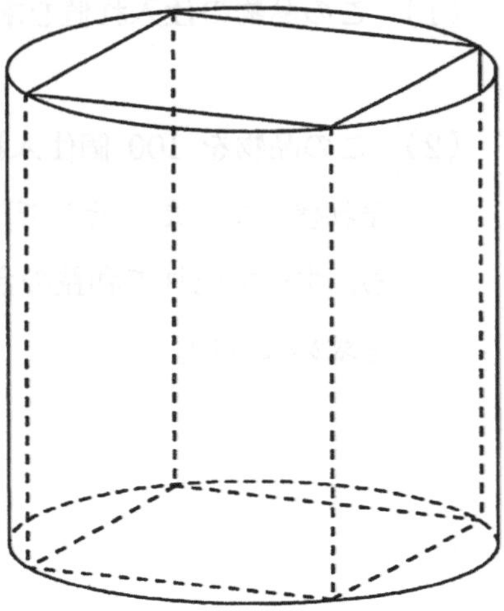

図２

（1） 円柱の体積を求めなさい。

（2） (1)で求めた円柱の内側に，図２のように円柱と高さが等しく，底面が正方形の四角柱を円柱の側面にくっつくように入れます。この四角柱の体積を求めなさい。

（3） (2)で入れた四角柱を２番目の四角柱とします。その内側に図１のように円柱を入れ，さらにその内側に図２のように四角柱を入れます。その四角柱を３番目の四角柱とします。この操作をくりかえすとき四角柱の体積がはじめて $15cm^3$ 以下となるのは，何番目の四角柱かを求めなさい。

3 ある品物を仕入れ値の 2 割の利益を見《み》込《こ》んで定価をつけて売った場合と，3 割の利益を見込んで定価をつけて売った場合では利益に 15 円の差が出ました。このとき，次の各問いに答えなさい。

（1） この品物の仕入れ値を求めなさい。

（2） この品物を 100 個仕入れて 5 割の利益を見込んで定価をつけて売ったところ売れ残りました。そこで，売れ残った品物を定価の 2 割引きにして売ったところ，すべて売れて利益の合計が 6015 円となりました。定価で売れた品物の個数を求めなさい。

[このページに問題はありません。]

4 1～9の番号がついた3×3の9個のマス目のうち，3個のマス目に○，△，×の記号を1個ずつ次のルールに従って入れます。残りの6個のマス目には記号を入れません。

（ルール） ○，△，×のうち，どの2つの記号も隣《とな》り合うマス目に入れない。

例えば1のマス目に○を入れた場合は，2，4のマス目に△と×を入れることはできません。このとき，次の各問いに答えなさい。**（解答用紙には，答えのみを書きなさい。）**

1	2	3
4	5	6
7	8	9

（1） 5のマス目に○が入るような記号の入れ方は何通りありますか。

（2） 記号の入れ方は全部で何通りありますか。

［このページに問題はありません。］

5 流れの速さが途中《とちゅう》で変化する川があります。上流の地点 A と下流の地点 C の間にある地点 B を境に流れの速さは変化し，AB 間と BC 間ではそれぞれ流れの速さは一定です。たかしくんとお父さんがそれぞれボートに乗って地点 A と地点 C の間を往復するとき，たかしくんは BC 間を 4 分で下り，20 分で上りました。お父さんは BC 間を 3 分 20 秒で下り，10 分で上りました。このとき，次の各問いに答えなさい。

(1)　流れがないところでのたかしくんとお父さんのボートの速さの比を求めなさい。

(2)　たかしくんは AB 間を 10 分で下り，20 分で上りました。お父さんが AB 間を下るのにかかる時間と上るのにかかる時間はあわせて何分何秒ですか。

[このページに問題はありません。]

6 25 階建てのホテルがあり，1 つの階には 35 部屋があります。各部屋の部屋番号には 4 と 9 の数字は使われていません。

例えば，

1 階の部屋番号は小さい順に

0101，0102，0103，0105，0106，0107，0108，0110，・・・

2 階の部屋番号は小さい順に

0201，0202，0203，0205，0206，0207，0208，0210，・・・

4 階の部屋番号は小さい順に

0501，0502，0503，0505，0506，0507，0508，0510，・・・

8 階の部屋番号は小さい順に

1001，1002，1003，1005，1006，1007，1008，1010，・・・

となっています。このとき，次の各問いに答えなさい。**（解答用紙には，答えのみを書きなさい。）**

（1） 部屋番号が 0825 の部屋は，1 階の 0101 の部屋から部屋番号が小さい順に数えて何番目の部屋かを求めなさい。

（2） 1 階の 0101 の部屋から部屋番号が小さい順に数えて 733 番目の部屋の部屋番号を求めなさい。

（3） このホテルの部屋のうち，部屋番号に 1 という数字が 1 つ以上使われている部屋はいくつあるかを求めなさい。

令和3年度

岡山白陵中学校入学試験問題

理　　　科

受験番号	

注　意　1．　時間は60分で100点満点です。

2．　問題用紙と解答用紙の両方に受験番号を記入しなさい。

3．　開始の合図があったら，まず問題が1ページから20ページまで，順になっているかどうかを確かめなさい。

4．　解答は解答用紙の決められたところに書きなさい。

1　次のⅠ，Ⅱを読み，あとの問いに答えなさい。

Ⅰ　地球上には多くの種類の昆虫《こんちゅう》がいます。昆虫のからだは共通したつくりになっています。また，エサを食べやすい口など，それぞれの生活に応じたからだのつくりをしています。

問１　昆虫のからだのつくりを説明した次の文中の［ア］，［イ］に適する語句または数値を入れなさい。

　昆虫のからだのつくりは頭，胸，腹にわかれ，そのうちの［ア］に［イ］対《つい》のあしがついています。

問２　次の①～③の昆虫の口のつくりを，あとの（ア）～（ウ）からそれぞれ選び，記号で答えなさい。

① カブトムシ　　② アブラゼミ　　③ シオカラトンボ

【口のつくり】
（ア）かむことができるあご　　（イ）さすことができるストロー状
（ウ）なめることができるブラシ状

問３　カイコガの幼虫が出す糸からつくられる繊維《せんい》はどれですか。次の（ア）～（オ）から１つ選び，記号で答えなさい。

（ア）綿　（イ）絹《きぬ》　（ウ）麻《あさ》　（エ）ウール　（オ）ポリエステル

問４　カイコガは成虫になる時，完全へんたいをします。カイコガとちがい，不完全へんたいである昆虫を，次の（ア）～（カ）からすべて選び，記号で答えなさい。

（ア）オニヤンマ　　（イ）クマゼミ　　（ウ）カブトムシ
（エ）オオカマキリ　　（オ）モンシロチョウ　　（カ）コオロギ

問5　カイコガのメスが，オスを呼びよせるときの行動について，以下の（1）～（5）の実験・観察をしました。ただし、それぞれの実験・観察では，新たに別のオスやメスを用意しました。

（1）メスの腹を観察すると，ふくらんだ茶色の部分が腹の先から出たり，入ったりしていました。そのたびごとに，近くにいたオスの成虫は羽ばたきをはじめ，メスに近づいていきました。

（2）腹の先のふくらんだ茶色の部分を取り除いたあとのメスに，オスを近づけても，羽ばたきは見られず，メスにさらに近づきもしませんでした。

（3）オスを透明《とうめい》のケースでおおい，ケースの外からメスを近づけても，羽ばたきは見られずメスに近づこうとしませんでした。そして，透明のケースをとると，羽ばたきをはじめ，メスに近づいていきました。

（4）眼《め》が見えないようにしたオスに，メスを近づけたところ，オスは羽ばたきはじめ，メスに近づいていきました。

（5）触角《しょっかく》を取り除いたオスに，メスを近づけたところ，オスに羽ばたきは見られず，メスに近づきもしませんでした。

以上の実験・観察からオスは体のどの部分で，メスのいる方向を感じていると考えられますか。次の（ア）～（エ）から１つ選び，記号で答えなさい。

（ア）眼では感じているが，触角では感じていない。

（イ）触角では感じているが，眼では感じていない。

（ウ）眼と触角の両方で感じている。

（エ）眼でも触角でも感じていない。

Ⅱ　生き物は，同じ種類の生き物で集まって生活する「群れ」をつくったり，同じ種類の生き物どうしの侵入《しんにゅう》を防ぐことで，一定の空間をひとりじめする「なわばり」をつくったりします。

下の図は，同じ種類の生き物の「群れの分布」，「なわばりの分布」，「規則性の見られない分布」のいずれかのモデルです。図中の黒点１つにつき生き物１匹《ひき》をあらわし，１つの区画は一定の空間をあらわしています。

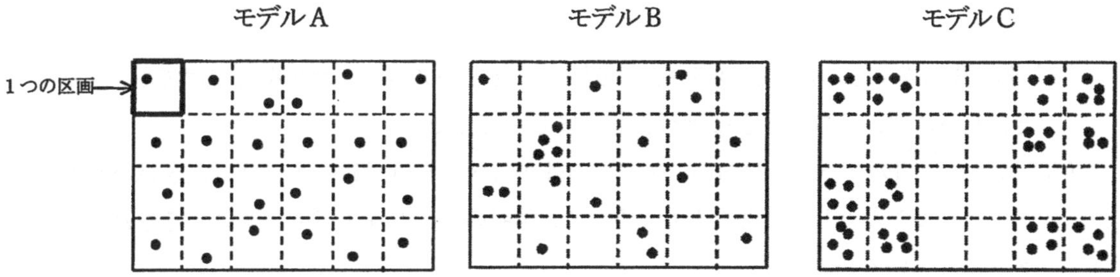

図

問６　上の図で「群れの分布」と「なわばりの分布」をあらわしたモデルの組み合わせはどれですか。次の（ア）～（カ）から正しいものを１つ選び，記号で答えなさい。

	（ア）	（イ）	（ウ）	（エ）	（オ）	（カ）
群れの分布	モデルA	モデルA	モデルB	モデルB	モデルC	モデルC
なわばりの分布	モデルB	モデルC	モデルA	モデルC	モデルA	モデルB

問７　縦軸《たてじく》に区画の数，横軸《よこじく》に１区画あたりの生き物の数をとったグラフを書いたとき，モデルＣの分布のグラフは右のようになります。これにならって，図のモデル Ｂの分布のグラフを解答用紙に書きなさい。

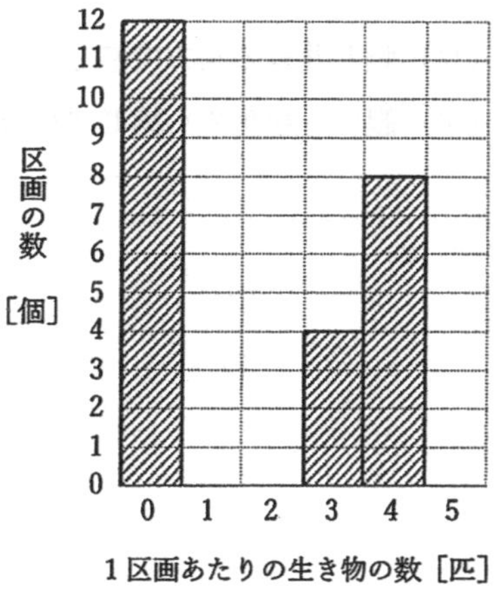

問８　シマウマなどの草食動物は，群れをつくっています。群れをつくることで，肉食動物から襲《おそ》われる危険性を小さくすることができます。その一方で，群れが大きくなると，同じ群れの中でえさをめぐる争いが激しくなってしまいます。

えさとなる草を食べるのにつかう時間は，肉食動物を警かいする時間や，同じ群れの中でえさをめぐって争う時間を，群れの中で活動する全体の時間（これを 100（%）とします）から引いたものだと考えることにします。

肉食動物を警かいする時間の割合をグラフ中 A，同じ群れの中でえさをめぐって争う時間の割合をグラフ中の B としたとき，えさとなる草を食べるのにつかう時間の割合（図の点線 {・・・}）はどのようなグラフになりますか。次のグラフ（ア）～（カ）から１つ選び，記号で答えなさい。

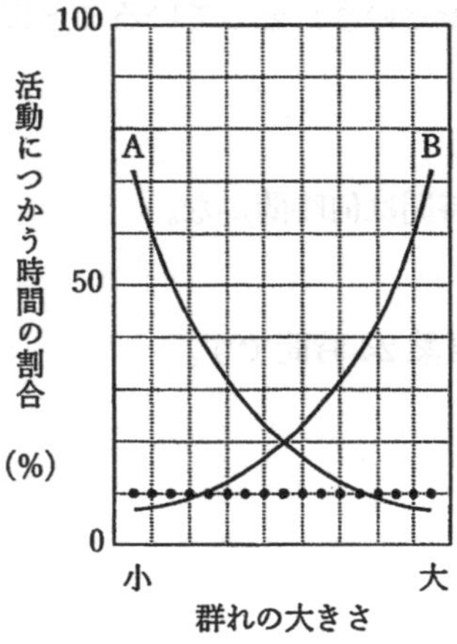

（ア）

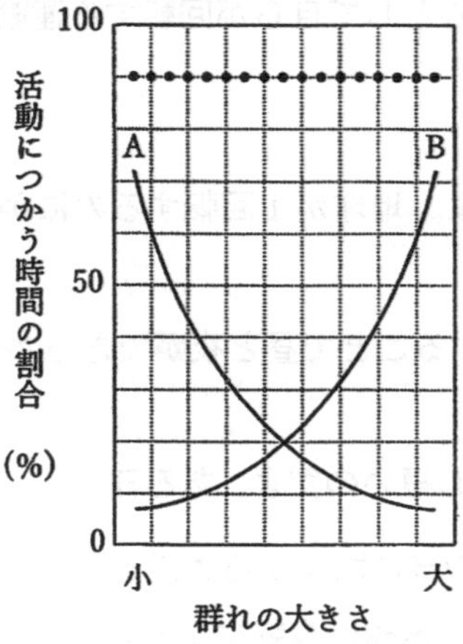

（イ）

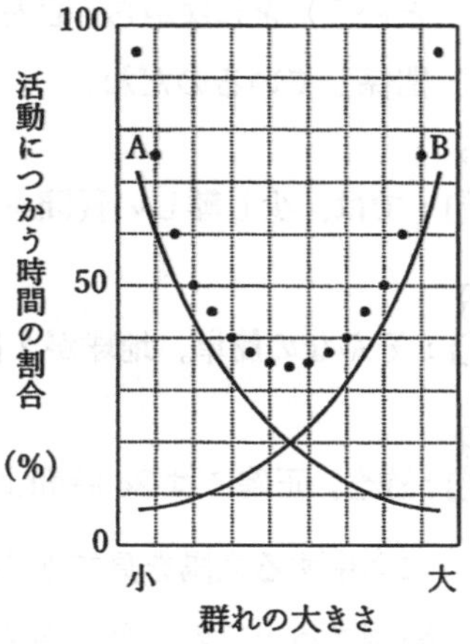

（ウ）

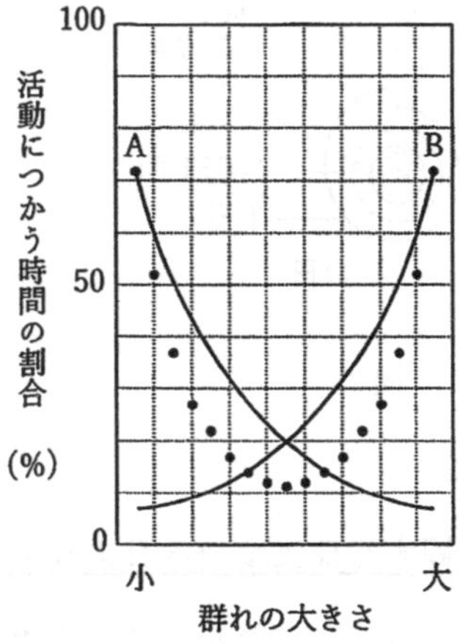

（エ）

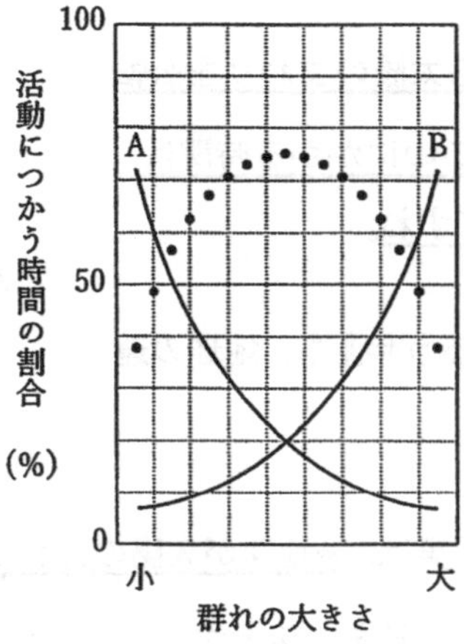

（オ）

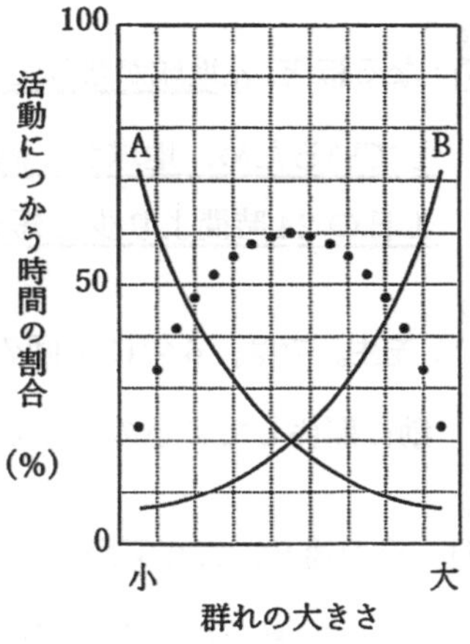

（カ）

2 先生と福山くんと石原さんの会話文を読み，あとの問いに答えなさい。

：福山くん，石原さん。日常生活で使っている１日（24時間）や１年（365日）という時間は，何を基準に決めているか知っているかな。

：もちろん。地球から見た太陽の動きで決められていると聞いたことがあります。

：私も知っているわ。地球から見て太陽がもとの位置に戻《もど》るまでの時間です。

：その通り。『地動説』としてよく知られているように，地球が太陽のまわりを回る運動（公転という）をしながら，自らを中心として自らが回転する運動（自転という）をしていることに関係しているのだね。

：では，少し難しい質問をするよ。地球が１回転するのにかかる時間は何時間かな。

：そんなの簡単。地球が１回転することで昼と夜ができるから，当然24時間です。

：残念。正確には24時間より少し短いのだよ。ある日に南中する太陽を見てから，次の日に南中する太陽を観測するまでの１日を考えると，地球は自転による360度と，地球の公転によってずれた角度１度を加えた361度回転していることになるでしょう。

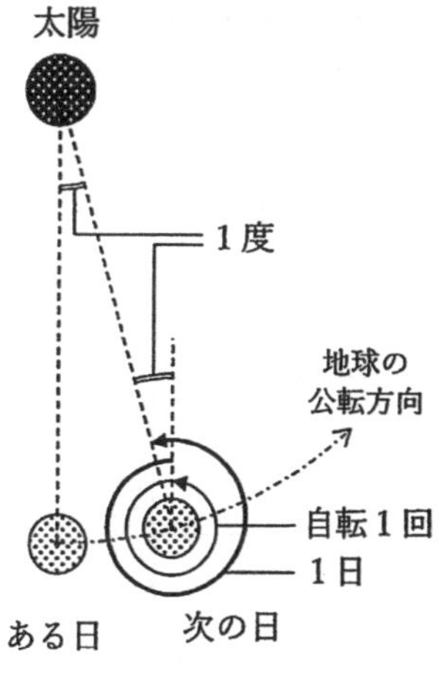

図１

：なるほど。①<u>地球が自転しながら太陽のまわりを公転しているため，地球が１回転するのにかかる時間は，１日の24時間より少し短いのですね</u>。

：先生。では，４年に１回の『うるう年』も，地球の運動に関係しているのですか。

：その通り。よく気が付いたね。実は，②<u>地球が太陽のまわりを１周する日数は365日よりも少しだけ長いのだよ</u>。だから，365日を１年とするとズレが生じてしまう。これを解消するために，４年に１回だけ『うるう年』を入れているのだよ。

：そういえば『うるう年』については，さらに細かなズレを解消するために，400 年に 100 回の『うるう年』を入れるところを，3 回減らして 97 回にすると聞いたことがあります。

：石原さんは物知りだね。自然界の動きに人間の生活が合うように，こうした工夫《くふう》をしているのだね。

：ところで，地球のように太陽のまわりを回っている惑星《わくせい》を知っているかな。

：知っているわ。太陽から近い順に，水星，金星，地球，③，木星，土星，天王星，海王星の 8 個の惑星です。

：さすがだね。地球から見た惑星の動きは，月や太陽のように規則的でなく，星の中を行ったり来たりするように見えるから，『惑（まど）っている星』という言葉で表現されているのだよ。

：惑星という言葉にはそのような意味があったなんて知りませんでした。

：では，夕方の④や明け方の⑤にかがやいて見える惑星を知っているかな。

：もちろん。よく『一番星』とよばれている金星ですね。

：正解。『明けの明星《みょうじょう》』，『宵《よい》の明星』とも言われ，古くから親しまれている金星は，地球の内側を回る惑星で，地球から見ると，月のように満ち欠けをしながら，大きさも変化する惑星なのだよ。

：そうなのですね。

：先生。それって月の満ち欠けの授業のときに習った方法で説明できますか。

：⑥実際にモデルを作って考えてみたらいいよ。

：石原さん。さっそくやってみよう。

問1　下線部①について，会話のやりとりと図1を参考に，地球が1回転するのにかかる時間は，何時間ですか。答えは，小数第3位を四捨五入して，小数第2位まで求めなさい。

問2　下線部②について，会話のやりとりから，地球が太陽のまわりを1周するのにかかる日数は，何日ですか。すぐあとの石原さんの発言に十分に注意をして答えなさい。答えは，小数第3位を四捨五入して，小数第2位まで求めなさい。

問3　会話文中の［　③　］には，地球のすぐ外側を回る惑星で，アメリカ航空宇宙局（NASA）が，2033年までに有人探査を目標としている惑星が入ります。その名称《めいしょう》を答えなさい。

以下は，福山くんと石原さんが作った下線部⑥の金星の見え方をシミュレーションするモデルの説明です。

[1] 金星に見立てた発泡《はっぽう》ポリスチレン球の半分を黒くぬりつぶし，竹串《たけぐし》にさしてゴム栓《せん》の台に立てる。（同じものを8個作る）

[2] 地球に見立てた発泡ポリスチレン球の半分を黒くぬりつぶし，竹串にさしてゴム栓の台に立てる。

[3] 太陽に見立てた発泡ポリスチレン球を，竹串にさしてゴム栓の台に立てる。

[4] 画用紙の中心に太陽，その周りに金星と地球が公転する通り道（軌道《きどう》）を描《えが》き，金星や太陽，地球に見立てた発泡ポリスチレン球を立てる。このとき，金星，地球については明るい面（黒くぬりつぶしていない面）を，つねに太陽に向けて置く。また，金星は図2のように互《たが》いに等しい間隔《かんかく》になるように置く。

※図2は，作成したモデルを真上から見た図を示している。

[5] 地球の，明るい面と黒くぬりつぶした面の境界（図2のAまたはBの位置）に，のぞき棒（向こう側が見通せるつつ状のもの）の先端《せんたん》を合わせ，金星に見立てた発泡ポリスチレン球を観察し，見え方をスケッチする。

※図2では，Aの位置からのぞき棒で，Fの金星をのぞいている様子を示している。

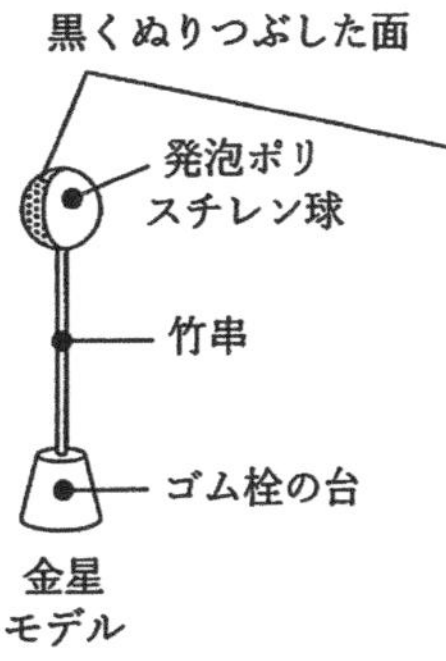

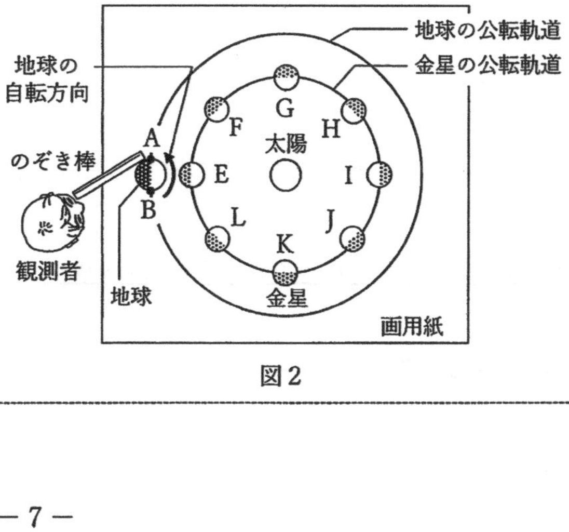

図2

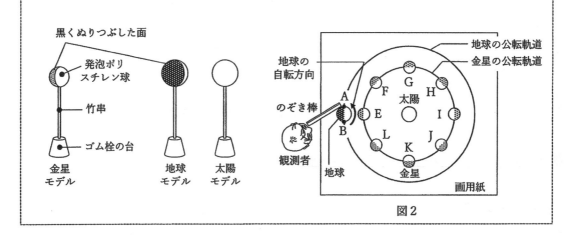

問4　図2のA，Bのうち，明け方を示しているのはどちらですか。記号で答えなさい。

問5　会話文中の ④ ， ⑤ には，金星の見える方角が入ります。図2が，北極星の方向（真北の方向）から見た図であることに注意して，シミュレーションを参考にしながら，あてはまる適当な方角を，次の（ア）～（エ）からそれぞれ1つ選び，記号で答えなさい。

（ア）東の空　　（イ）西の空　　（ウ）南の空　　（エ）北の空

問6　図2のLの位置にある金星を，Bの位置から観察したときのスケッチとして，正しいものを次の（ア）～（エ）から1つ選び，記号で答えなさい。

（ア）　　（イ）　　（ウ）　　（エ）

問7　金星は真夜中には見ることができません。金星の見え方のシミュレーションを参考に，その理由として，正しいものを次の（ア）～（エ）から1つ選び，記号で答えなさい。

（ア）金星が地球に近づいたり遠ざかったりしているから。

（イ）金星が地球の内側を公転しているから。

（ウ）金星が地球の影《かげ》に入るから。

（エ）金星が太陽のまわりを1周する時間が，地球よりも短いから。

3 あとの問いに答えなさい。

問１　私たちが日常用いている「温度」は，昔の科学者が，水がこおる温度を[A]℃，沸騰《ふっとう》する温度を[B]℃として決めました。

別の科学者が，単位を「°F」とする別の決めかたで温度を決めました。水がこおる温度を32°F，沸騰する温度を212°Fとして設定し，その間を180等分して１°Fとしました。

（１）[A]，[B]に当てはまる数値を答えなさい。

（２）体温が36℃の人は，何°Fになりますか。答えは，小数第２位を四捨五入して，小数第１位まで求めなさい。

【実験１】　0℃で体積が100mLの水があります。この水を容器に入れ，－20℃まで冷やしたのち，同じ強さの火力で熱し続けたときの，時間と温度の関係を調べました。

図１は，その関係を表したグラフです。ただし，図１のA，Bは問１のA，Bと同じものです。

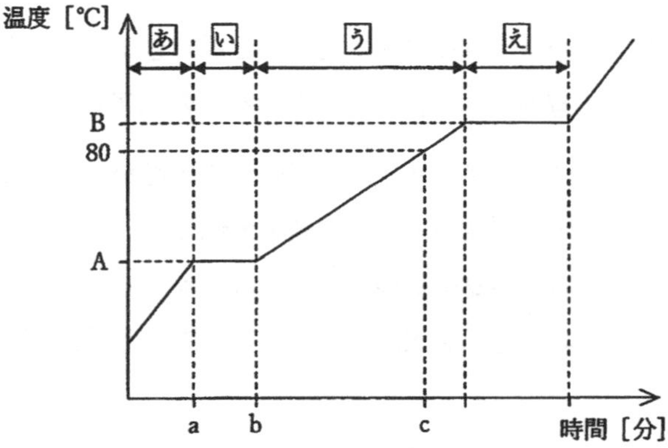

図１

問２　液体の水の中から大きなあわが生じているのは，図１で示された[あ]～[え]のどこですか。最も適当なものを１つ選び，記号で答えなさい。

問３　実験１において，加熱し続けたとき，温度の変化にともなって，液体の水，固体の氷を合わせた体積はどのように変化しますか。A(℃)になった瞬間《しゅんかん》（図１中の点a）から，80℃になる瞬間（図１中の点c）までの体積の変化として最も適当なものを次のページの（ア）～（キ）から１つ選び，記号で答えなさい。なお，（ア）～（キ）のグラフ中のa，b，cは図１の点a，b，cに対応します。ただし，蒸発による体積の減少はないものとします。

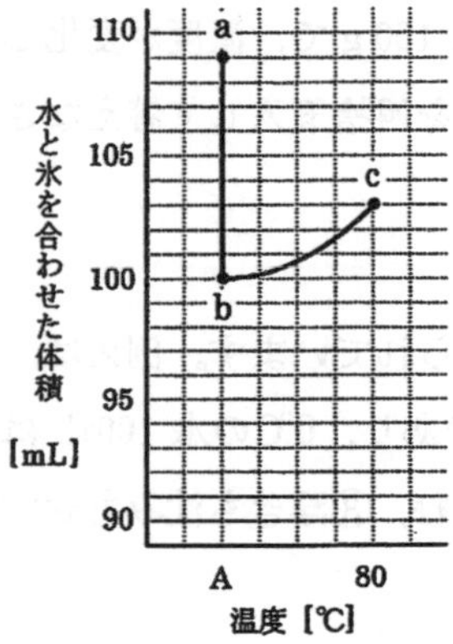
110
105
100
95
90
水と氷を合わせた体積
[mL]
A
80
温度 [℃]
a
b
c

（ア）

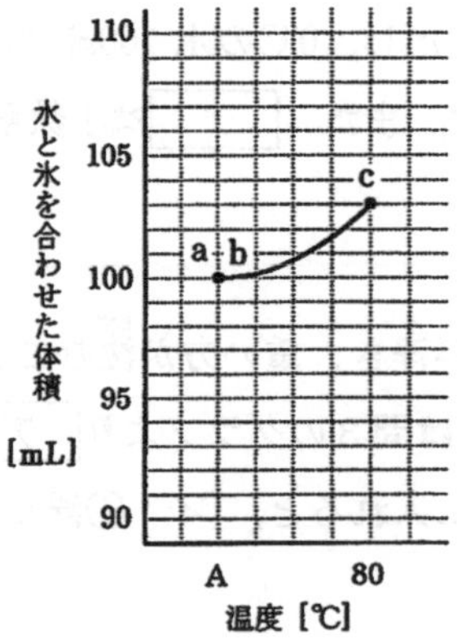
110
105
100
95
90
水と氷を合わせた体積
[mL]
A
80
温度 [℃]
a
b
c

（イ）

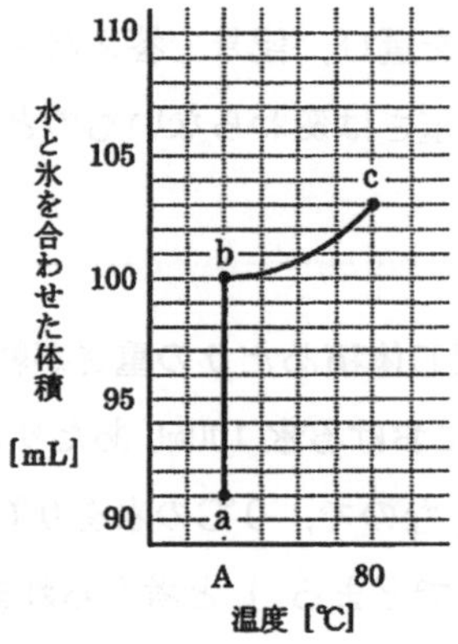
110
105
100
95
90
水と氷を合わせた体積
[mL]
A
80
温度 [℃]
a
b
c

（ウ）

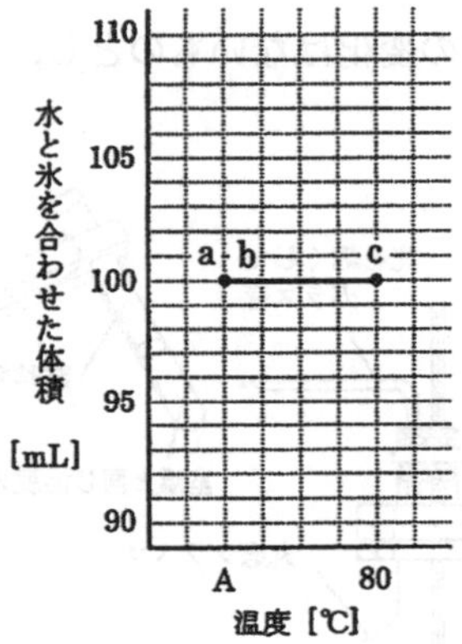
110
105
100
95
90
水と氷を合わせた体積
[mL]
A
80
温度 [℃]
a
b
c

（エ）

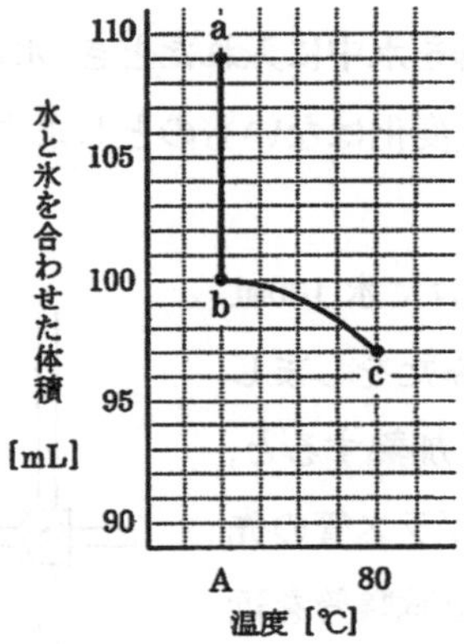
110
105
100
95
90
水と氷を合わせた体積
[mL]
A
80
温度 [℃]
a
b
c

（オ）

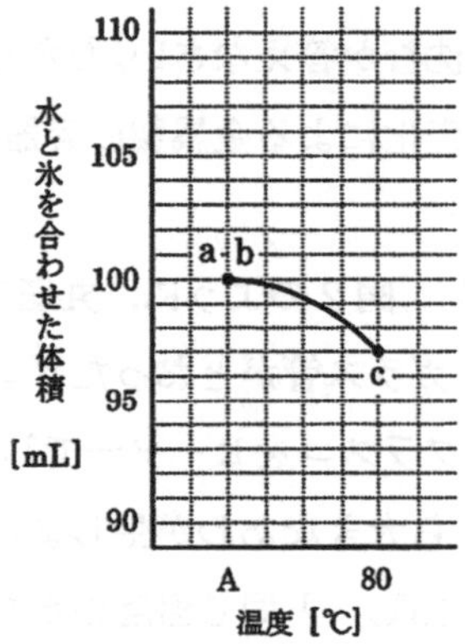
110
105
100
95
90
水と氷を合わせた体積
[mL]
A
80
温度 [℃]
a
b
c

（カ）

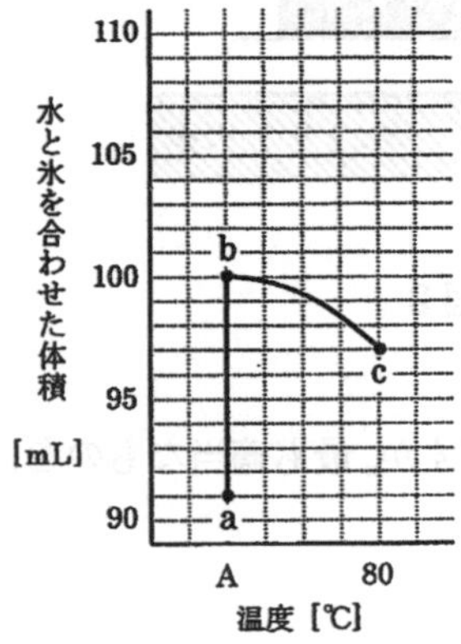
110
105
100
95
90
水と氷を合わせた体積
[mL]
A
80
温度 [℃]
a
b
c

（キ）

問４　問３の答えを利用して，以下の文中の[ア]には適切な数値を入れ，｛イ｝に入る適切な語句を選び，記号で答えなさい。ただし，0℃の水 100mL の重さは 100ｇで，温度が変化しても重さは変わらないものとします。また，[ア]は小数第 1 位を四捨五入して答えなさい。

同じ体積あたりの重さが軽い方が浮《う》き，重い方が沈《しず》むことが知られています。例えば，0℃における氷 100mL あたりの重さは問３のグラフより[ア]ｇであり，0℃の水 100mL は 100g なので，０℃の氷を０℃の水に入れると，｛イ：①浮く，②沈む，③浮きも沈みもせず水中でとまる ｝と考えられます。

問５　ふたのついた体積 100mL，重さ 40g の金属製の容器があります。この容器に 80℃の水を入れてからふたをして，0℃の水の中に入れるとき，容器に入れる水が何 mL より多くなると容器が沈むか答えなさい。ただし，容器を水中に入れたとき，水の温度の変化はないものとし，温度変化による金属製の容器の体積変化はないものとします。

【実験２】　図２のように，丸底フラスコに水 100mL を入れ，ガラス管がとおったゴム栓《せん》でふたをしました。丸底フラスコをヒーターでしばらく加熱すると，水の中から大きなあわが生じました。ガラス管の先に室温（15℃）と同じ温度の水を入れた試験管を近づけたところ，試験管の表面に液体がついていました。

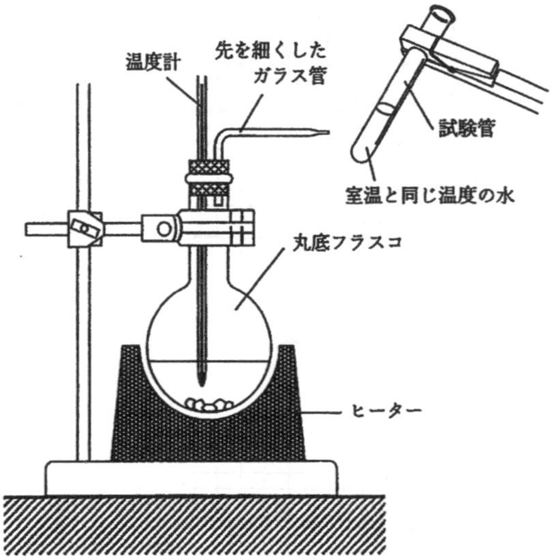

図２

問６　実験２の試験管の表面の液体は，どのようにしてでてきたものですか。最も適当なものを，次の（ア）～（エ）から１つ選び，記号で答えなさい。

（ア）試験管からしみだしたもの

（イ）おもに，空気中の水蒸気が，試験管の表面で冷やされて液体の水になったもの

（ウ）おもに，丸底フラスコの中から蒸発した水蒸気が，試験管の表面で冷やされて液体の水になったもの

（エ）試験管からしみだしたものか，水蒸気が液体になったものかは判断できない

【実験３】　実験２と同様に，エタノール（消毒に使うアルコール）100mL を入れ，しばらく加熱すると，約 80℃で液体の中から大きなあわが生じました。実験２と同様に，室温（15℃）と同じ温度の水を入れた試験管を近づけたところ，試験管の表面に液体がついていました。

問７　実験３の試験管の表面の液体は何ですか。答えなさい。

【実験４】　水とエタノールを混ぜたもの（水溶液《ようえき》X）100mL を図３のように，丸底フラスコに入れ，加熱したところ，試験管に液体がたまりました。これを試験管Ｙとします。試験管Ｙに 5mL ほど液体がたまったところで，試験管Ｙを別の試験管に取りかえ，数分間そのまま加熱を続けました。その後，再び別の試験管に取りかえたところ，この試験管にも液体がたまりました。この試験管を試験管Ｚとします。加熱前の水溶液Ｘおよび試験管Ｙと試験管Ｚにたまった液体のにおいをそれぞれ比べたところ，試験管Ｙからは，消毒に使うアルコールと同じにおいが，最も強くしました。また，試験管Ｚからは，においはほとんどしませんでした。

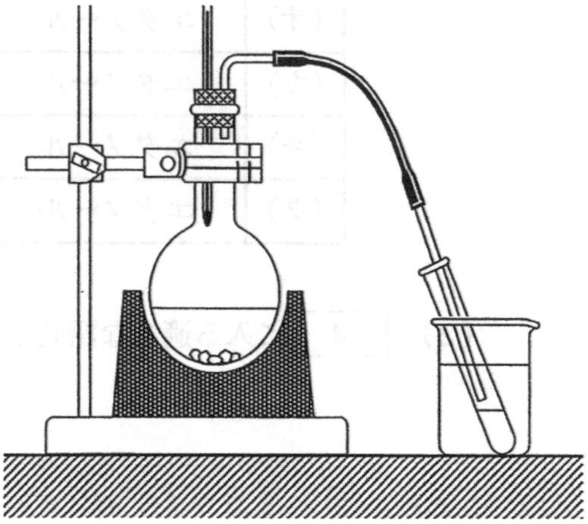

図３

問８　実験４からわかることについて以下のようにまとめました。次のページの（１），（２）に答えなさい。

　水とエタノールが混ざったものを加熱していくと，最初のうちは蒸気の中には[1]の方が多く含《ふく》まれています。そのため，試験管Ｙには水溶液Ｘよりも[2]の濃《こ》さが濃い液体が入っていることがわかります。これは[3]の方が[4]する温度が低いためで，このようにして[4]する温度の違《ちが》いを利用して，より濃さが濃い溶液をあつめることができます。この操作を分留《ぶんりゅう》といいます。

（1） [1]～[3]にあてはまるものの，組み合わせとして，次の(ア)～(ク)から最も適当なものを１つ選び，記号で答えなさい。

	[1]	[2]	[3]
(ア)	水	水	水
(イ)	水	水	エタノール
(ウ)	水	エタノール	水
(エ)	水	エタノール	エタノール
(オ)	エタノール	水	水
(カ)	エタノール	水	エタノール
(キ)	エタノール	エタノール	水
(ク)	エタノール	エタノール	エタノール

（2） [4]に入る適当な語句を答えなさい。

【　このページに問題はありません　】

4 あとの問いに答えなさい。

長さ90cmの棒(両端《りょうたん》A，B)があり，Aから30cmのCで自由に曲げることができますが，他の部分は曲がらず，どこも同じ材質です。棒の重さは長さに比例し，太さは無視できるものとします。また，棒のまっすぐな部分の重さは，棒の真ん中の点に集まっていると考えてよいものとします。たとえば，棒のACの部分の重さは，AとCの真ん中に集まっていると考えます。

はじめ，図1のように，棒はまっすぐな状態で，Aを軽くて伸《の》びたり切れたりしない糸でつるしました。今後使う糸はどれも同じです。三角柱Dで下から支えると，Dの位置がAからBへ45cmより右ならどこでも水平にすることができました。

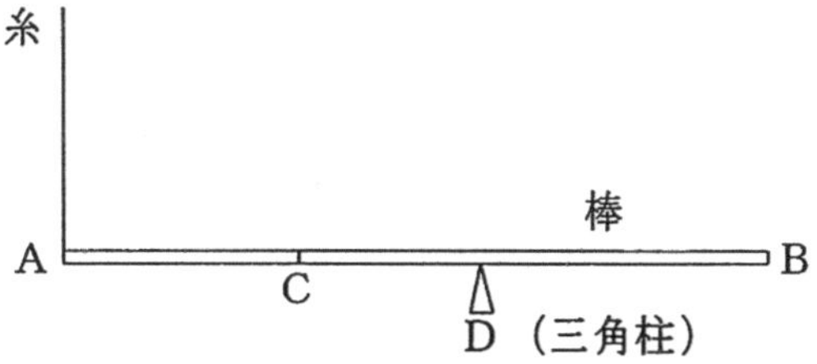

図1

問1　棒はまっすぐな状態で，図2のように，Cを糸でつるしました。棒を水平にすることができるDの位置のうち，最も左の点は，AからBへ何cmか答えなさい。

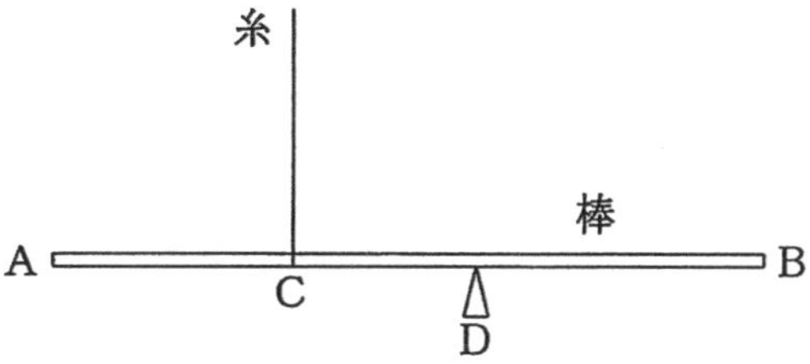

図2

問2　問1で，Dで支える代わりに，図3のように，Aに糸でおもりをつるしても，棒を水平にすることができました。つるしたおもりの重さは，棒の重さの何倍か答えなさい。

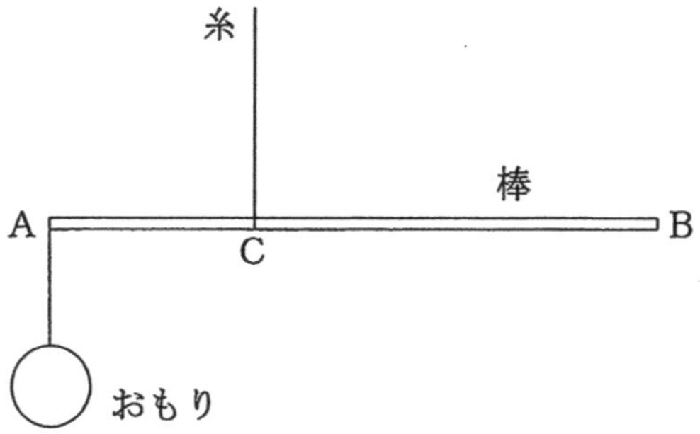

図3

問３　図４のように，棒をＣで 180° 曲げて，ＡとＣの真ん中を糸でつるしました。棒を水平にすることができるＤの位置のうち，最も左の点は，ＣからＢへ何 cm か答えなさい。

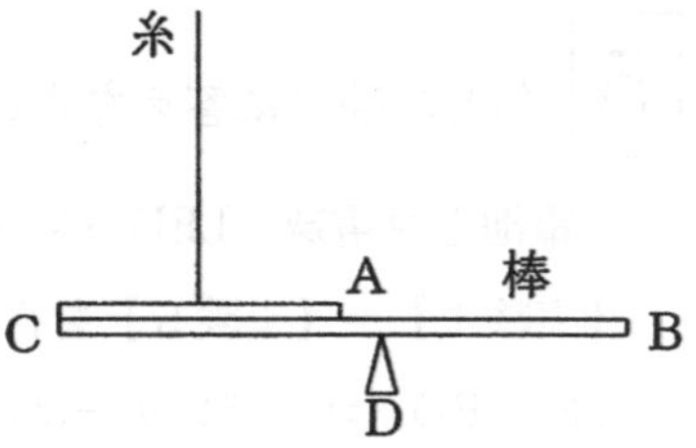

図４

問４　糸は図４の位置のままで，Ｃでの曲げを 180° から図５のように戻《もど》していくと，ＡＣの部分が水平になりました。このときの戻した角を求めなさい。ただし，ＡＣの部分の重さが集まっている点と，ＢＣの部分の重さが集まっている点を結ぶ直線上のどこか一点に，棒全体の重さがあるものとします。

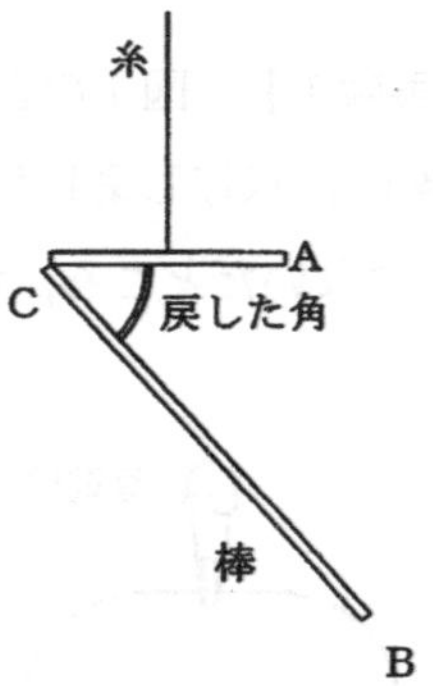

図５

問５　問１で，Ｄの位置をＡからＢへ 45cm にして，Ａに糸で，おもりをつるしました（図６）。棒が傾《かたむ》かないように，Ｂにも糸で，おもりをつるします。次の（１），（２）のグラフを描《か》きなさい。ただし，縦軸《たてじく》，横軸《よこじく》の数値はともに，棒の重さを１として，その何倍かを表しています。

（１）Ａにつるすおもりの重さを０から棒の $\frac{1}{2}$ 倍の重さ（棒の半分の重さ）まで変化させるとき，Ａにつるすおもりの重さ（横軸）と，Ｂにつるすことができる最も重いおもりの重さ（縦軸）の関係のグラフ

（２）Ａにつるすおもりの重さを０から棒の１倍の重さ（棒と同じ重さ）まで変化させるとき，Ａにつるすおもりの重さ（横軸）と，Ｂにつるすことができる最も軽いおもりの重さ（縦軸）の関係のグラフ

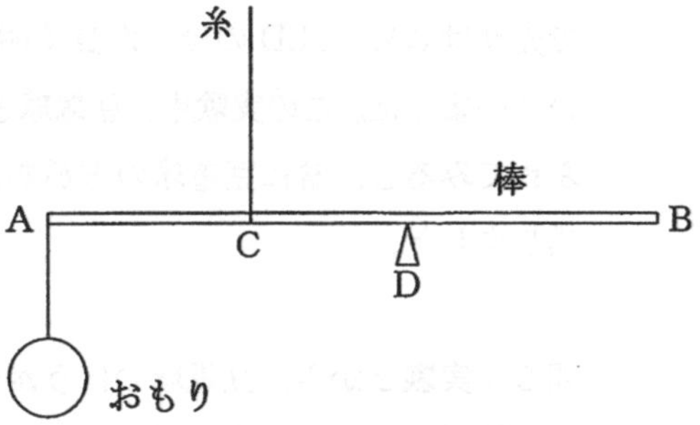

図６

5 あとの問いに答えなさい。

電池と豆電球，LED（発光ダイオード），コンデンサーを用いて，【実験１】～【実験５】を行いました。ただし実験では，電池や豆電球，LED，コンデンサーは，それぞれ同じ種類のものを用いました。また，LEDには，右図のように，長さのちがう２本の端子《たんし》があります。

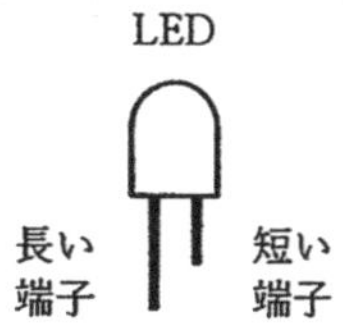

【実験１】　図１のように，電池と豆電球，電池とLEDをつないだところ，回路A，回路B，回路Cは点灯しましたが，回路Dは点灯しませんでした。このとき回路Dに，かんいけん流計をつないだところ，かんいけん流計の針が示す目もりは０のままでした。

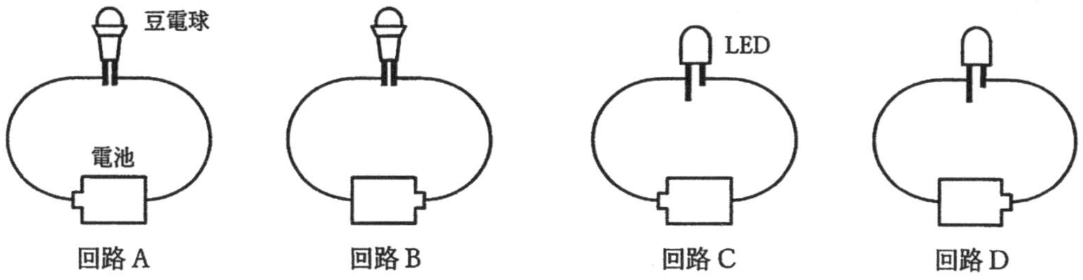

図１

問１　実験１から，LEDにはどのような性質があると考えられますか。接続方法のちがいに注意して，20字以内で簡単に説明しなさい。なお句読点も１字に数えます。

【実験２】　図２のように，同じ量の電気をたくわえたコンデンサーに豆電球やLEDをつないだところ，豆電球とLEDは同じ明るさで光りはじめ，LEDのほうが長く明かりがついていました。この実験中，豆電球とLEDにふれてみると，常に豆電球の方があたたかく感じました。

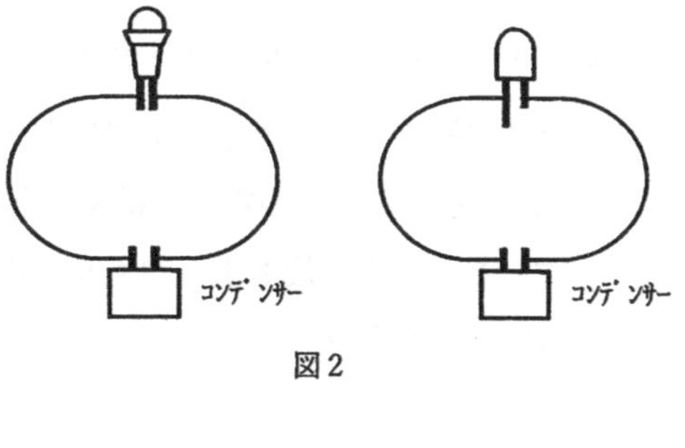

図２

問２　実験２から，豆電球のほうが光る時間が短い理由は何であると考えられますか。『電気』，『熱』の２つの言葉を用いて，20字程度で簡単に説明しなさい。なお句読点も１字に数えます。

【実験３】　図３のように，中の見えない箱があり，その側面にはａからｃの端子がついています。箱の中には，図４のような導線のついた電池とLEDが入っており，それぞれの導線の両端《りょうたん》はａからｃの端子のいずれかにつながっています。ただし，同じ端子に複数の導線がつながっている場合もあります。また，LEDは光っている様子が確認《かくにん》できるように，箱の中央部に空けた穴から出ています。

箱の中の様子を調べるために，箱の側面の端子のうち２つを選び，図５のような導線のついた電池をつないでLEDが光るかどうか調べました。結果は次の表のようになりました。はじめLEDは光っておらず，実験中，導線どうしはふれあわないものとします。

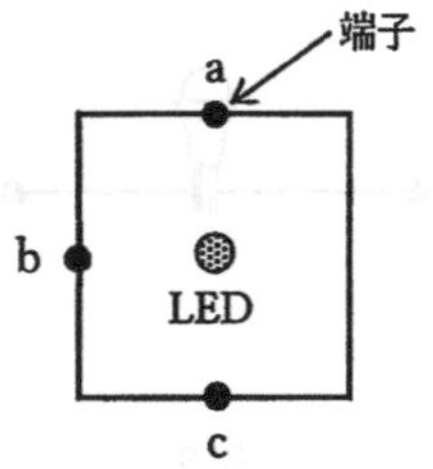

図３

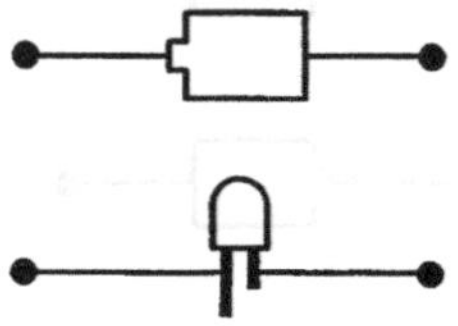

図４

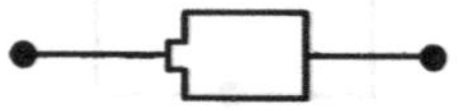

図５

	＋極側を接続した端子	－極側を接続した端子	LEDの様子
［１］	a	b	光らなかった
［２］	a	c	光った
［３］	b	a	光らず，電池がとても熱くなった
［４］	b	c	［２］より明るく光った
［５］	c	a	光らなかった
［６］	c	b	光らなかった

問３　結果から，箱の中にある電池の＋極側，LEDの長い端子側は，どの端子に接続されていると考えられますか。それぞれａ～ｃの記号で答えなさい。

【実験４】　図６のように，中の見えない箱があり，その側面にはａからｄの端子がついています。箱の中には，図７のような導線のついた電池が２つ入っており，それぞれの導線の両端はａからｄの端子のいずれかにつながっています。ただし，同じ端子に複数の導線がつながっている場合もあります。

箱の中の様子を調べるために，箱の側面の端子のうち２つを選び，図８のような導線のついた豆電球をつないで，豆電球が光るかどうか調べました。結果は次の表のようになりました。実験中，導線どうしは，ふれあわないものとします。

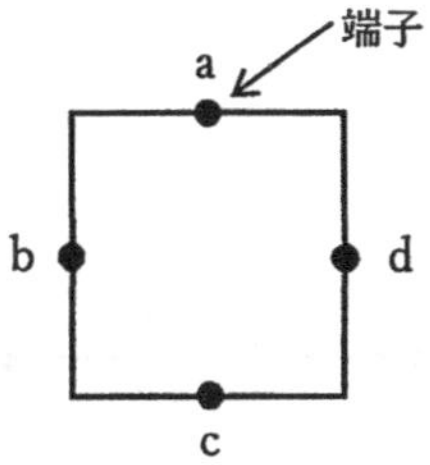

図６

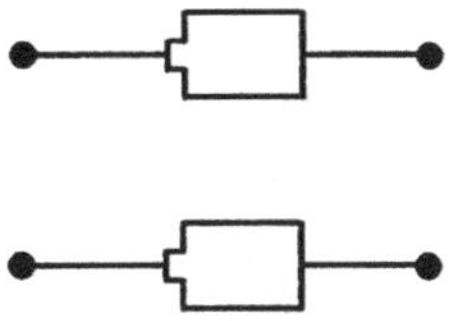

図７

図８

	豆電球に接続した端子	豆電球の様子
［７］	ａ　と　ｂ	光った
［８］	ａ　と　ｃ	光らなかった
［９］	ｂ　と　ｃ	光らなかった
［10］	ｂ　と　ｄ	［７］より明るく光った
［11］	ｃ　と　ｄ	光らなかった

問４　図８のような豆電球を，端子ａと端子ｄにつなぐと，豆電球はどのようになりますか。最も適切なものを次の（ア）～（エ）から１つ選び，記号で答えなさい。

（ア）光らない　　（イ）［７］より明るく光る
（ウ）［７］と同じ明るさで光る　　（エ）［７］～［11］の結果だけではわからない

【実験５】　実験４を行ったときの箱の中の接続はそのままの状態にして，さらにある端子とある端子の間を導線でつなぎました。その後，図８のような豆電球を，端子ａと端子ｃにつないだところ，豆電球は［７］と同じ明るさで光りました。

問５　図８のような豆電球を，端子ｂと端子ｃにつなぐと，豆電球はどのようになりますか。
最も適切なものを次の（ア）～（エ）から１つ選び，記号で答えなさい。

（ア）光らない
（イ）［７］より明るく光る
（ウ）［７］と同じ明るさで光る
（エ）実験５の結果だけではわからない

令和三年度　岡山白陵中学校入学試験

国語解答用紙

受験番号	

得点

※100点満点

一

問1

①

②

③

④ （し）

⑤

⑥

⑦

⑧

⑨

⑩

問2

ⓐ

ⓑ

ⓒ

ⓓ

問3

⑴

⑵

⑶

小計

25点

二

問1

a

b

問2

問3

X

Y

問4

令和三年度

国語解答用紙

4
10点

(1)	通り	(2)	通り

5
15点

(1)	：
(2)	分　　秒

6
13点

(1)	番目	(2)		(3)	

受験番号		得点	

※100点満点

4

5

6

4

問1	cm	問2	倍	問3	cm	問4	度

問5

(1)

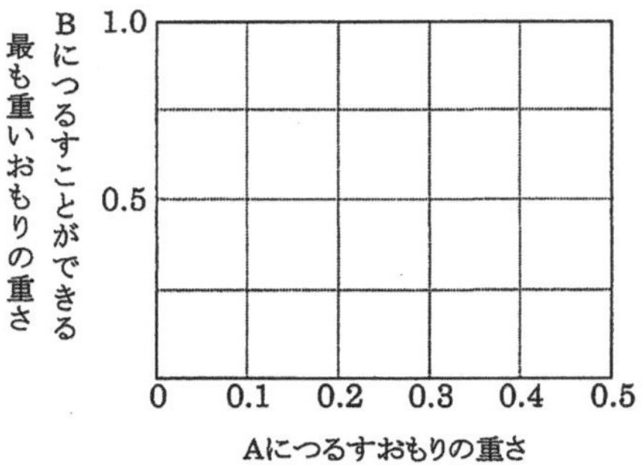

(2)

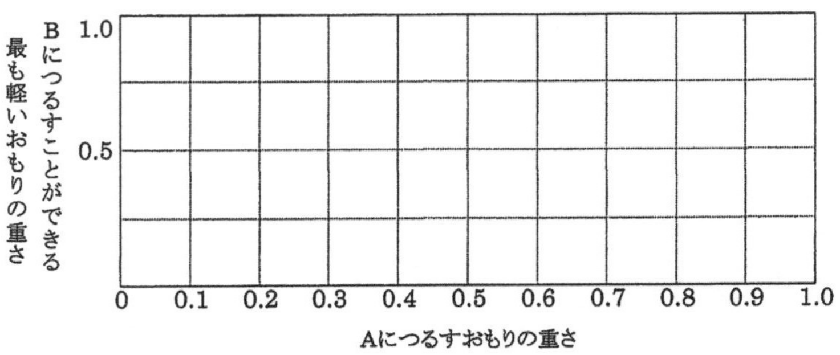

小計	

16点

5

問1					5					10					15					20
問2					5					10					15					20
					25															

問3	電池の＋極側		LEDの長い端子側		問4		問5	

小計	

14点

受験番号		得点	

※100点満点

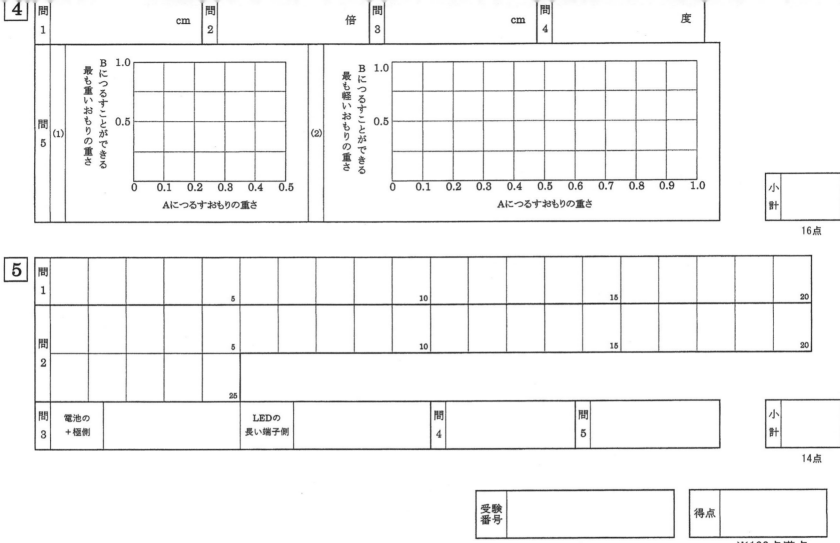

令和３年度　岡山白陵中学校入学試験　理　科　解　答　用　紙

1

問1	(ア)		(イ)		
問2	①		②		③
問3		問4		問5	
問6		問7	右のグラフに記入	問8	

問7

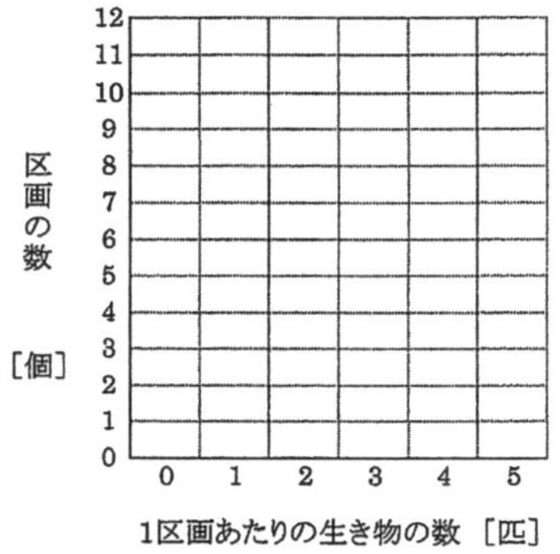

小計	

25点

2

問1	時間	問2	日	問3		問4	
問5	④	⑤		問6		問7	

小計	

20点

3

問1	(1) A	B	(2) ℉	問2		問3	
問4	(ア)	(イ)	問5 mL	問6		問7	
問8	(1)	(2)					

小計	

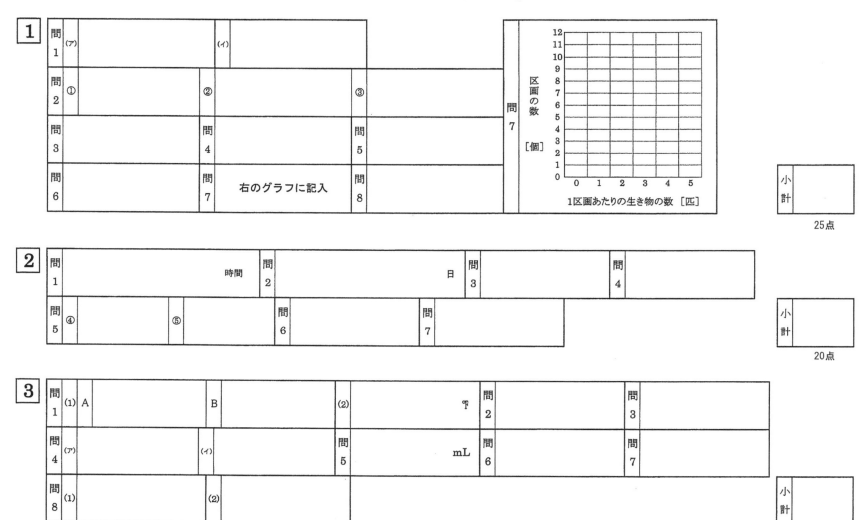

令 和 3 年 度　岡 山 白 陵 中 学 校 入 学 試 験

算 数 解 答 用 紙

1　24点

(1)		(2)		(3)	°
(4)	通り	(5)	g	(6)	cm^2

2　24点

[Ⅰ]	(1)	①:　②:　③:　④:　⑤:　⑥:				
	(2)					
[Ⅱ]	(1)	cm^3	(2)	cm^3	(3)	番目

3　14点

(1)	円
(2)	個

問5

(1)

(2)

問6

問7

小計

40点

三

問1

問2

(1)

(2)

問3

問4

問5

問6

小計

35点